国家社会科学基金艺术学青年项目（13CB132）

文化产业园风险管理的实用性研究

李飒 ◎ 著

科学出版社

北京

内 容 简 介

本书通过对相关文献成果的梳理，结合我国文化产业园建设的现实需要，以不同类型风险要素作为研究的核心对象，以产业集聚、创意产业经济学、风险管理等理论为指导，以"文化产业园风险管理体系"为逻辑架构展开深入研究，根据不同类型的风险，归纳出不同的研究方法，并建立相应的评价模型。该成果力求能够使其应用者在实践中通过一系列的风险评价模型，获得可以代表文化产业园整体风险水平的定量和定性相结合的结果，从而对文化产业园的规划和发展做出科学的风险评估。本书在研究方法上具有一定的创新，在采用文化产业研究常规方法的同时，从计算机学科的相关理论中寻找相近的研究方法，如吸纳了人工智能相关理论，用复杂网络的视角看待文化产业园，采用了多种工程学研究方法，如复杂网络、灰色聚类、基于熵权的模糊综合评价等。

本书主要面向企业、政府管理者和部分学者，也可以作为研究生教材使用。

图书在版编目（CIP）数据

文化产业园风险管理的实用性研究 / 李飒著. —北京：科学出版社，2019.6
ISBN 978-7-03-061665-4

Ⅰ．①文… Ⅱ．①李… Ⅲ．①文化产业-工业园区-风险管理-研究-中国 Ⅳ．①G127

中国版本图书馆 CIP 数据核字（2019）第 116828 号

责任编辑：杜长清 / 责任校对：何艳萍

责任印制：徐晓晨 / 封面设计：铭轩堂

科 学 出 版 社 出版

北京东黄城根北街 16 号
邮政编码：100717
http://www.sciencep.com

北京建宏印刷有限公司 印刷
科学出版社发行 各地新华书店经销

*

2019 年 6 月第 一 版 开本：720×1000 B5
2020 年 1 月第二次印刷 印张：18
字数：310 000

定价：99.00 元

（如有印装质量问题，我社负责调换）

前　言

本书的研究内容是在笔者于 2012 年完成的博士论文《文化产业园风险管理》的基础上发展起来的。"文化产业园的风险管理"是一个跨越了社会科学和自然科学的命题。2010 年，笔者的博士论文开题，本着"大胆假设，小心求证"的科学原则，最初设想，针对文化产业园的风险管理，是否可以用一个数学公式来表达所有问题。笔者的博士论文跨越多重学科，构建了文化产业园风险管理体系，该体系以经济学概念的宏观、中观、微观为逻辑依据，十分详细地梳理了各层面的风险要素，而后将其归纳为五大风险体系，即本书所依据的宏观环境风险、布局风险、运营风险、竞争风险和管理风险这五个大类的风险。在博士论文阶段，研究仍然停留在社会科学的角度，对于数学方法的选择有一定的局限性。层次分析法的运用是理论上的设想，但在实际应用中，每一大类风险中的每一个子类风险都形态各异，要关注的视角也各不相同。例如，本书的研究就进一步发现，研究产业链的风险其实是要研究产业链的风险传播，要将产业链视作一个复杂网络，并研究风险在网络各节点之间传播的作用方式、风险后果及应对策略。研究文化产业园的人才管理，不仅要在策略上制定人才战略，还应该关注人才流动的风险后果，做到及时的风险响应，以此为参考，在可控的程度上预防人才流动，从而减少园区损失。

因此,本书的研究成果是对笔者博士期间研究课题的十分有力的深化,融合了社会科学和自然科学的知识原理,还加强了对工程学研究手段的运用。例如,本书在数学方法的使用方面十分丰富,综合运用了复杂网络、灰色聚类、基于熵权的模糊综合评价。前两者属于人工智能领域应用的数学理念,由此,笔者发现,文化产业园也许正是一个十分复杂的神经网络,期待在不远的将来,笔者可以进一步发掘文化产业园风险管理体系"自学习"的作用机制。同时,自然科学原理和工程学研究方法帮助本书形成文化产业园风险管理的实用性评价模型。笔者认为,将文化产业园假设为神经网络,采用大数据、云计算和可视化风险评估的方式,也许会成为未来文化产业园风险管理研究的发展方向。因此,这个领域的研究还有十分丰富的文理交融的可能,魅力无穷。

李　飒

目　录

第一章 绪 论

第一节 研究背景、内容和意义

一、研究背景

在经济全球化的背景下，文化已成为国家间竞争的核心力量，文化产品和文化服务的交易已成为国际贸易中一个重要的组成部分，由于文化交易涉及一个国家的文化"话语权"和文化软实力，因此无论发达国家还是发展中国家都在越来越多地将目光聚焦在文化产业上，文化产业也成为衡量一个国家综合竞争力的重要标志。

文化产业发展起步较早的欧美等国已遥遥领先，跨国的大企业集团成为文化产业国际化竞争中重要的力量。国际上大量跨国文化企业集团采取全球化扩张战略，借助金融、高科技等方面的力量在全球占领大面积市场，获得高额的垄断利润。

事实上，大力发展文化产业也是我国当前一个重要的经济和文化命题。近年来，我国的文化消费市场非常活跃，社会投资的力度也不断增强，演艺行业、艺术品交易、文化旅游、动漫游戏等行业持续发展，文化产业的年均增速也高于同期 GDP 增速。文化产业从整体上体现出了成为国民经济支柱性产业的潜力。但是，从总体表现看，我国文化产业发展水平还相对较低，产业的活力和创新力较弱，产业的区域布局不尽合理，相关的政策体系也不完善，尤其是文化产业的规模效应不高，产业集群能力发挥的空间很有限，而一个国家的国际竞争优势与该国的优势产业所实现的产业集聚有着重要的关联。因而，产业集群在现阶段我国大力发展文化产业的过程中处于非常重要的地位。

国外的文化产业集聚已经取得了很多值得借鉴的成就。例如，美国的好莱坞已成功实现了产业集聚。好莱坞的众多电影公司形成了集电影制作、有线电视网络、国际新闻出版网络、互联网于一身的跨国横向媒体巨头，并开始涉足金融、工业和商业等领域。较为完整的电影产业链条进一步巩固了好莱坞在美国及全球电影产业中的地位，成为全球举足轻重的电影文化产业集群。

相比之下，我国的文化产业集聚还处在起步阶段，并且出现了较严重的问题。虽然近年来已经建立起一批文化产业园，但是总体上存在着"盲目投资、一哄而上"的不良现象。文化产业是"知识高度密集、高附加值、高整合性"的产业形态，然而在具体的建设中却存在着相当多的误区，"硬件思维，园区成为硬件堆积的基地；名义上是文化产业园，实际做成房地产项目；园区成为艺术玩家的地盘，而不是产业园；缺乏完善的产业链；不寻找市场需求，盲目规划产品；缺乏品牌拉动效应；园区定位不科学，以致没有市场；投资回报严重不成比例；缺乏整体和发展规划，不能保证持续经营；缺乏特色，缺乏竞争力；等等"①。这些误区致使文化产业园大量的硬件、资

---

① 陈少峰. 创意产业集聚园的十大误区[J]. 中国高新区，2008，（3）：18.

金和人力等资源严重浪费。而产生误区的关键原因是园区在立项之初就缺乏科学的评估体系作为指导。

事实上，针对目前文化产业园的建设和经营中高投入、高风险的特点，已有少数定性的研究来评估这些风险要素，但这些研究或片面，或过分夸大某些因素，基本没有形成科学的要素体系，更遑论风险评估的定量研究。围绕产业集聚形成、产业园建设、发展及风险规避等方面的理论研究确实不少，但绝大多数是关于制造产业、各类工程及企业管理的，对于文化产业的研究则非常缺乏。值得欣慰的是，风险管理理论在与文化产业接近的高科技行业、娱乐业、传媒业等领域都有过较深入的研究，成果也较多，其中有很多值得文化产业借鉴的经验和理论。

然而上述间接经验着实不能弥补文化产业园缺少相应风险管理理论作为支撑的遗憾，这就使文化产业园的立项审批工作不得不面临一个急迫的问题：每一个产业园项目所含要素的复杂程度不尽相同，如果每接触一个项目，评估方式就进行一次大的改变，那么整个规划项目的评估过程就会变得十分复杂，致使评估的效率和科学性大打折扣。因此，系统地利用风险管理理论指导文化产业园的规划，构建一套完整的文化产业园风险管理体系，并充分发挥该体系的实用价值，是我国文化产业园规划、建设和发展十分迫切的需求。

笔者认为，实现上述目标需要开展如下步骤：第一步，通过对海量风险要素的研究和归纳，搭建起一个庞大而完善的文化产业园风险管理体系；第二步，通过对风险要素之间关系的进一步分析，以及对风险管理主体的区分，利用缜密的数学方法，搭建起文化产业园的风险管理研究模型；第三步，运用第二步所得的研究模型，在实际的文化产业园管理中反复验证，从而不断完善该模型的科学性、准确性，使之具备实际的应用价值。

笔者通过大量的分析和归纳，提出了文化产业园风险管理体系。该体系由宏观环境风险、布局风险、运营风险、竞争风险和管理风险五部分共同组成，各部分之间通过其内部各层次要素的有机关联组成完整的风险管理体系；文化产业园的风险决策和评估，正是基于全方位考虑这一体系中各层要素，进而获得科学、全面的研究结果。这项研究迈出了我国对文化产业园风险管理研究的第一步，同时也成为本书的研究基础。

然而遗憾的是，由于文化产业园的风险管理是一个浩大的体系，涉及文化、政治、经济、社会等多个方面，并包含由宏观到微观、由上至下各个层面的多种因素，其相互作用的方式也相当复杂，因此，如果要形成一个应用性强、标准化的风险管理研究模型，还需要对各层次要素的相互作用关系进行更深一步的探索。另外，由于风险管理主体的不同，模型中要素的优先性必然应带有明显的主体性特征，而本书的基础"文化产业园风险管理体系"仅仅是完成了对风险管理要素的海量归纳，尚未进一步考虑管理主体的特征和不同时期对园区管理的参与度。

鉴于此，本书的研究工作在前期成果的基础上，搭建了风险管理研究模型，通过对文献资料检索、实践案例分析、数学模型分析，最终形成了一套具备实际应用价值的文化产业园风险管理模型。

本书能够为我国各级各类文化产业园的规划提供科学指导，为政府对文化产业园的立项审批工作提供科学严谨的评估依据，对已建立的园区的发展规划提供可靠的依据，可以有效解决我国文化产业园建设中出现的众多盲目开发、盲目立项、盲目发展等问题，不仅有效节约国家资源，还能优化文化产业园的规划和发展模式；本书的结论还将为风险管理与文化产业集聚理论搭建桥梁，丰富文化产业的风险管理理论体系。

二、主要内容

通过对相关文献成果的海量梳理，结合我国文化产业园建设的现实需要，本书以不同类型风险要素作为研究的核心对象，以产业集聚、创意产业经济学、风险管理等理论为指导，以文化产业园风险管理体系为逻辑架构展开深入研究，根据不同类型的风险，归纳出不同的研究方法，并建立相应的评价模型，力求该成果能够使应用者在实践中通过一系列的风险评价模型，获得可以代表文化产业园整体风险水平的定量和定性相结合的结果，从而对文化产业园的规划和发展做出科学的风险评估。

具体而言，本书的研究工作建立在前期成果的基础上，重点研究以下三个方面的内容。

（一）深度探索，完善体系

对前期成果进行要素补充。文化产业园的风险管理是一个复杂而庞大的系统工程，涉及多方面、多层次、多角度的因素，其相互间的作用也交叉融合，虽然前期成果对风险要素类型的把握已经较为全面，但是各层要素的深度还有待进一步挖掘。因此，本书的第一个任务是对风险管理要素进行深度探索。

（二）主体分类，确定优先性

风险管理的主体是多样的，既可以是园区管理委员会也可以是某些集团、企业，而本书的研究基础目前仅搭建出风险要素管理体系，未能对主体特征做出进一步的研究。因此，本书在充分完成深度探索工作的基础上按照风险管理的主体进行分类，并针对各类主体在产业园发展不同时期发挥作用的主次、优先性等问题做出探索。

（三）根据不同风险，细分模型，建立模型，应用模型

本书的第三个任务也是结论的产生和验证过程。文化产业园的风险管理体系在数学方法的运用上过于概括，实际应用价值不明显，这是本书力争解决的重点问题。本书将根据不同大类的风险，选择有针对性的研究方法，选择最需要解决的核心问题，建立专门的评价体系，继而建立专门的研究模型，再通过模拟运算的方式，演示并检验模型的可用性。

三、重点和难点

（一）广泛借鉴、量体裁衣

本书以我国文化产业发展为前提，力求为我国文化产业园的建设和发展量身打造一套风险管理体系及一套能够切实解决问题的风险评估模型。一方面，要求本书在研究过程中必须时刻贴近我国文化产业发展的实际需求，量体裁衣。另一方面，本书的研究还需要广泛借鉴国外相关经验，在对这些国外案例的处理上必须充分考虑其区域经济、地理位置、文化类型等方面的制约因素，获得对我国有直接借鉴作用的关键要素。

（二）去粗取精，寻找主要矛盾

以产业链风险、人才风险为例，这两类风险所涵盖的问题覆盖面很广，

风险类型、风险作用方式等都十分多样，本书不能漫无边际地对其作百科书式介绍，避免给文化产业园风险管理的主体带来过多冗余信息，而使管理主体无法把握问题的主要矛盾。因此，本书将通过紧密论证，寻找存在于各个风险类别中最核心的问题，找寻最能切中要害的风险管理角度。

（三）选对路径、构建模型

该难点在于如何通过实验，寻找出一条适合建立风险管理模型的研究路径。因为文化产业园风险管理体系中一部分要素可以通过定量研究的方法处理，而另一部分要素目前只能进行定性分析。所以，通过什么样的研究路径才能最终建立起符合定性研究和定量研究双重要求的风险管理模型，这是本书最大的重点和难点。解决这一难点的当前设想是：①选择恰当的运算方式；②在模型验证阶段展开实用性测试及科学归纳。

四、研究意义

本书的研究意义体现在以下三点。

第一，本书结论将有效避免我国文化产业园建设中出现的重复建设、资源浪费、同质化竞争的问题，不仅能有效合理地对国家资源进行统筹规划，还能为文化产业园的规模化、专业化发展提供理论指导。

第二，本书成果将对文化产业园建设中的各类风险进行有效的分析评估，建立科学系统的指标体系，拓宽了风险管理理论的研究视角，推动了其在文化产业领域的成功应用。

第三，本书从定性与定量两方面建立规范、标准的风险评估准则，制定可执行的风险管理方案，在产业园发展的长线问题上，实现及时的风险预判、科学的风险决策、完善的风险应对。

第二节　研　究　方　法

本书主要采用了以下几种研究方法。

一、文献研究方法

文献研究是一种通过现存的文献资料来探讨大众媒介的传播效果与公信力问题的研究方法。本书的文献资料包括：①公开发行的统计年鉴；②各种研究机构的公开或内部数据；③学术论著；④报纸、杂志、电视节目、因特网；⑤历史档案和文献。文献资料涉及文字、数字、符号、画面、声音等多种信息载体形式。

此方法是本书的主要研究手段之一，如产业集聚理论、宏观经济学、产业经济学基础问题、分类问题、国外的文化产业园发展模式问题，以及大量风险管理要素的归纳就运用到此方法。

二、社会学个案研究方法

个案研究针对某一个体、事件、社团或社区展开全面深入的研究。其优点是研究焦点集中，对现象的了解较深入、详细，获取的资料较具体、生动，能够较好地反映事物或事件发生、发展及变化的全过程。在具体的实施中，将综合运用实地观察、深度访谈等个案研究方法。

本书多次采用该方法，尤其对宋庄原创艺术集聚区、798 艺术区、西安曲江新区、横店影视城进行了深入的个案研究。

三、焦点座谈法

焦点座谈法又称小组座谈法，是在固定的访谈室中举行，在进行被访者样本甄别后，选出 6 人左右参与座谈，负责人主持座谈，围绕一个或多个焦点问题进行讨论，收集被访者对问题的看法、意见和相关建议，从而获取对有关问题的深入了解。这种方法的价值是可以从自由进行的小组讨论中得到一些意想不到的发现。本书在前期成果、逻辑架构设计、工程学方法使用、参数选择等多个方面，都分别采用了焦点座谈法以获取不同领域的专家提供的建议。

四、层次分析法

层次分析法适合本书这类目标系统分层交错，而且目标值又难以定量描述的决策问题。本书的结论部分主要运用了层次分析法的思路和计算公式。另外，本书的整体框架思路也来源于层次分析法的逻辑。

五、访谈法

访谈法是通过访问者与被访问者之间的交流和互动，搜集有关态度、情感、知觉和事实性材料,弥补问卷法之不足,扩展资料的层面,加深资料分析的深度的方法。本书曾在开题之前多次采用访谈法,与文化产业资深人士进行面对面的交流。

六、工程学相关研究法

本书采用了多种工程学研究方法,如复杂网络、灰色聚类、基于熵权的模糊综合评价等。

除上述几个主要研究方法外,本书还使用了德尔菲法、情景预测法、定量分析法、定性分析法等研究方法。

第二章 研究基础

第一节 概念辨析

笔者通过对国内外关于文化产业的文献、数据的整理发现，不同的学者、不同的机构、不同的统计标准均使用着不同的概念范畴，如"文化产业"与"创意产业"，"文化产业园"与"文化产业集聚区"等。为了理清这些对应范畴之间的关系，并在本书中统一研究目标和数据统计口径，特进行下列概念辨析。

一、文化创意、创意产业、文化产业、文化创意产业

（一）文化创意

"文化"有多种定义，有广义的文化、通常情况的文化、日常生活的文化、社会结构和社会发展角度的文化。各种情况下，"文化"的内涵也不尽相同。

"创意"则是一种文化的体现。从文化产业的角度定义：文化创意是以

文化生产和文化服务为专门对象的思维创新和观念创新活动①。也就是说，"文化创意"是为"满足人们的精神需求，对各种文化产品、文化服务、文化活动进行改进和更新时所想到的好主意、好点子；文化创意伴随整个民族的、人类的文化史自发或自觉地发生着，一部文化史是由无数的创意和创新所构成的"②。

（二）文化创意与文化产业的关系

文化产业是以文化产品和文化服务为生产和消费对象的特殊产业，它最终满足的是人们的精神心理需求，因此发展文化产业必须同时遵循文化和经济的双重规律，文化创意是其基本法则。文化产业是观念形态的产业化，除文化产业的某些外围行业（如制造业、一般文化服务业）外，其生产的都是精神性的、意识形态的产品。文化产业在收获丰富经济效益的同时，还需要肩负起提升大众人文素质、提高大众思想道德水平的责任，以此来获得社会效益；而生产的本质就决定了创意在文化产业中的核心地位。

如果物质产品越符合人们的某种使用需求，该产品就越具有市场前景，那么，文化产品越能满足人们的精神需求，也就越受欢迎并能产生广泛的影响。人们对文化的需求难以穷尽，随着物质生活水平的提高，人们的精神娱乐需求日趋多样化，如何利用有限的文化资源最大限度地满足人们日益增长的文化需求，创意自然是首要考虑的一点。文化生产的创意不仅体现在对产品设计方面的灵感和创造力，更重要的是对本民族文化资源利用的巧思新意，以文化创意来激发全民族的文化创造力。因此，文化创意要贯穿于文化

---

① 欧阳友权. 文化产业概论[M]. 长沙：湖南人民出版社，2007：165.
② 欧阳友权. 文化产业概论[M]. 长沙：湖南人民出版社，2007：166.

产业发展的全过程，包括文化项目的开发、文化活动的构思、文化产品的设计、文化内容和文化服务的创新，以及文化生产活动和生产经营方式的创新，它们统统都可称为文化创意，成功的文化产业一定是创意领先、高效运作的。

文化创意是文化产业的先导，也是发展文化产业的动力。西方发达国家较早地意识到了创意对于文化产业的重要性，20世纪90年代就开始发展文化创意产业。21世纪以来，我国政府明确提出要"解放和发展文化生产力"，注重文化创意和发展创意产业，为文化产业注入了新的活力。

（三）创意产业

创意产业是文化产业走向纵深发展的一个原动力，这是由它的内在质的规定性决定的。"英国人对创意产业的解释比较准确地揭示了创意产业的内涵。凡通过知识和智慧的创新而带动的商品生产或市场服务行为都可以成为创意产业，它体现出的知识和思想创新性，通过交易和其他运作创造财富并形成独立的产业部门；创意产业几乎能涵盖所有的文化行业，'知识产权'和'创造性人才'是这一产业的标志；目前创意产业还没有一个统一的划分方法，英国的划分只是一个蓝本，不同国家和地区的创意产业并不完全一样，尽管如此，人们对它的理解和定位大体上还是一致的，即偏重于以文化艺术等产品的生产为主、包含各种设计策划的行业总汇。①"

创意产业是随着知识经济的兴起而崛起的一个新产业。"创意贯穿于人类社会发展的全过程，近代资本主义制度建立以后创意产业已经开始出现，但其成为主导性产业则是知识经济时代的产物；在从工业经济向知识经济转

---

① 欧阳友权. 文化产业概论[M]. 长沙：湖南人民出版社，2007：165-166.

变的过程中，知识作为最具活力、最具创造力和可持续性的生产要素被广泛认同，各领域内创意活动的开展势必形成经济活动中的重要生力军，鉴于当代社会所有产品和服务的文化价值和'创意'相关，所有经济和产业的文化属性和'创意'相连，创意产业已不仅仅是普通的产业类型，实际上它代表了整个社会文化传播构成、产业发展形态及社会创作方式的全面创新；创意产业是一种在全球化的消费社会的背景中发展起来的，推崇创新、个人创造力，强调文化艺术对经济的支持与推动的新兴的理念、思潮和经济实践；在全球经济、高科技与多元文化的背景下，创意产业的出现建立了一条新的产业构成通道，它是当前符合时代发展潮流、最具商业价值和文化内涵的新朝阳产业。[①]"

（四）创意产业与文化产业的关系

创意产业与文化产业是人类社会步入新经济时代的两种相互关联的产业新形态，它们都以精神和知识的商品化为特征，但两者的定义角度并不完全一样。文化产业与创意产业在内涵上是相互包含、互为渗透的。创意产业以文化产业为主体，文化产业以创意为源头，文化为体、创意为用；就文化产业的宽泛意义而言，创意产业就是文化产业的主要标志或基本构成。

在英国，对其区别还有一种更为清晰的解释。按照英国创意产业特别工作小组的界定，创意产业是指那些基于个人的创造性、机能和智慧的产业，即那些通过发展知识产权具备创造财富和工作机会的产业。按照这样的定义分类，广告、建筑、艺术品和古董交易、互动性娱乐软件、手工艺品、工业设计、时装设计、电影和录像、音乐、表演艺术、出版、电脑软件和电脑游

---

① 欧阳友权. 文化产业概论[M]. 长沙：湖南人民出版社，2007：165.

戏、电视广播 13 个行业属于创意产业。这 13 个行业具有一个共同的商业模式，它们都源于"表现性价值的商业化"。著名文化经济学家大卫·索罗斯比在《文化经济学》一书中将表现性价值分为以下尺度：审美价值、精神价值、社会价值、历史价值、象征价值、真实价值。

1. 审美价值

在未进一步解构美学概念的情况下，我们至少可将作品的美、和谐、具有形象及其他美学特征视为该作品供人欣赏的文化价值成分。此作品也可能受到流行、时尚及品位的影响，而在美学解读上产生额外的成分。

2. 精神价值

这种价值可用正规的宗教脉络来诠释，对有宗教信仰的种族或其他群体的成员而言，此作品拥有独特的文化意义；或者可用世俗的角度来解释，这是指作品的内在特质为全人类所共享。精神价值所传达的效果包括理解力、启蒙性及洞察力。

3. 社会价值

此作品传达了一种与别人联系的感觉，而且它有助于我们理解社会的本质，并激发认同感。

4. 历史价值

艺术品文化价值里的一个重要成分是它的历史联系：该作品如何反映创作时的生活条件？如何承前启后？

5. 象征价值

艺术品及其他文化产品就像是意义的容器或传递者。如果一个人在欣赏艺术品时感受到了它的意义，这件作品的象征价值就包含了作品传达的意义之本质，以及传达给消费者的作品价值。

6. 真实价值

作品表现出的真正的、原创的、独一无二的价值就是真实价值。毫无疑问，就作品本身而言，其真实性与完全性具有可验证的价值，附加于上述其他价值根源上。[①]

由上可知，表现性价值可以创造一种新的洞见、快乐和经验，它可以增长我们的知识、提升我们的情操、丰富我们的生活。

创意和创新实际上是相互交叉的概念。大体上讲，创意是新想法的发源，是看待现存问题的新方式，是看待新机会的新方式；而创新则是对新想法的成功开发，它是一种将新想法贯彻到产品、服务甚至经营方式中的过程。过去人们流行的看法是，无论艺术和文化具备怎样重要的内在价值，都不同于其他生产性资本和劳动，因而从本质上讲是非生产性活动。而今天，人们越来越认识到在创意、创意产业和更广泛的经济活动中的创意之间细微而重要的联系。

根据英国文化、新闻和体育部对创意产业的界定，创意产业是指包含文化产业的产业。虽然两者都发源于表现性价值的商业化，但文化产业仅仅是指那些使纯粹表现性价值商业化的产业，包括音乐、电视、广播、出版和电

---

① 大卫·索罗斯比. 文化经济学[M]. 张维伦等译. 台北：典藏艺术家庭股份有限公司, 2003：36-37.

脑游戏等；而创意产业则不仅传达表现性价值也传达功能性价值，它除了包含文化产业的内涵外，还包括建筑、工业设计、时装设计、计算机软件和广告等领域。也就是说，创意产业向市场提供的产品除了具有创意性表现价值外，还必须满足实用性要求。当然，创意产业和文化产业是很难简单割裂开的，创意产业和文化产业之间的合作其实是越来越明显的，它们之间是相互依赖的。例如，广告所获得的费用为许多电视和广播提供资金支持，广播也可以为电视服务，许多电视剧开始就是广播节目。同样，许多成功的电影则是由小说改编而来的。

（五）文化创意产业

文化创意产业是一种在经济全球化背景下产生的以创造力为核心的新兴产业，强调一种主体文化或文化因素依靠个人（团队），通过技术、创意和产业化的方式开发、营销知识产权的行业。

文化创意产业涵盖的行业有传媒、音像、动漫、广播影视、视觉艺术、工艺与设计、表演艺术、雕塑、服装设计、广告装潢、环境艺术、软件、计算机服务等。

二、文化产业集聚区、文化产业园

（一）文化产业集群

文化产业集群也叫作产业集聚、产业园区，是指相互关联的多个文化企业或机构共处一个文化区域，形成产业组合、互补与合作，以产生孵化效应和整体辐射力的文化企业群落。

在 19 世纪英国古典经济学家马歇尔的"产业集聚"和"产业区"理论中，产业集群这一概念就已经有所体现；但产业集群是由波特在《国家竞争优势》一书中提出的。波特强调地理群聚现象对于生产力和创新能力的意义，他认为，产业集群是一组在地理上靠近的相互关联的公司和关联机构，它们同处或相关于一个特定的产业领域，由于具有共性和互补性而联系在一起形成了产业集合模式；在发展过程中，产业集群研究的理论派别有新产业区学派、区域创新网络学派、新经济地理学派及战略管理学派等。

总体来看，文化产业集群有以下四种类型：地域型文化产业集群，即处于同一地理区域中的多个文化企业围绕同一产业或有限的几个产业而从事文化产业的生产经营活动；主导产业型文化产业集群，是以某一种或某一类文化产品的生产经营作为中心，围绕其主导产品而发展出的众多相关文化企业，进而形成了文化产业集群；产品关联型文化产业集群，是指不同的文化企业成为专业化生产产品链上的某个环节，形成集群的内部成员关联特征并由此凸显集体效率优势，借助高度的协作能力和专业化，建立满足广大消费者的细分化市场；产业地理化、地方专业化文化产业集群，是指某一类文化企业和文化产品的生产与经营集中在某一个区域，形成规模经营的集群优势，从而产生良好的市场效益。

（二）文化产业园

从上述内容看出，"文化产业园区"和"文化产业集群"在内涵上是相同的，那么文化产业园区与文化产业园之间的关系是什么？文化产业园的概念是什么？

在中国，"艺术园区"和"艺术产业园"、"创意产业园"等概念都在内涵上与"文化产业园（区）"有着各种相关性。《文化产业管理概论》一书对文化产业园的概念是这样界定的：文化产业园是文化产业发展的园区化、规模化，即文化产业发展在地理空间上的集聚，从而形成的集政策、企业、创新、孵化、投资管理、后勤服务和产权交易等系列功能为一体的文化产业园。①

文化产业集群和文化产业园在内涵上的异同，主要体现在"文化的特性、文化企业现状"这方面：产业集群在形式上限制不多，如跨国公司、龙头企业、大型企业集团，这些都是产业集群中十分重要的组成部分；而文化产业园虽然也是推行企业的集约化发展，并借助集群效应产生核心竞争力，但是文化产业园关注点并不在大型企业，而是在于企业的集聚和孵化。

文化产业园的发展特点是动态的，其发展过程也经历了多个阶段，其中包括文化基础设施建设、文化园创建、旧式建筑和历史文化遗迹重新利用、多样化和数字化文化产业集群趋势等。每一个阶段，它的特点都不尽相同，要求也不一样。例如，目前的文化产业园就需要对文化资源优化配置，规模化经营，形成区域文化的集散地，便于发挥"辐射、平台、溢出"等多种功能，从而将文化产业园打造成为孵化科技创新和产业集约化的平台，推进文化企业发展壮大的助力器，并从更高层次上代表国家的文化产业发展水平，成为实现集约化经营的重要抓手。

上述概念的探讨，对本书的主要研究对象——"文化产业园"有了较为清晰明确的界定，尤其明确了本书研究对象"文化产业园"中企业的特征：文化产业园不在于培育大型骨干企业，而在于对中小企业的集聚和孵化。同时

---

① 李向民，王晨，成乔明. 文化产业管理概论[M]. 太原：书海出版社，山西人民出版社，2006：7-8.

也明确了"文化产业园"与"产业集群"在理论应用上的相同之处，为本书提供了理论依据。

第二节　文化产业园风险管理体系

本书主要研究依据的前期研究基础——"文化产业园风险管理体系"由宏观环境风险、布局风险、运营风险、竞争风险和管理风险五部分共同组成，各部分之间通过其内部各层次要素的有机关联组成完整的风险管理体系；文化产业园的风险决策和评估，需要全方位考量上述五部分风险要素及各层的子要素，从而获得科学、全面的结果（图2-1）。

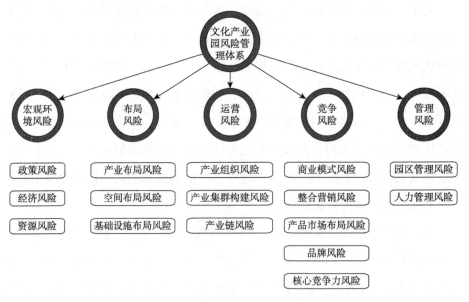

图 2-1　文化产业园风险管理体系

资料来源：李飒. 文化产业园风险管理体系研究[J]. 管理现代化，2014，（1）：111-113

◎ 本章小结

本章首先梳理了文化创意、文化产业、创意产业、文化创意产业、文化产业集群、文化产业园的概念，准确界定了本书的研究对象。同时提出了研究文化产业园风险管理所依据的思路，即本书的前序研究成果"文化产业园的风险管理体系"。本书的研究围绕这一逻辑架构展开。

第三章　文化产业园风险管理的主体

第一节　文化产业园的构成模式及主体分类

文化产业园风险管理的主体有不同的类型，这种不同，源于文化产业园构成模式的不同，一般可分为市场主导的自发型、政府引导型、市场需求与导向协同型。

一、市场主导的自发型模式

市场主导的自发型模式是靠市场这只无形的手来发挥作用形成的。其根本推动力在于文化创意人才的自发聚集和强大的市场需求。能够形成这种模式的地区往往拥有适合文化创意人才创作的自由的人文环境，丰富的文化积累，适合文化创意人才生活和创业的低廉房租以及对某类文化产品或文化服务的大量需求。有了需求，就会有市场，文化创意人才因为需求量大而聚集。由于市场为主导力量，该模式具有自我增强的造血功能，能够不断地自发创新，同时较其他模式而言，企业和文化创意人才之间也会形成一种更为密切的内在联系。

因此，它体现出专业化高、成本低廉、根植性强、自我创新能力强的特点。政府往往会在这类园区形成之后介入，并在一定程度上扮演管理和协调的角色，从规范性方面为园区做出贡献。

二、政府引导型模式

政府引导型文化产业园是一种"自上而下"的人为培养形成的园区，其形成方式是政府统一规划筹资建设。因此，其对政府的财力有较高的要求。同时，这类园区的资源配置由政府主导。当前，这一类园区在我国有很多。首先是规划出一个指定的区域，结合该地区经济、文化、自然资源的特征和差异性，然后有针对性地规划发展文化产业的某一个行业。政府在财务和政策方面的扶持，能够对这类产业园的发展提供强有力的帮助。政府对这类园区提供基础设施建设，在公共服务方面构建平台，在金融、工商、税收等相关方面出台优惠措施，从而起到"筑巢引凤"的作用，吸引有竞争力、有发展前景的企业入驻。经过一段时间的发展，逐步形成特色产业集群和完善的产业链。

三、市场需求与导向协同型模式

该模式具有多指向性，其产生的原因是：当市场产生了相应的需求，政府在其基础上加以引导而产生。这一类园区受市场的作用，也受政府的规划和引导，由此体现了自身发展中可以满足市场、政府、企业、人才等共赢发展的多指向性。这种模式最初发展的原动力是客观存在的市场需求，由此决定了其发展的前景所具有的积极性。政府的因势利导和积极参与能保证该类园区在发展中具有更强的抗击风险的能力。由此为基础，所吸引来的创意人才能够为园区带来实际的生产和创新能力，而专业的经营管理者的到来又进一步保证了园区的良性发展，在日常的园区发展中，政府也会在一定程度上对园区给予优惠政策和关注。

由此可见，政府和企业是管理文化产业园最核心的两大主体，为园区带来基本发展动力和保障。除此之外，高校、科研机构、行业协会也在一定程度上发挥着产业园管理主体的作用。

第二节　政府的功能和行为

政府在产业园集群行为主体中起到至关重要的作用，是主体的重要组成部分。

一、政府的管理功能

政府掌握着大量信息、资金、资源和话语权，其社会影响力巨大，能够强有力地推动文化产业园建设，指引产业园的发展方向。因此作为文化产业园的管理主体，政府发挥着十分重要的管理功能。

（一）推动产业园快速发展

政府掌握了大量的信息和资源，因此，由政府牵头建设的产业园，必然拥有当地丰富的文化资源，也具有可观的产业优势，并且政府的规划立足点较高，统筹全局而设置的规划模式，往往使这一类园区具备了得天独厚的战略优势。同时，政府会提供更多的基础设施保障和优惠政策，这些优势都极其有力地帮助园区招揽了优秀的企业和人才。从而，在宏观、中观、微观的层次上塑造一个更有发展潜力的园区，并帮助其快速实现规模效应，迈向良性发展。

（二）整合资源协同创新

创新是文化产业园生命力的源泉，而政府在构建区域创新系统，整合众多信息和资源方面，有着得天独厚的优势。政府有能力整合高校、科研院所、中介机构、金融服务机构等资源为产业园的创新活动提供主要推动力；同时也有能力协调相关政府部门，如工商、税务、国土资源部等部门，为园区建设提供扶持；政府还能够促进文化产业相关优秀人才的培养和输送工作，组织专业性交流活动，促进人才和创新智慧的交融，以及国内外产品市场的交流。

（三）培育完善的制度文化

制度文化是文化产业园形成和发展的基础。文化产业园的良性发展，就是建立在优良的制度文化基石之上的。政府为园区提供全面的制度、法律法规、政策管理，帮助园区建立公平公正的竞争环境，从根本上维护入驻企业的权益，也帮助入驻企业形成良好的企业信誉，摒弃恶性竞争和侵权行为，从而保证园区的良性的发展趋势。也正因为有规范的制度，才会吸引更多优秀的企业入驻，吸引更多优秀的品牌与之合作。

简言之，政府通过相关立法，加强市场监管，规范市场主体的行为，通过打击盗版侵权、保护知识产权、建立企业评审认证制度等方式来营造公平竞争环境。

（四）培育并完善配套体系

当有了完备的辅助产业作为支撑，文化产业园才能具备可持续发展的能力。政府在这方面的角色功能主要是两方面：其一，必要时进行产业结构调整，实现地区产业结构的升级，优化产业结构，提升该地区文化产业的地位；其二，围绕主导产业链的发展特点，将园区内配套体系建设完善，丰富产品和服务，完善功能，从而形成立体的、具有竞争优势的文化产业结构体系。

二、政府的管理路径

依据事物发展的周期规律，政府在其中的管理职责也遵循着一定的路径，如图 3-1 所示。

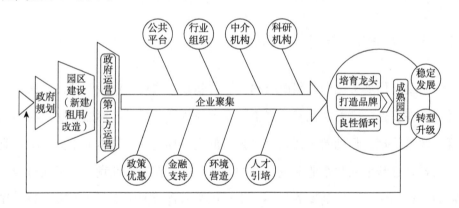

图 3-1　政府管理文化产业园的路径

（一）初创期

政府通过挖掘本地区的产业资源、自然资源和文化资源，因地制宜，量身定制文化产业园建设发展规划，推行高效的文化产业扶持政策，建设产业园空间载体，设置相关管理机构，招商吸引企业入驻，从而开始了产业集聚。

（二）成长期

在这一阶段，政府重点关注产业链的建设，并促进文化和科技结合，增强产业园的创新能力。例如，政府需要从如下七个方面入手：提供政策优惠、打造公共平台、提供金融支持、鼓励行业组织和中介机构、营造竞争环境、促进人才培育和引进、寻找科研机构合作等。培育园区的龙头企业，打造有竞争优势的品牌，从而形成良性循环。

（三）成熟期

在这一阶段，园区的产业集群具备成熟的规模，产业链趋于成熟和完善，政府在这一阶段退居幕后，以市场为主导进行资源配置，而政府则主要负责监督市场的规范，维持公平竞争的市场环境。

（四）转型期（衰落期）

伴随新技术、新创意的不断涌现，新的产品形式也必将取代原有品牌所占有的市场。园区的经营模式、服务方式、产品内涵，必将逐步脱节于市场。此时，政府这一阶段，将变得更为积极，主动介入园区的发展规划，引导园区企业转型升级，使园区重获竞争优势。

第三节　企业的功能

企业在文化产业园的形成和发展中具有至关重要的作用。原材料的供应商、园区辅助性功能的提供商、产业链上下游企业等都靠企业的力量吸引而来。企业作为文化产业园中最重要的主体，其功能主要体现在分工协作这方面。

最初，由于交通、自然资源或基础设施等原因，企业在一些地区落户，但经过一段时间的发展，企业不满足于简单的硬件条件所带来的便利，自发地要发展，即追求扩张性的范围经济效应和规模经济效应。由于能力所限，很多企业自身无法实现这种目标，因此，企业间的协同发展、分工合作变成了大部分企业的首选。但是，与之协同发展的企业在空间上的距离又成为新的问题。如果距离较远，那么材料交换、信息传播等方面就会产生较大的成本，而且在物品运输和信息传递的途中也会发生损耗，形成风险。因此，就近选择合作伙伴就成了这些追求规模经济又注重实际成本的企业的首选方案。企业在这样的共同推动力下，逐渐以产业链为发展逻辑，自发形成了空间的集聚。对于企业自身，这样做确实能够降低生产成本、保持或提升市场份额，提高生产效率，提升利润空间。在一定的地理空间中集聚的这些企业，又能够很好地展开专业化分工，不仅从外部实现规模效应，也从内部增强了专业化的生产能力。

因此，形成产业园区时，企业的功能是实现分工效应，而非自身的"小而全"。垂直一体化的企业并不适合产业园，入驻的企业应该结合自身情况，确定市场定位，通过适当分工，在产业链上占据不可替代的位置。

第四节　高校和科研机构的功能

总体而言，高校和科研机构的作用是扩散技术成果、输送专业人才和产生知识外溢。作为知识创新的主体，高校和科研机构的功能不容小觑，在文化产业园的发展中也必不可少。高校和科研机构是创新的造血机构，可以长期为其邻近的园区提供新技术、新理念、新人才。

由此而知，高校和科研机构是产业园创新的源泉。一个文化产业园周围的高校或科研机构越多，其创新活动就越活跃，创新能力也就越强。例如，美国的斯坦福大学就为硅谷输送了大批创业人才和创新成果，硅谷96%以上的成功企业的创办人与斯坦福大学有直接的关联。而中关村的 IT 产业中企业和人才也与清华大学、北京大学、中国科学院密切相关。

因此，高校和科研机构对文化产业园的持续创新起到了至关重要的"血液输送"的作用。

一、院企联合投资办学

高校和科研机构还起到了人才培训的重要作用，因此很多企业乐于与高校合作，进行企业人才的培训；或采取合作办学的方式，专门为企业输送必需的人才。例如，珠海御温泉旅游产业集群就与韶关大学采取联合办学的方式，培养温泉旅游经营管理类专门人才；深圳华侨城主题公园则与暨南大学联合办学，创办了中旅学院，专门培养主题公园所需要的各类人才。

二、企业实习基地

高校培养专业人才，需要有足够的实训资源。而园区的企业正可以为高校提供这一类资源和场地。因此，企业为高校提供实习基地的这种方式，使两者建立长期稳定的合作关系，从而更加促进彼此的交流。例如，天津大学软件学院的 IT 类入驻企业就与天津工业大学等高校的计算机和软件专业签署了合作协议，为大四学生提供实习的基地，同时在毕业设计环节对学生进行实践性指导，不仅帮助高校培养应用型人才，也可以在实习基地的环节为企业优先遴选人才。

三、提供"订单式"人才培养

"订单式"人才培养方式可以直接向园区企业输送专门人才，既为毕业生实现"合同式"就业，也保证了学校的就业率，因此是当前颇受认可的双赢合作模式。除此之外，高校也可以开展短期人才强化培训等方式，坚持长期为企业提供专门需求的人才，使其能够更好地符合企业要求，更快适应企业环境，尽快为企业提供必需的发展助力。

四、促进产学研转化

高校和科研机构具有丰富的智力资源、优秀的科研人员、更高的研究立足点，但是缺少足够的资金支持。企业有资金，但缺乏专业的人士，因此两者可以协同创新，促进产学研转化，将科研成果应用到实处。因此，建立"产学研"基地已经成为当前文化企业发展自身和对外推广时必备的竞争力之一。

第五节　行业协会的功能

波特曾对在产业集群中的同业公会和共同体所发挥的作用予以了充分的肯定。根据波特的观点，行业协会可以扩大企业知名度，维护企业利益，帮助企业获得政府优惠，加强园区制度规范，保障公平环境。另外，行业协会不仅可以促进本地区成员企业的发展，还能够扩大该地区的吸引力。

◎ 本章小结

本章先是简要分析了文化产业园的构成模式。构成模式的不同，决定了实施文化产业园风险管理的各个主体参与程度的不同。继而，本章梳理了实施文化产业园风险管理的主体类型，共包含四类：政府、企业、高校和科研院所、行业协会。由上述内容可见，政府和企业为产业园风险管理的主要实施者，也是主要问题的解决者。其中，因为在不同阶段，政府的介入程度不同，因此在不同情境下，两者分别扮演着重要的管理者角色。

第四章 宏观环境风险

第一节 政 策 风 险

一、多国文化政策比较

（一）德国的文化管理模式、文化政策及目标

德国是联邦制国家，有不同级别的政府：联邦政府（即国家机关、议会等）、州政府、市政府。德国宪法规定了不同级别政府的职责和权限。联邦政府负责制定文化外交政策以及学校和高等教育事务。州政府和市政府是德国文化政策的主要相关机关。州之间以及州与市之间的规模和工作重点都可以有很大不同。而在市级政府中，文化事务多数情况下由文化专员负责。

德国的文化政策建立在联邦体系的基础之上，遵循权力分散、权力下放和多样化的原则。宪法规定了各级政府在文化方面的职能和权限。但是在文化事务上，各级政府也应当通过联合支持文化机构和活动来进行合作。事实上，在不同的州、市的文化机构、艺术家及其他调节机构之间存在着相当激烈的竞争。同时，德国的宪法保证了艺术的自由。影响文化政策发展的一个

重要的政策目标是在公共部门中文化机构的责任与文化活动不受政府的影响之间寻找平衡点。

德国的文化政策手段主要以供应为出发点。这意味着大部分文化基础设施都根据相关法律规定进行管理并且受到政府的支持——主要来自州和市。

目前，德国文化政策的主要目标之一是让尽可能多的人能够参加艺术和文化活动。近些年来，文化界也认识到德国是移民国家，因此其文化政策必须考虑这个因素。这意味着将文化的多样性看作先决条件之一，在文化政策中融入移民文化的内容，以及在文化政策中考虑移民背景的人的文化需求。

过去的几年中，德国关于文化政策的讨论和措施主要集中在以下方面：第一，支持新首都柏林的文化机构；第二，赋予联邦政府更多管理文化事务的职权；第三，精简和优化各级政府的文化资金；第四，在版权和基金会的税务领域通过新的法律，重新执行自由艺术家的社保规定；第五，收回被非法获取的文化资产；第六，联合国教育、科学及文化组织《保护和促进文化表现形式多样性的公约》；第七，宪法对文化的保护；第八，满足公众日益增长的文化需求；第九，移民、文化多样性、跨文化合作。

（二）法国的文化管理模式及相关政策

法国政府非常重视文化产业，制定了一系列优惠政策，使文化产业得以顺利发展。尤其是最近几年，由于欧洲经济的整体低迷，法国的经济也同样呈现出放缓的态势。因此，面对这样的局面，法国开始大力发展文化产业，力求以文化产业促进国民经济的增长，通过文化产业的发展带动国民就业，带动其他行业的发展。法国将文化产业产品划定为文化内涵的创作、生产和销售，包含了印刷品、播放设备、电影院、多媒体制品、游戏软件及其他相关产品。并且，在过去的三十年中，产品的范围不断扩大，这些产品的生产和销售更加集中、更加国际化，贸易政策也越来越完善。在激烈的市场竞争中，政府举措的目标在于通过税收减免、固定书价、法语制品配额之类的规范措施，保证大范围的文化生产以及尽可能广泛的销售。

在法国政府中，文化部负责国家在文化事务政策的制定和实施，还有其他一些政府机构也为文化事务提供资金。直接或间接提供资金的部委主要是青年、国民教育和科研部，此外还有其他部委在以下事务中推行一些文化项目，如艺术培训、专业图书馆、国家博物馆、古迹、历史档案的保存、海外文化活动、通信等。此外，直接选举产生的地方机关负责地方行政。地方机关，尤其是市议会，在文化领域非常积极，大部分地方文化机构都由其管理，同时也会组织很多当地的文化活动。例如，在过去的二十年间，音像产业（广播电视）中，电视台的数量迅速增长（一般内容和主题电视网络，地面、有线和卫星网络）。政府在这一领域的工作则主要涉及以下三个方面：①通过监管机构——音像管理委员会，对拨款进行总体性的调控；②用牌照费为公共电视台提供资助，制定牌照准则；③通过广播节目中音乐内容的配额以及电视节目中电影节目的配额等进行调控。

总的来说，法国政府在其文化产业的如下方面做出了重要的努力。

1. 文化产业的就业和消费民主化

法国政府在文化产业的发展政策中最主要的就是提出了"文化民主化"。这主要是为了提高全民参与度，尽可能扩大文化产业的影响范围。对于国民教育，也有非常积极的影响，该政策可以提升民众对文化的认识，加深民众对文化的兴趣和渴望，从精神层面上塑造更健康的国民。与之相关的具体影响如下：

第一，音像设备现在成为日常生活的一部分，越来越多的法国家庭拥有音像设备。

第二，个人电脑的拥有量大增。既被用于文字处理也被用于游戏，十分之一的电脑拥有者有教育或文化相关软件或光盘。

第三，媒体的文化用途获得加强。

第四，随着新一代法国人的成长，以摇滚、电声、说唱乐为主的流行音乐获得了大面积的欢迎。

第五，新闻和图书的读者数量在持续减少，但是杂志和评论的销量变得很好，尤其在年轻读者中间。

2. 文化产业相关的税制和法律

文化领域没有一个总体的"税法"，但是有一些专门的措施针对不同的文化领域。在法国，主要有五个文化领域与税收优惠措施有关，包括：文学和艺术创作；文物保护；新闻；出版；文化、电影、音像和唱片的发展和传播。主要的税收措施包括减免收入所得税、减免专业税、降低增值税标准、减免财产税、减免登记费。

3. 新技术的推广

法国政府对国有文物藏品的文件进行数字化，而不计这些文物为何种形式，包括古代手稿、地图、计划、绘画、素描、电影、地方故事或歌曲等。文化遗产相关文件的数字化传播也考虑到了受众的复杂性（包括文物专业人员、普通大众、教师、学生）以及传播的形式的多样化——包括光盘、数据库、通过互联网提供的互动产品等。

法国文化部和一些法定的保存机构——特别是法国国家图书馆和国家音

像研究院合作，明确了法定互联网信息保存的目标和程序，其中规定，应当以可动态回复的持久形式建立网络档案。

多媒体文化空间遵循文化和社会文化的结果而建立，其宗旨在于促进多媒体文化内容对大众的开放并展示该领域内最新的成果。截至2008年，在法国一共有 150 家多媒体文化空间[①]，同时还有其他一些空间对其进行补充，如市图书馆等其他相关空间，这些措施的推行都得益于一个更广泛的促进公众接触多媒体的政策的执行。

4. 对艺术家的支持

法国政府对艺术家提供了形式多样的支持，包括中央和地方政府对艺术家提供相应补助；在艺术家的专业领域内提供支持；对艺术家的生活环境进行行之有效的改善；等等。当然，目前享受这一类优惠政策的艺术家只局限于电影、图书和一些视觉艺术领域。

（三）英国的文化政策原则和目标

与法国中央政府和地方政府齐上阵的方式多有不同的是，英国利用半官方机构对文化产业进行扶持，即所谓"一臂间隔"模式。这是一种由管理层确定的"协定"，是政府和文化艺术机构间一种特殊的关联方式。例如，1940 年英国成立了音乐美术发展委员会[②]，是世界上最早的艺术资助机构，它接受政府的资助，却奉行与政府保持"一臂间隔"的政策。英国发展文化产业的根本目标也与法国不同，主要是为了提升国民的精神文化面貌，提升大

---

① 李庆本，吴慧勇. 欧盟各国文化产业政策咨询报告[M]. 郑州：大象出版社，2008：126.
② 李庆本，吴慧勇. 欧盟各国文化产业政策咨询报告[M]. 郑州：大象出版社，2008：320.

众的生活品质。英国政府共提出了五项优先发展的文化政策，包括如下几个方面。①

第一，面向青少年，进一步促进青少年对体育文化活动的参与，为他们的才能提供发展机会，并使他们从参与中受益。

第二，面向社区，增加文化体育的影响力，丰富个人生活，改善目前及下一代的生活环境。

第三，面向经济，充分发挥旅游、创意休闲产业对经济发展的贡献。

第四，面向传播，传播手段现代化，确保主办机构有效运转，以满足个人和社会的文化体育需要。

第五，面向奥运，主办一次富有激情的、安全的和独特的奥运会和残运会，为伦敦和英国留下一笔可持续利用的遗产。

（四）荷兰的文化政策和文化管理体系

荷兰的公共管理体系由三个层次构成：中央政府、省政府和市政府。在各级政府中都有双重的权力体系：国会和地方议会有权修正内阁、省政府以及市长和市政府的财政和管理工作。大多数情况下，日常文化政策中，政府的措施在咨询顾问机构后才得以采纳。国会和地方议会在公开讨论之后批准这些措施。决策中最重要的是对来年预算的讨论和决定。

根据 2003 年的《荷兰文化政策》的描述，文化的内涵包括：文化遗产（博物馆、历史建筑和古迹、考古、档案等）；媒体（广播、印刷媒体），文学和图书馆；艺术（视觉艺术和设计、建筑、电影、表演艺术、业余艺

---

① 李庆本，吴慧勇. 欧盟各国文化产业政策咨询报告[M]. 郑州：大象出版社，2008：320.

术、艺术教育）[1]。该项政策规定，科学、教育和文化部有义务每四年制订新的文化政策计划。2003 年，荷兰文化部长对范德兰指出，文化市场的作用十分巨大，对文化产业领域的拨款应当用于对文化市场的掌控。文化创业将带来多种不同文化范畴的文化受众。2003 年，她针对 2004~2007 年度的政策性文件 *More than the Sum* 提出了三个主要的文化政策目标：减少支持艺术和文化事务的管理机构；与文化生活更多地关联和互动；增加文化在社会生活中的比重[2]。

荷兰文化政策目标反映出欧洲议会的四项文化原则，特别是促进本土特性和多样性发展、支持创造性和文化生活参与的原则。荷兰政府强调文化特性的多面性。更强调文化实体之间的合作和交流，而较少强调民族群体的文化自治。这代表了其政治思路的一个新的发展方向。

荷兰政府在艺术价值判断问题上保持中立的原则很有效力。政府应当仅仅专注于政策失误，这也是政府将艺术事物的决策权大部分交给不同的独立专家委员会的原因。2006 年，荷兰文化部长范德兰提出了一系列文化领域的改革方案，由此文化政策制定体系已经在"尽可能保持距离，但必要时介入"的思想下准备进行一些改变了。

（五）加拿大对不列颠哥伦比亚省动画产业的政策扶持

著名的加拿大不列颠哥伦比亚省动画产业始于 20 世纪 80 年代。该省的动画产业涵盖了传统动画、数字动画、视觉特效、网络游戏、电子游戏、数字多媒体等新老行业，还包含了动画行业的辅助行业，如配音、声音制作。其

---

① 李庆本，吴慧勇. 欧盟各国文化产业政策咨询报告[M]. 郑州：大象出版社，2008：141.
② 李庆本，吴慧勇. 欧盟各国文化产业政策咨询报告[M]. 郑州：大象出版社，2008：142.

中使用数字技术的电脑动画和游戏行业占动画产业总收入的 75%，应用数字技术的视觉特效占动画产业的 15%，传统的平面动画占该省动画产业的 5%，声音类的生产和加工占该产业 2%。以该地动画产业为例，加拿大动画产业的发展原则是掌握自主的知识产权，并且具备自主的发展方向，摆脱对外部的依赖。围绕这样的宗旨，就需要良好的发展环境和强力的支持，而其赖以生存的政策就是：依靠国家支持。[①]

加拿大联邦政府和不列颠哥伦比亚省也效仿英国"一臂之距"的模式，对文化产业采取帮助的原则，而非强力的干预。政府专门设立非官方且独立核算的服务机构，将政府拨款用于支持不列颠哥伦比亚省的动画产业。类似的机构有很多，如加拿大影视基金会、不列颠哥伦比亚省艺术委员会、国家电影董事会、加拿大国家电影局和加拿大艺术委员会等。这些机构的职责是有计划地将政府资金用于鼓励艺术家创新、创作和交流。从而促进了加拿大不列颠哥伦比亚省动画产业的大力发展。

加拿大政府在明确自身定位的同时，还积极开辟多种产业资金筹措及资助渠道。由政府和企业联手，出资设立了大量动画产业服务机构。政府相关部门和出资的企业、机构代表组成董事会，对服务机构的各项职能和宗旨做出详细规定。这些机构除具有上述的各项服务功能外，还针对动画产业提供专项资助计划，从而为当地动画产业的发展提供强有力的保障。

此外，不列颠哥伦比亚省政府还通过中小企业培训委员会，向该地动画企业提供一定数额的补偿资金，以鼓励企业增加动画从业人员的在职培训；另外，省政府还向联邦政府申请专项经费，支持该省新兴的动画产业。

---

① 徐中孟，李季. 世界文化创意产业园研究[M]. 台北：秀威资讯科技股份有限公司，2012：115，116.

（六）泰国创意设计中心发展中政府的角色

与世界上绝大多数文化产业园和设计中心的发展历程不同的是，泰国创意设计中心（Thailand Creative and Design Center，TCDC）既不是拥有历史雏形，日积月累演化而来，也不是由民间自发形成的产业集聚区，更不是有民间资本投资建立的研究中心，而是由国家建设的，力求提升国家设计水平，与国际设计舞台全方位接轨的国家所属的研究中心①。

TCDC 的特色之一就是由泰国政府推动完成的，中心全方位为国家服务，它属于国家，是国家的展示平台。泰国政府为 TCDC 提供了更大的平台，在建设 TCDC 的过程中投入了约 8 800 万元的资金，为设计中心的发展铺平了道路。国家投资的产业园本身就是亮点，创意中心所体现的优势、资金或政策本身就是无可比拟的，同时，国家也通过 TCDC 向外宣传相关政策，TCDC 本身就是一个运营实体。

我国很少有由国家直接投资、以国家的名义建设的产业园区。园区的资金大都来自企业，容易导致资金的断裂和运行的偏颇，因为企业会将自身的利益放在首位，国家的政策也没有得到很好的落实，国家无法实际左右园区的运营，只能起引导作用而不是领导作用。

我国的体制与国民的基础都远胜于泰国，国家应该参与或建设产业园以更好地促进文化产业的发展。

由上述不同国家的文化政策特点可见，在这些国家里政府几乎都是采取"帮助"的方式，退居"一射之地"，不再对文化产业的发展强加干涉。由此可见，在对待文化产业的时候，其扮演的角色应该是服务者，而不是领导

---

① 徐中孟、李季. 世界文化创意产业园研究[M]. 台北：秀威资讯科技股份有限公司，2012：169，170.

者，这也正是我国欠缺的。一个产业在发展的过程中不能夹杂过多政治因素或者过多受政府影响。政府在发展文化产业的过程中应该是期待"帮助"的作用，而绝不是"引导"的作用。

我国在长期的文化和经济的发展改革中，也逐渐摸索出了问题所在，文化体制的出现似乎为我国的文化产业发展增添了新的生命力。

二、文化功能的转变——国家文化体制改革

文化的功能是一个世界性的主题，在世界上很多国家，人们对于文化功能的认识随着经济、政治、历史的演进不断发生变化。一些学者看中文化的战略意义，认为文化可以指导人们在日常交往和互动中所秉持的信念和实践；文化也可以维护统治工具，通过传承优秀的传统文化，来维护和加强统治阶层的权力；文化也可以用于改变人们的生活环境，通过文化的不断创新和创造，来使人类不断适应环境的变化。

我国的文化建设长期以来处于计划经济体制中，实行的是高度集中的管理模式，即一套与计划经济体制相适应的文化事业体制和运行机制。这种体制对发展文化事业和文化产业都是不利的，这表现在以下几个方面：文化事业高度意识形态化；所有制单一化；文化机构行政化；管理体制、运行机制僵化。文化体制与市场经济体制不相适应的状况，对文化产业的发展造成了极大障碍。[①]

自改革开放以来，我国的文化功能定位发生了明显的改变，最初文化仅仅是国家的"辅助性社会资本"，如今，文化已明确被定位为国家软实力的

[①] 欧阳友权. 文化产业概论[M]. 长沙：湖南人民出版社，2007：24.

核心内容（郭远远和陈世香，2018）。具体而言，自"六五计划"到"十五计划"，我国文化功能定位属于"文化资本化"，在国家的政治建设、经济建设和文化建设中，文化的建设属于较次一级的位置，其发展目的是为国家的政治稳定和经济发展建设提供辅助性社会资本。在这一时期，文化的建设还没有提升到国家发展的战略高度上，而从"十五计划"开始，文化建设正式进入了国家关注的视野，2006年9月颁布的《国家"十一五"时期文化发展规划纲要》则是进一步深化了文化功能的转变。

2006年9月颁布的《国家"十一五"时期文化发展规划纲要》对深化文化体制改革做出了阐述。欧阳友权在《文化产业概论》一书中对现阶段我国文化体制改革的内容概括如下。

（一）理顺党和政府与文化企事业单位的关系

过去，党对文化工作采取全过程管理的政策，政企不分的局面相对容易造成办事效率低下。党的十六届三中全会的决定则有效解决了这个长期存在的问题。其对比结果如图4-1所示。

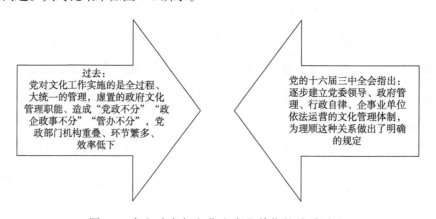

过去：
党对文化工作实施的是全过程、大统一的管理，虚置的政府文化管理职能、造成"党政不分""政企政事不分""管办不分"，党政部门机构重叠、环节繁多、效率低下

党的十六届三中全会指出：
逐步建立党委领导、政府管理、行政自律、企事业单位依法运营的文化管理体制，为理顺这种关系做出了明确的规定

图4-1 党和政府与文化企事业单位的关系对比

（二）建立文化国有资产管理新体制

从"国营企业"到"国有企业"再到"国有资产"，这不仅体现在名称上的改变，更从深层次体现了文化国有资产管理的制度创新。党的十六届三中全会在这方面的贡献是巨大的。具体内容如图 4-2 所示。

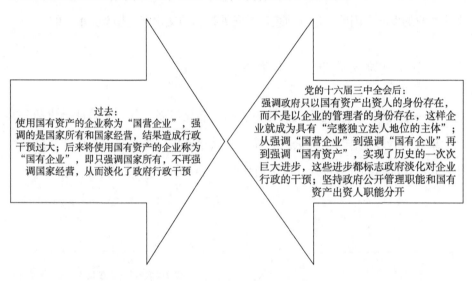

图 4-2 国有资产管理体制的新旧对比

（三）建立新的文化宏观调控机制

党的十六大对于文化企业的管理方式有十分明确的主张，要从行政控制型向依法行政型转变。主张在文化体制改革中，文化企业不再听命于政府的控制，而是以市场为导向，遵守法律、遵守政策规定而发展。国家要建立新的且有效的宏观调控机制，使行政约束转变为法律约束，甚至经纪约束和内部约束。对文化宏观调控的基本手段将是政策，而不是上级下达的行政指令。

（四）确立真正的市场主体

这一项措施主要是为了明确文化产业企业的产权所属，建立健全法人治理结构。文化体制改革的核心要素正是要确立文化企业的市场主体地位，确保文化企业自主经营、自负盈亏，从而激励文化企业良性发展，真正盈利，从根本上促进文化产业的发展。因此，这一项决定对发展我国的文化产业是至关重要的。

（五）建立文化事业运作新模式

这一点的核心目标是实现文化事业的社会化发展。其对象是社会化和公共文化事业的管理运作、文化公共物品、公共服务供应等。政府不仅加大公益性非营利文化部门的资金投入，也鼓励社会兴办和支持公共文化事业（图4-3）。

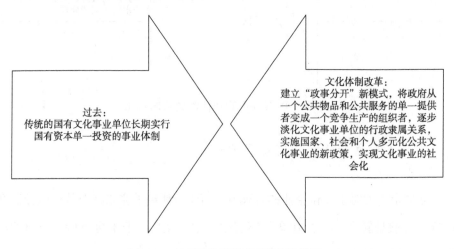

图 4-3　文化事业运作模式的新旧对比

（六）培育和规范市场体系

传统体制在市场职能上有两大弊端，即排斥市场竞争和壁垒林立（图4-4）。

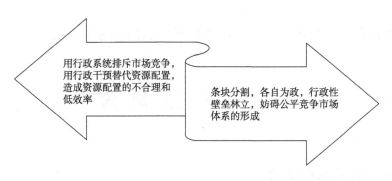

图 4-4 传统体制在市场职能上的弊端

继党的十六大做出深化文化体制改革的战略决策后，党的十七大提出了兴起社会主义文化建设新高潮、推动社会主义文化大发展大繁荣的目标任务，文化体制改革的工作要点包括图 4-5 指出的四个方面。

文化体制改革的工作要点	文化体制机制改革创新；按照创新体制、转换机制、面向市场、增强活力的要求，推动文化体制改革在重点领域取得进展
	构建公共文化服务体系；发展公益性文化事业，保障人民基本文化权益，是社会主义文化建设的重要目的
	发展文化产业；发展文化产业是社会主义市场经济条件下满足人民群众多样化、多层次、多方面精神文化需求的必然选择，也是加快经济发展方式转变的重要抓手
	对文化产品创作生产的引导；要坚持为人民服务、为社会主义服务的方向和百花齐放、百家争鸣的方针，贴近实际、贴近生活、贴近群众，真正从群众需要出发，继承和发扬重要文化优良传统，吸收借鉴世界有益文化成果，推出更多伸手群众喜爱、思想性艺术性观赏性相统一的精品力作

图 4-5 文化体制改革的工作要点

2017 年，中国共产党第十九次全国代表大会报告《决胜全面建成小康社会 夺取新时代中国特色社会主义伟大胜利》分别从意识形态领导权、社会主义核心价值观、思想道德建设、社会主义文艺、文化事业和文化产业五个方面全面阐述了未来我国文化建设的主要内容，进一步确立了文化建设在整个中国特色社会主义现代化建设布局中的重要地位。

纵观历史的演进和发展，国家对文化建设在整个现代化建设布局中的定位与认知经历了明显的转变过程，体现出国家意志在文化建设领域的变化轨迹①。

第二节 经 济 风 险

一、区域综合实力

（一）区域综合实力评价的综述

区域综合实力的评价方式，在 20 世纪 70 年代起进入理论界的研究视野。最初，使用的是时间序列分析的方法，后来渐渐采用联合国推荐的评价指标体系。在我国，毛汉英通过探讨区域 PERD（population，environment，resource，development，人口，资源，环境，发展）系统协调发展的目标，率先进行了区域综合实力的评价。经过多年来学者们的不断奉献，区域 PERD 系统向人们展现出了更为复杂、开放、多层次、不稳定的面貌。

区域综合实力的定量评价研究随之也不断地发展，统计学、系统学、数据库理论等被引入其研究中。另有一部分学者也研究了人口、环境、资源、经济发展、科技等之间的相互关系如何影响区域的综合实力。在阐述的角度上，一部分学者采用马克思主义哲学为切入点，探讨科技、资源、人口、经济社会发展之间的关系；也有学者结合制度和政策，比较科技发展与区域经济之间的关系。同时，时间序列分析和灰色关联分析等方法也被引入了区域综合实力的评价过程，通过计算量化指标的方式进行更为严谨准确的评价。

---

① 郭远远，陈世香. 2018. 改革开放 40 年来文化建设定位的历史演变与未来展望——基于历年国务院政策文本的分析[J]. 中南大学学报（社会科学版），2018，（1）：127-135.

张志强（1994）通过分析区域 PRED 系统和其协调发展的概念、特征和演化机制，建立了区域 PRED 协调发展的辅助决策支持系统运行框架，并给出了相应的指标体系。申玉铭和方创琳（1996）则从区域 PRED 协调发展含义和特点入手，分析协调发展的机制、演替规律、协调发展的理论模式。张彩霞和梁婉君（2006）根据 PERD 协调发展不同模式，确定了评价指标体系应遵循的原则，同时了建立综合评价指标体系。目前，这些研究成果已经能较全面地分析区域综合实力，但如何科学客观地对多个对象进行动态分析，一直是学者们广泛尝试的新课题。

（二）其他评价方法和代表性成果

与区域综合实力相关的，并能作用于文化产业园发展的一些概念，还包括区域竞争力和区域城市综合实力。

其中，区域综合竞争力是指在经济全球化条件下一个区域在一定发展水平基础上经济持续增长与发展的能力，由于它是一个区域政治、经济、文化与社会等各种力量共同作用的结果，其也被称为综合竞争力。

区域竞争力强的地区一般具有如下两种特征：一是具有较高的经济发展水平，二是具有较强的经济增长后劲（图 4-6）。

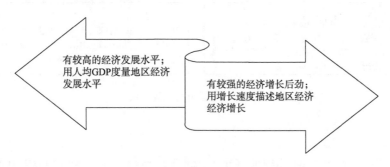

图 4-6　区域竞争力强的地区的特征

但在一个地区投资建设产业园，往往需要关注的是该地区的经济增长潜力，即经济增长后劲。关于这一点，2004 年广东省社会科学院提出了"用经济增长加速度度量地区经济增长后劲"的方法。广东省社会科学院提出的地区综合竞争力的评估公式如图 4-7 所示[①]。

图 4-7　地区综合竞争力评估公式

按照发展经济学的观点，不同发展水平地区的经济增长内涵是不同的，简单地将发达地区与不发达地区竞争力进行比较没有太多的意义，因此，在研究时有必要对评估对象进行科学分类。

为了保证比较我国各地区经济增长后劲的科学性，现按照我国业已形成的四大经济板块进行比较研究。这四大经济板块分别是东部板块、东北板块、西部板块和中部板块，如图 4-8 所示。

东部沿海板块，即东部板块 由北京、天津、河北、山东、上海、江苏、浙江、福建、广东、海南 10 个省（直辖市）组成；我国改革开放的先行地区，对外开放水平较高，经济实力雄厚	东北板块 由辽宁、吉林、黑龙江 3 个省组成；属东北老工业基地，十六大以后，国家把振兴该地区作为重大战略全面部署，为该板块的发展注入了新的活力
西部板块 由四川、重庆、贵州、云南、广西、内蒙古、新疆、陕西、甘肃、宁夏、西藏、青海12个省（自治区、直辖市）组成；国家西部大开发战略已为该地区注入了鲜活的生命力	中部板块 由山西、安徽、江西、河南、湖北、湖南 6 个省组成；与其他板块相比，该地区发展相对滞后，不过目前已引起中央的重视

图 4-8　我国四大经济板块

---

① 21 世纪经济报道. 21 世纪中国发动机·竞争力大盘点. http://finance.sina.com.cn/roll/20040228/1138651308. shtml，2004-02-08.

　　按照广东省社会科学院的评估方法，以四大经济板块为考察分类，结合城市人口的数量，可以将 35 个省会与计划单列市分为特大型、大型、中型与小型四类中心城市，并以此为竞争力比较研究的基础，从而得到测量结果。

　　另一种方法是从区域城市综合实力的角度进行评价，较为有代表性的成果是：国家统计局《中国国情国力》杂志社、《中国信息报》联合成立的城市综合实力研究课题组，根据国家统计局发布的权威数据，依托国家统计局翔实的数据资源，开展的对中国城市综合实力的测评。该研究结果首次发布于 2011 年 12 月 25 日，报告名称为《中国城市协调发展及综合实力研究报告》。该研究报告的研究逻辑及子系统构成（图 4-9）是，"将城市综合实力进行分层，形成'人口与劳动力发展'、'经济发展'、'社会发展'、'基础设施'、'生态环境建设与保护'和'发展质量'六个子系统；其中，'人口与劳动力发展'是关键子系统，因为城市的发展最终要落实到人的发展，城市市民是城市各项资源的综合使用者，也是城市发展果实的受益者；'经济发展''社会发展''基础设施''生态环境建设与保护'是城市综合实力的几个主要方面，只有城市各主要方面的全面发展，才能实现城市综合实力的提升；发展质量子系统主要用来衡量城市发展的潜力，只有注重质量的发展才是可持续的发展"[1]。

　　该报告在一定程度上反映了城市综合实力相对强弱程度；为了保证城市之间的可比性，这次评价并没有包括四个直辖市；另外，由于拉萨市的数据缺少太多，这次评价也没有被包括。该报告将结果分为两类，第一类是省会城市和计划单列市，包含了深圳市、广州市等 31 个城市；第二类则是不含省会城市的地级城市，共有 251 个城市。该报告的结果认为，长期以来，在城市综合实力方面，我国四大经济板块一直呈现出东部板块>东北板块>中部板块>西部板块的规律。

---

[1] 中国网. 城市综合实力评价体系的基本方法. http://city.index.china.com.cn/2011-12/28/content_24271366.htm, 2011-12-28.

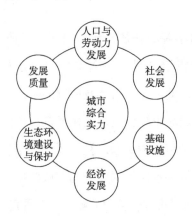

图 4-9　城市综合实力研究的子系统构成

（三）城市文化创意竞争力的评价思路

无论是区域综合竞争力，还是区域城市综合实力，都能够较全面地反映当前各地区的综合实力，而且这些研究成果都能为文化产业园战略性规划提供宏观的视野和科学的依据。

但是鉴于文化产业的性质，区域文化创意竞争力也应该作为区域综合实力的一部分而被列为考察对象。由于目前研究城市文化创意综合实力的成果很少，本书仅能借鉴 2011 年发布的《2011 两岸城市文化创意产业竞争力调查报告》。这份研究报告是首次针对两岸城市文创竞争力进行的调查，由亚太文化创意产业协会委请中原大学教授吕鸿德老师主持，以两岸具有文化创意潜力的 36 个城市为研究对象，根据文化硬实力、文化软实力，细分为 80 个指标评估换算而得。调查共回收问卷 1 911 份，分别由台商、旅居大陆的外国人及 EMBA（executive master of business administration，高级管理人员工商管理硕士）学生所属的企业答复。由于台商回复的比率达 78%，报告负责人坦言，调查可视为"台商眼中的两岸城市文创竞争力评比"，呈现台商从布局观点评估的城市竞争力。该研究所采用的要素层级关系如图 4-10 所示。

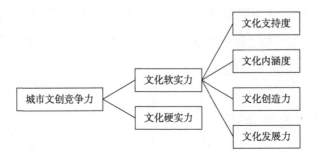

图 4-10　城市文创竞争力指标层级关系

该评价结果表明，城市文创竞争力、文化软实力、文化创造力排名最高的是上海市，文化支持度最高的是杭州市，文化内涵度和文化硬实力最强的是北京市，而深圳市则在文化发展力方面排名最高。

本书在研究中也发现，我国东部板块的综合实力最强，其次是东北板块、中部板块，最后是西部板块。通过两种区域城市综合实力的排名发现，东部地区的泛珠江三角洲经济圈（广州、深圳在城市综合实力的比较中名列前茅）的综合实力最强；其次是长江三角洲地区，以上海、杭州、南京、苏州等城市为综合实力领头羊；而以北京为主的京津冀地区的综合实力相较前两者而言则有一定差距，在这一经济圈中，唯有北京一个城市在综合实力和文化创意竞争力方面发挥着主导作用，这一地区其他城市和地区的表现则不尽如人意，特别是 2006 年的区域城市综合实力排名中，河北省的整体实力才居第三层，远落后于其他两个经济圈的主要构成城市。

然而，值得注意的是，城市的文化创意竞争力方面（在台商眼中），长江三角洲地区的实力最强。以上海为例，不仅在城市文创竞争力总排名中位居第一，而且在文化软实力、文化创造力等次级指标中也占据第一位，而且该地区的杭州市也在文化支持度方面排名第一。泛珠江三角洲和京津冀地区表现则略逊一筹，尤其是泛珠江三角洲地区，深圳的文化创意竞争力仅位居第四。这表明单就文化创意竞争力而言，长江三角洲地区领先京津冀地区，而泛珠江三角洲地区则居第三。

二、区域经济结构

区域经济结构是指一个区域内各个经济单位之间内在的技术、经济、制度等组织的联系及数量的关系，作为影响区域经济增长的重要因素之一，它决定区域资源配置的基本模式。区域经济结构包括所有制结构、产业结构、技术结构、要素结构、企业结构。

区域产业结构是区域进行资源配置，实现资源增值的载体。当企业效率和经济体制一定时，在很大程度上，区域经济增长效率与发展状况取决于区域产业结构的先进性和变化。关于产业分类的方法大致有三种，即三次产业分类、产业功能分类和要素集约度产业分类。

三次产业分类是将产业分为第一产业、第二产业和第三产业（图4-11）。

图4-11 三次产业分类的内容

产业功能分类将产业分为主导产业、关联产业、基础性产业、支柱产业和潜导性产业，分类的依据是各个产业在经济增长中的作用和联系，在图4-12

中，可以看到其分类的内容。

主导产业
· 在区域经济增长中起组织和带动作用的产业
· 处于支配地位
· 通过与其他产业之间的较为广泛和密切的联系，主导产业的发展就能影响和带动其他产业的发展，进而对区域经济增长产生巨大的带动作用

关联产业
· 直接与主导产业在产品的投入产出、技术等方面有联系，为主导产业发展进行配套、协作的产业
· 关联产业会因主导产业的不同而相异
· 按照与主导产业的联系方式，可把关联产业分成前向联系产业、后向联系产业和侧向联系产业。前向联系产业是利用主导产业产品的产业，后向联系产业是为主导产业提供生产资料的产业，侧向联系产业则是为主导产业提供技术、能源及其他服务的产业

基础性产业
· 为区域经济增长、社会发展、人民生活提供公共服务的产业
· 按其作用性质可进一步分成生产性基础产业、生活性基础产业、社会性基础产业

支柱产业
· 在区域经济增长中对总量扩张影响大或所占比重高的产业
· 支柱产业不等同于主导产业，因为，支柱产业虽然在本区域的经济总量扩张中占有较大的比重，但在全国的同类产业中所占比重却较小，或者与其他区域的同类产业相比并不具备发展的优势，产品输出率低，因而它不能发挥区际分工的作用，也就不具有主导产业应有的功能

潜导产业
· 当前规模较小，对区域经济增长影响有限，但是代表了未来产业进步的方向，发展潜力大，前景广阔的产业
· 这类产业有可能在不远的将来发展为新的主导产业

图 4-12 产业功能分类的内容

要素集约度产业分类是按照各产业对要素依赖程度的差别进行分类，这

些要素主要指各种物质资料及劳动力，如资本、技术、劳动力、自然资源等。这种分类方式将产业分为资源密集型产业、资本密集型产业、劳动密集型产业、技术密集型产业（图4-13）。

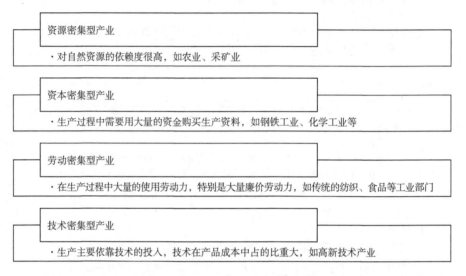

图4-13　要素集约度产业分类的内容

区域经济结构的特点主要体现在市场导向、区域资源导向、区域内中心城市特殊经济功能导向、区域比较利益导向、增长点导向、历史继承性与可塑性交叉导向这六种导向上（图4-14）。

三、文化产业对外贸易

当今的国际贸易发展趋势是：单纯依靠制造业而出口的贸易形式已经不适合时代的要求，打开更多市场、提高贸易份额、优化产业结构也是如今我

市场导向

· 在商品经济高度发展的国家，区域经济结构在很大程度上是由市场决定的。在我国过去高度集中的计划体制模式下，区域经济结构由于受行政区划的干扰和支配而严重变形。改革开放以来，市场正不断通过"看不见的手"对扭曲了的区域经济结构进行手术和矫正。新的区域经济结构正在按市场要求的方向发展

区域资源导向

· 区域经济结构与区域内资源的丰富程度和分布状况有着密切的联系。合理的区域经济结构应根据区域范围可利用资源的具体情况，建立起相互适应的，多层次的劳动密集型产业、技术密集型产业和高技术产业，使区域内各种资源的配置达到最优化

区域内中心城市特殊经济功能导向

· 中心城市的一般经济功能是聚集、专业化和综合协调各种经济活动与经济关系。还有某些特殊的经济功能，如可以作为重要的交通枢纽，因而具有其他中心城市不可替代的优势

区域比较利益导向

· 区域经济结构中要有支撑产业或骨干产业，通过其相对和绝对优势增强竞争力，使产品既能占领区域市场，又能顺利地打入区际市场和国际市场。区域内中心城市特殊的功能既是现存区域经济结构所带来的结果，又是未来区域经济结构形成的雏形

增长点导向

· 区域经济又称为空间经济系统，核心问题是要解决资源在空间上的最优组合和配置，客观上要求建立一种多层次的立体区域经济结构，即点、线、面、网络和系统相组合的结构

历史继承性与可塑性交叉导向

· 区域经济结构的现有格局是区域经济发展的历史沉淀，带有很深的历史痕迹。特别是在我国区域经济格局发展不均衡的情况下，产业格局上被扭曲成"大而全""小而全"，在部分地区仍旧存在

图 4-14　区域经济结构的特点

国在发展国际贸易的进程中必须做到的内容。文化产业的对外贸易正是在这方面有很大的优势，尤其是优化产业机构方面。而且文化产业低耗能、高附

加值的优点远胜于传统工业和制造业，对于实现可持续发展有着重要的战略意义。

这一部分主要讨论文化产业对外贸易的现状和应对策略，而针对文化产业对外贸易的风险则主要集中在文化安全领域，这一问题将在本章第三节"资源风险"中做细致分析。

（一）文化贸易内涵

各国输入、输出文化产品和文化服务即为国际文化贸易。近年来，随着各国的产业结构调整，越来越多的国家把国际文化贸易当成其国际贸易的重要组成部分。国际文化产品和服务是跨境产物，是文化产业国际化经营的必然。

文化贸易发展的基础是文化产业，只有当文化产业发展到一定的阶段后，才能有文化产品和服务的国际化交流，从而构成文化贸易。文化产业的进一步拓展又必然要依靠文化贸易的途径来延伸，从而寻找更大的发展空间。因此，文化产业和文化贸易之间关系紧密，前者是基础，后者是提升的方式。

文化贸易的内涵既包含"文化商品"也包含"文化服务"，因此它具有国际货物贸易和国际服务贸易的双重特征。

1. 市场垄断性强

由于经济、政策、文化、习俗等多方面的不同，不同国家的文化产品贸易发达程度不尽相同。往往发达国家，凭借其先进的生产力和经营管理技术，在国际文化产品贸易舞台上占据着较大的话语权，也就是说处于垄断地位。相对而言，经济不够发达的国家则在文化产品贸易市场中被垄断者挤压，勉强获得极小的生存空间。

2. 贸易壁垒隐蔽

文化产品和文化服务不仅具有商品属性，也具有意识形态属性。因此，对进口国输入文化产品时，不仅是完成了贸易层面的往来，也是对进口国产生了文化和意识形态输出。因此，各国服务贸易政策一直很关注文化产品和文化服务的贸易问题。由于文化产品和文化服务缺乏统一的国际标准和关税限制，各国为了保证本土文化的主流性，往往会采取一些相对隐蔽的非关税壁垒。由此可见，文化贸易壁垒是隐性存在的。

3. 贸易自由化有限

由于文化产品的意识形态属性，文化产品中的出版、广播影视、网络服务、教育、演艺等都直接关系一个国家的意识形态，也就关系着国家主权、国家安全等重要内容。因此，为保护国家主权、文化安全、意识形态的完整性，各国都会谨慎地选取文化贸易的开放程度，因此所谓的贸易自由化，在文化产品层面是具有局限性的，并且目前为止，能够完全开放本国文化市场的国家屈指可数。

4. 与其他产业相容性

多样的文化产品和文化服务被允许以各种形态融入国际贸易领域，从而形成旅游文化、茶文化、餐饮文化和装饰文化等。随着计算机和互联网技术的发展，文化产品的传播速度进一步提升，影响范围也逐渐扩大到各个层面的消费领域，由此可见文化贸易与其他产业较强的相容性。

5. 贸易约束条例灵活

由于涉及国家意识形态和文化的差异性，文化贸易的"折扣"现象普遍存在于各国。各国政府为保护本国文化的主流地位，将"文化例外"的原则广泛运用于文化贸易的政策中。在 WTO 框架内，各国自由制定文化政策，因此可以在世界贸易组织制定的文化产品贸易约束条例中灵活运用自身政策标准。

（二）文化贸易政策

文化，是党和国家新一代领导集体推进国家治理体系和治理能力现代化的重要组成部分。习近平同志曾指出："提高国家文化软实力，要努力夯实国家文化软实力的根基。要坚持走中国特色社会主义文化发展道路，深化文化体制改革，深入开展社会主义核心价值体系学习教育，广泛开展理想信念教育，大力弘扬民族精神和时代精神，推动文化事业全面繁荣、文化产业快速发展"[1]。我国的文化产业尚处于起步阶段，在很多方面都与西方发达国家存在差距。但是，我国正在资本、技术、市场、政策等方面迎头赶上。我国近年来在政策方面努力推动文化贸易实现跨越式发展。

2007 年，商务部会同中共中央宣传部、外交部、文化部、国家广播电影电视总局、新闻出版总署、国务院新闻办公室等有关部门共同制定了《文化产品和服务出口指导目录》，各部门、各地区依据相关规定在市场开拓、技术创新等方面对国家文化出口重点企业和重点项目予以支持，有力促进了我国文化出口。

---

[1] 习近平. 建设社会主义文化强国 提高国家软实力. http://he.people.com.cn/n/2014/0101/c197034-20279453. html，2014-01-01.

2010 年，迄今我国关于国际文化贸易的最权威文件——《关于进一步推进国家文化出口重点企业和项目目录相关工作的指导意见》发布，该项政策切实确定了文化产业对外贸易的领导机制，即建立由商务部牵头管理，由中共中央宣传部、财政部、文化部、中国人民银行、海关总署、国家税务总局、国家广播电影电视总局、国家新闻出版总署、国家外汇管理局组成的文化出口重点企业和相关工作部际联系机制，制定规划，研究政策。该政策加大了对文化贸易中重点企业和项目的支持，扶优扶强，力争培养具有国际竞争实力的企业和项目，在国际上打响品牌，开拓市场。从而全面推动我国对外文化贸易的发展。

综上，国家的政策支持主要着力体现在对文化资源的开发、文化企业的品牌建设、提升文化企业营销能力。首先，对于文化资源的开发，强调深入发掘整理民族文化资源；同时也鼓励文化企业原创。其次，扶优扶强的政策帮助优秀的企业树立实力雄厚的品牌力量，以期在世界文化产业舞台上占有一席之地。最后，政策支持建立海外直接营销渠道和市场中介营销机构，这些都是为了帮助我国的文化企业更好地扩宽国际行销渠道，更顺利地进入国际文化产业市场。

（三）文化贸易瓶颈

当前我国文化贸易发展的瓶颈主要体现在以下六个方面。

1. 缺乏有活力的管理体制

对于文化产品和服务的管理，我国长期采用的方式是统包统管的行政事业管理模式。如音像产品的贸易逆差，就是因为通关手续复杂，导致了出口渠道的不顺畅。音像产品具有一定的时效特征，但是其出口的方式却要接受工商、外汇、海关、质检等多个部门的审核查验，程序复杂，从而影响了其出口的最佳时期。

2. 缺少规模经济

我国文化贸易真正的发展始于改革开放，四十多年来，我国的文化产业和文化贸易取得了很大的成效，也初步具备了规模经济。但是相比欧美文化产业大国，我国在产业规模上、产品的全球覆盖率上还相距甚远，我国的文化产业规模经济效应还非常微弱。因此，我国文化产业规模经济的欠缺在很大程度上制约着我国文化贸易的经济效益和发展路径。

3. 技术水平有限

高新技术是当今社会发展的主要推动力，科技也是文化产业发展的核心动力之一，它推动着文化产品从内容到形式，乃至传播方式的变革，是竞争差异性的主要塑造者。文化产业的发展离不开高新技术，文化贸易的规模效益也离不开高新技术。欧美文化产业发达国家一直在相关技术领域处于领先的地位，相比之下，我国这方面的竞争力虽然近年来已有长足发展，但总体上仍处于跟风状态，尚不具备足够的核心竞争力。

4. 市场开发不足

中国的文化产业主要是关注向国内发展，满足于庞大而有限的国内市场，而缺乏世界市场的视野。中国市场的文化资源巨大，但由于针对的客户群只限于国内市场，在开发文化资源的思路中缺乏一定的创新思路，限制了我国文化市场的深度开发。这样不仅不利于文化产业的进一步扩大发展，也不利于在文化全球化的大潮中传播和保护我国民族文化。

5. 缺乏资金

我国文化产业对外贸易资金方面的瓶颈主要体现在自身资金实力薄弱和外资难以进入两个方面。

前者是因为我国文化产业缺少规模经济，组织化、集约化程度低，文化产业的相关行业实力薄弱，一直处于整体低水平的竞争状态。

后者则是政策限制的原因，出于文化保护的原因，外商无法对我国的文化产业进行直接的投资。

6. 市场准入与国内文化市场存在的壁垒

我国文化产业的八大行业中大多实行出身准入制度。即形式上需要"我部门""我行业""我地区"，全民所有制企业有优先进入文化市场的特权。这样的壁垒造成了部门垄断、行业垄断、市场垄断，违反了平等的市场准入和市场竞争原则，十分不利于文化产业快速健康发展。

（四）宏观应对策略

文化产业与文化贸易的关系决定了发展文化贸易应该从发展文化产业入手。文化产业为发展对外贸易的宏观指导策略可以归纳为四个方面：打破壁垒、整合资源；立足本国、面向国际；借鉴其他产业发展；依靠市场手段调节。

从宏观上，要发展我国文化产业，就需要进行适应时代发展的文化体制改革、投资体制创新；政府职能转型（加强政策引导、强化立法保障）；进行产业重组，实现规模经济；加强技术创新；强化品牌战略；促进对外交流等。这些内容都在本书的各个章节分别论述，相对的风险评估方式、风险应对策略和发展对策建议均分别提及。故此处不再赘言。

第三节　资　源　风　险

一、文化资源

（一）文化的全球化发展

1. 文化全球化的含义

自 20 世纪 70 年代以来，伴随经济全球化速度的加快，文化全球化的趋势也变得愈加明显。文化全球化的传播主要是通过三个途径，即文化互动的主体、文化传播技术、文化交往制度。

文化互动的主体包含三个层面：宏观层面的文明（源于不同文化类型的宗教向世界传播、各民族国家文化的交流），中观层面的文化（跨国集团、大型传媒机构、文化团体等），微观层面的文化（通过个人或小群体流动而构成的文化交流）。

文化传播技术所实现的文化全球化则是通过高速发展的新闻传播技术而发挥作用的。通过超越地理空间、快速、大规模的信息交流，实现了文化的全球化传播。

文化交往制度则指的是，在文化的生产和互动中，不同文化的主体都需要遵守一定的规则秩序。逐渐的，为了降低文化交流的成本、减少摩擦，提高交流的效率，不同种族和国家的文化秩序逐渐出现了融合，它们跨越了国家和种族，成为全球共同认同的一种文化传播准则。

文化的全球化传播、互动，在内容层面上包含三个方面：文化产品、制度规范和思想价值。这包含了大众文化，如商业文化、娱乐文化；经营文化，如科学、艺术、学术等；核心文化，如社会政治制度、意识形态、价值观念、生活方式等。

同时，在文化全球化互动的形态方面，包含了文化的交流和融合，如摩擦和冲突、扩张和渗透、保护和防御、强迫和霸权、效仿和复制。

文化受众的反应和态度又呈二元对立式，这包含了主动和被动、乐观和消极、采纳和排除、扬弃借鉴和举棋不定等。

由上可见，文化的全球化不是简单的文化交流，而是与经济权利和政治权利紧密联系的文化权力角逐。

2. 文化全球化与经济融合发展

当前，文化全球化正呈现出如下发展趋势：趋同与分化；经济与文化融合发展；以强压弱。其中，经济与文化相互交融，构筑了崭新的发展关系。其表现形式是文化的经济化和经济的文化化。

"文化的经济化"的表现形式是文化产业的蓬勃发展，从而使人类社会呈现崭新的面貌。"文化的经济化"投资的资本是文化资源，运营的纽带是资本运作，运营的手段是现代管理机制，产品的发展导向是市场的需求，同时也注重文化产品的社会意义，力争服务社会，因此这是一种在经济和社会的效益下都能获得双赢的新兴行业。

"经济的文化化"意为科学技术、思想、信息、心理等在经济的发展中占据着越来越重要的地位，经济产品的文化含量逐渐增高，文化对经济的贡献率增高，对文化对经济的附加值也在提升。

经济与文化交融发展，相辅相成，这成为当代经济和文化发展的主要趋势，也必将越来越多地改变社会面貌。

（二）文化全球化的风险

1. 民族文化安全的风险来源

本书所指的民族文化是"大民族文化"，而不是单指我国少数民族的文化。在这一广义的含义中，包含了一个大的族群所创造的象征符号、意识形态、制度规范、价值观念、生活方式等多种内容。而"民族文化安全"是指各民族在参与文化全球化进程中，针对文化霸权和文化殖民对本民族文化生活的渗透、入侵及控制，采取各种有效手段来消除和化解潜在的文化风险，抗拒外来文化冲击，以确保本民族的制度规范、生活方式、价值观念等完整、独立、持续发展的一种文化状态。

民族文化安全的风险来源主要是文化霸权和落后腐朽文化的沉渣。

其中，由于文化产业的迅速发展，很多西方意识形态文化从"文化势能高地"流向"文化势能低地"。而这种长期的文化灌输是非常可怕的，使很多国家的民族文化安全受到了威胁。

事实上，这种通过传播媒介、跨国公司等手段，或公开或隐蔽地向其他国家强制推行的霸权文明已经取得了显著的成果，从而使很多国家处于文化霸权之争的弱势地位，自身逐渐变成了文化的后殖民地。

2. 民族文化安全的风险内涵

民族特色文化逐渐衰弱。曾有人担心，文化的全球化会造成整齐划一和单调乏味的世界图景。当前，以"80 后"为分界线，越来越多的年轻人以西方商业文化、消费文化、娱乐文化为主要的生活标杆，对西方的生活方式有无尽的向往。例如，常常有人以《老友记》的生活范式为追求，以片中崇尚的价值观为自己的追求，反而对自己国家的历史文化、习俗、礼仪、价值观等失去兴趣。我们常常看到本民族的文化资源得不到重视，本民族的文化、价值追求、民间艺术等无法获得继承和发展，甚至有些独特的民族文化魅力在全球文化趋同的浪潮中正在逐渐被淹没、被掩盖，从而使其生命力在文化全球化的趋势下正逐渐被消耗着。

民族精神和文化价值遭受冲击。民族精神是文化的民族性最集中的展现，文化价值是指一个民族的思想观念、交往方式、行为习惯等方面的评价标准和价值取向。文化价值具体体现了一个民族的精神。而一个国家的文化制度和文化体制也是以文化价值为根据的，因此文化价值和民族精神的重要性可想而知。在文化方面处于相对弱势的国家，当其正处于经济和社会制度的转型过程中，其文化民族精神和文化价值尚有许多有待定型的环节，在这一阶段，很容易受到某些强势文化的侵蚀和冲击。强势文化借助文化全球化的大趋势，通过媒体、跨国公司等手段全方位地大肆宣扬其价值观，对很多文化弱势国家产生了十分严重的影响。

民族文化认同出现危机。民族文化及民族文化的认同是国家认同的基础，也是维系民族和国家的重要纽带，是这个民族和国家"合法性"的来源。一个民族如果失去了民族文化认同，就相当于失去了存在的"合法性"，也就导致了"国将不国"的局面。同时，民族文化认同也是作为个体安身立命的根本，如果失去了文化认同，也就等于失去了精神的健全和心理的安全感、自豪感、独立意识及文化自尊。事实上，文化霸权和文化殖民正是威胁一个民族文化认同的关键利器，其意图间断民族文化承接历史并开拓前进的精神纽带，因此，当民族文化认同出现危机，是相当危险的。

政治制度和意识形态被强行取代。某些西方强国借助文化全球化的趋势，将其政治制度、意识形态等强行向文化弱势国家输出，强行推行其政治理念、价值观和政治制度。有些国家就已经在西方强势文化的重压之下失去了自我，文明转型失败，在东方和西方之间徘徊，无所适从。因此，对于中国来说，在这一方面也是面临着严峻的考验。

民族文化产业遭受冲击。在很多西方强势文化的国家里，文化产业成为国民经济的支柱性产业。这些国家文化产业的资产规模雄厚，产品开发和经营能力强，市场渗透力和扩张性也很强。因此，很多弱势文化的国家被这些强势的文化产品所覆盖和支配。相比之下，弱势文化国家的文化产业兴起时间不长，尚未形成一定的产业规模，产业结构不成熟，文化体制不健全，文化品牌也没有塑造成熟，同时缺乏参与国际竞争的核心竞争力，也就缺乏抵御文化全球化所带来风险的能力。当前，我国的文化产业就面临着西方强势文化的"大举入侵"，我国的文化产业各行业都面临着很大的竞争压力。

（三）从"文化自觉"到"文化自信"

1. "文化自觉"与民族文化

费孝通先生提出的"文化自觉"，是指生活在一定文化历史圈中的人对其文化有自知之明，并对其发展历程和未来有充分的认识。换言之，是文化的自我觉醒、自我反省、自我创建。费先生"文化自觉"核心有两点，其一是要正确认识自己的文化；其二是正确对待别人的文化。费先生对于"文化自觉"的理念则凝聚在"各美其美，美人之美，美美与共，天下大同"这十六个字里。

对当前中国优秀的民族文化，文化自觉是指要很好地继承并弘扬。在如何对待外来文化问题上，"文化自觉"主张互相学习、借鉴、交流和融合，尤其当前是一个全球化、信息化的时代，我们更要放眼全球，关注世界文化浪潮的发展变化。"文化自觉"还主张我们要尊重文化多样性，所谓"各美其美，美人之美"，是指各国家、各民族、各文化群体之间，不仅应该充分认识和坚守自己的文化，还需要善于学习借鉴他人的文化，彼此尊重、相互学习，以致达到"美美与共，天下大同"，即共同创造和谐美好的世界。

作为一种文化意识、文化价值观和文化实践论，文化自觉能够"促进文化创新，促进民族精神的建设，提升民族文化的理性精神，能够开辟、拓展民族文化与世界闻名接轨的道路，优化文化生态环境、促进民族文化的转型、促进民族文化素质的提高"[①]。

"文化自觉"体现了民族文化的当代内涵，学习和理解"文化自觉"，以"文化自觉"的理念为指导规划文化产业的发展战略，是在当今政治、经济、文化环境下正确发展文化产业所应做出的必然选择。

"文化自觉"作为一种文化意识、文化价值观和文化实践论，正在从理论到实践，对文化产业的发展发挥着巨大的作用。

首先，"文化自觉"作为一种开拓性的文化实践论，为文化产业创新增添推动力。"文化自觉"作为一种主观意识、一种内在的精神力量，能够推动人们对文明进步的不断追求和开拓，推动人们对创造力的不断激发，这正是所谓"各美其美"。创意化的展示和表现民族文化是发展文化产业的核心动力之一，而这动力的激发，正是依靠着文化自觉理念所赋予人们的力量。因此，文化自觉激发着人们的创造力，从而激发和落实文化的创新。

---

① 李宗桂. 文化自觉与文化发展[J]. 中山大学学报（社会科学版），2004，（6）：161-165.

其次，"文化自觉"作为一种理性的文化意识，为文化产业的创新提供路径。"文化自觉"的"美人之美"倡导我们不仅要合理对待本民族的文化，更应该理性的以兼容并举的态度和科学的民族精神对待外国文化，包容和汲取一切优秀的人类文明成果。虽然各国文化产业的资源类型、政策环境以致发展路径等与我国都存在着不同程度的差异，但是秉承"美人之美"的开放胸襟，我国的文化产业可以在理性的文化思维指引下，向国外借脑、借力，引进优秀文化资源、人才资源、产业投资和产业战略，通过本土化的整合加以利用，从而为我国文化产业实现跨越式发展做出贡献。

最后，"文化自觉"作为一种独立性的文化价值观，为文化产业在全球化竞争中树立原则和信心。"文化自觉"所倡导的"美美与共"的前提就是坚持自身的文化价值观，在此基础上学习和借鉴他人的文化，并懂得彼此尊重、相互学习。因此，经济全球化的浪潮中，我们发展文化产业就必须要率先维护好本民族的文化传统、文化利益、文化安全，保持我们民族文化的独立性，就是保持我们民族的独立性。在此基础上，凭借"文化自觉"所树立的民族文化自信心，在国际舞台上与各民族文化进行平等的沟通，进行多元的良性互动，推动本民族的文化产业与世界接轨，从而真正做到"美美与共"。

2. "文化自信"与我国文化产业全球化发展

党的十七届六中全会在《中共中央关于深化文化体制改革推动社会主义文化大发展大繁荣若干重大问题的决定》中强调指出要培养高度的文化自觉和文化自信，提高全民族文明素质，增强国家文化软实力，弘扬中华文化，努力建设社会主义文化强国。文化自信是"一个国家、一个民族、一个政党对自己的理想、信念、学说以及优秀文化传统有一种发自内心的尊敬、信任和珍惜，对当代核心价值体系的威望与魅力有一种充满依赖感的尊奉、坚守和虔诚。也就是对自身文化内涵和价值的充分肯定，对自身文化特质和生命力的坚定信念"①。文化自信的含义中包含三个特点：对自己文化的礼敬和自豪感；对外来文化的吸收与改造的勇气与魄力；对文化发展繁荣前景的崇敬感与自信心。

从"文化自觉"到"文化自信"，体现了伴随我国综合国力的增强，所展现出来的对民族文化、民族精神的自信，也体现了我们在应对文化全球化所带来的文化安全威胁所展现出来的积极的态度。

从"文化自觉"到"文化自信"，我国应该不断挖掘中华文化的当代价值，弘扬和传播当代中国文化创新成果，推动中华文化走向世界，从而促进我国文化软实力和国际竞争力的进一步增强。为此应该做到：深入挖掘我国民族文化独有的魅力、广泛传播当代中国价值观念、在国际上塑造客观的国家形象、创新对外宣传民族文化的方法。

综上，虽然文化的全球化为民族文化的长久发展带来了诸多风险，但是文化的全球化促进了文化的觉悟觉醒，强化了文化的深度认同和理性认知；激发了人们的文化自信，增强了人们对文化的理性审视；文化的全球化为实现文化强国提供了历史机遇、技术途径和产业基础。

（四）民族文化资源的产业化开发

面对文化全球化带来的风险，我们明确了总体的原则，即"文化自觉"与"文化自信"。同时，还需要了解在此过程中对民族文化资源开发的原则。总体而言，就是合理而有效地开发我国的民族文化资源。我们不仅要开发文化资源，还要保护文化资源，要站在发展和保护民族文化资源

---

① 刘芳. 对文化自觉和文化自信的战略考量[J]. 思想理论教育，2012，（1）：8-13.

及民族文化产业的高度，建立合理的发展规划，实施具有可持续性的文化资源开发战略。

民族文化既是一种感召力，也是一种生产力，文化的经济价值正在受到社会各界的重视与开发。作为中国民族文化在新时期发展的指导思想，"文化自觉"和"文化自信"的意识已经在政策层面上被予以充分关注，并成为推动中国文化产业大发展大繁荣的关键所在。党的十七大报告中指出：中华民族伟大复兴必然伴随着中华文化繁荣兴盛；要充分发挥人民在文化建设中的主体作用，调动广大文化工作者的积极性，更加自觉、更加主动地推动文化大发展大繁荣，在中国特色社会主义的伟大实践中进行文化创造，让人民共享文化发展成果。这表明"文化自觉"和"文化自信"将会被注入文化生产、文化产品、文化传播这三个方面。

首先，在文化生产中要充分挖掘传统的普世价值观。文化资源的选择在整体产业战略中具备着重要的作用，对于当前复杂的国际局势，"'和谐'的文化价值理念能够发挥独特的协调、平衡和包容作用，能够唤起人们内心渴望世界和平与稳定的共鸣，而且对于不同国家文化之间的和谐发展将起到重要作用"[①]。因此，在民族文化的广大资源中，深入发掘"和谐"的文化价值理念，并将其创造性的融汇于优秀的文化作品、文化服务中，进而使大众用富有时代感的审美方式重新品味和吸收优秀的民族文化精髓。这样的方式对弘扬民族文化、使民族文化走向世界、加强国家文化软实力等方面都将产生积极的正向促进作用。

其次，在文化产品中要创意化的表现民族文化的精华。在内容为王的时代，只有强调文化产品的内容和质量，才能够提高我国文化产业的国际地

---

① 范周，储钰琦. 试论以"文化自觉"意识推动文化产业发展[J]. 福建论坛（人文社会科学版），2011，（4）：43-47.

位。不仅要对文化产品的内容和形式进行创意化表现，还应该对其包装、宣传、营销等环节实现创意化表现，另外创意还需要体现在产品的可持续性方面，产品是否具有可持续开发的潜力，是文化产业实现国际化、战略化路径中首先要回答的问题。

最后，民族文化产品的传播要实现国际化营销模式。具体的实现路径有三个方面，即全球化的市场理念、国际化的文化产品传播方式和利用大众传媒的传播手段（图4-15）。

全球化的市场理念	国际化的文化产品传播方式	第三产业
·运用国际惯例，借鉴国际化的文化营销模式，全力打造一批带有鲜明"中国烙印"的品牌文化产品	·形成长期有效的对外传播机制，加强文化产品的交流和传播，使其价值观念为更多的人所认同	·主动输出文化，多种形式推广、介绍民族文化，展现优美、和谐的文化大国形象，让世界逐步了解和认同

图4-15　民族文化产品的国际化营销路径

同样的，黄会林教授在"第三极文化"①理论中，也对民族文化产品的国际化营销中所需采取的途径予以了启示，"设计打造一些易于被识别、易于传播、具有丰富内涵和时代精神的中国文化符号，努力建设一批具有国际影响力的文化品牌，尤其注重现代科技手段的应用，积极运用新媒体传播中国文化"②。

可见，从"文化自觉"到"文化自信"，是国家从思想层面上和政策层面上为文化产业的战略性规划制定的重要思想依据和开发路径。遵循这样的思路，才能使文化产业园建设者在新时期的国际化舞台上具备核心竞争力。

---

① "第三极文化"由黄会林于2010年提出。作为一种理论设想和文化目标，"第三极文化"旨在重塑文化自信、振奋民族精神的基础上，根据时代和社会发展需要，通过"会通"欧洲文化、美国文化及各种文化，为构建和谐的世界文化，推动整个人类的文明与进步做出应有的贡献。

② 黄会林. 守住民族文化本性　创造不可替代的"第三极文化"[J]. 山西大学学报（哲学社会科学版），2010，（6）：54-56.

因此，在激烈的国家化竞争中，发展文化产业必须在选择文化资源时做到资源的深度挖掘，并且要以创新的眼光审视中华文明瑰宝中尚未被充分开发的文化资源。优秀的文化不应藏于"深巷"等待人们来欣赏，而应该借助产业的力量、借助科技的手段向外界积极地推介出去，从而可以形成更多的、有国际化影响力的文化品牌。

从资源的利用角度看，积淀了数千年的中国民族文化仅仅向世界敞开了一扇窗，而要充分发掘并发展中国民族文化的内涵则需要在保护民族文化的基础上借助文化产业的理念，促使其形成各种独具特色的品牌，进而形成一定规模的产业链，不仅能够实现中国民族文化的产业化，更能为其在世界的文化舞台上开辟一片天地。

从产业发展的角度看，中国民族文化为文化产业的进一步扩张提供了丰富的文化资源，这也就为各地区、各类型的文化产业园提供了更多的发展机会和拓展空间。

中国文化产业独具民族文化的资源优势，重点就是怎么发挥这些优势，利用"文化自觉"和"文化自信"的理念发掘并利用文化的精髓，是文化产业园建设者必须坚守的原则和必须思考的问题。

综上，在文化全球化的竞争背景下，西方强势文化刻意对中国民族文化进行妖魔化的曲解，也刻意解构我们的民族精神和文化价值，使我们的民族文化认同不断遭遇挑战。从政治、文化和经济的角度，我们需要积极应对这种危机。从"文化自觉"到"文化自信"，正表明了我国在这方面从"意识的觉醒"到"主动的出击"。而文化产业就是我们向世界展示"文化自信"的最恰当方式。为此，我们需要合理、有效地开发中华民族的文化资源，充分利用起我国悠久的文化资源，积极发挥、发扬、传播我国民族文化价值。

二、区位资源

（一）自然区位

自然区位主要是指自然资源。自然资源是自然区位最重要的组成部分，也是构建文化产业园时不能忽视的基础性问题。

良好的自然资源可以成为该地区资源基础和"名片"，例如，5000多年的历史积淀使良渚古城独具特色，良渚文化遗址出土了大量技艺精湛的玉器，造型宏大雄浑，风格严谨深刻，这为如今良渚玉文化园的发展提供了丰富的自然资源和文化积累。作为良渚国家遗址公园的重要配套产业，该产业园划分为展示交流区、大师创作区、生活配套和管理三大区块，功能涵盖玉器收藏、玉器鉴赏、玉器展示、玉器开发、玉器交易、玉器拍卖及玉文化研究与交流。

又如，无锡影视基地选址在美丽的太湖边，1 800亩的水面资源及周围良好的生态环境成为无锡影视基地核心竞争力的主要来源。基地凭借地理空间上的区位优势和差异化的区域产品经营，利用产业集聚，保证了客源及其消费能力。无锡影视基地所在的长江三角洲地区物阜民丰，自然资源丰富，气候宜人，交通网络成熟，经济发达，人均消费水平较高。在无锡影视基地建成以前的很长时间里，无锡及周边地区的旅游业主要依靠传统的古村镇和园林景观，该基地凭借差异化旅游资源的开发，利用集聚效应，为华东地区增添了全新的、富有文化竞争力的旅游形态。无锡影视基地凭借"太湖美景""央视基地""古代战船"来构建文化旅游产品的内涵，通过在太湖水面的表演来再现影视剧的拍摄现场，以此吸引大量观众，取得与其他景点相比更加明显的竞争优势，这优势正是来源于通过精心选址所实现的得天独厚的区位优势。

（二）经济区位

1. 市场区位

市场区位直接影响文化产业园的产品市场需求和消费者购买力等因素，因此，市场区位是园区选址时必不可少的经济区位要素，该要素包括位置、与邻近中心城市的距离、人口、人均收入等。其中，与邻近中心城市的距离还包括时空距离、心理距离和文化距离。

市场区位理论的核心在于确立最优区位，对最优区位的评价则在于利润在该点是否实现最大化。因此，选择合适的市场区位，不仅可以带来巨大的产品市场，也可以更好地控制成本，从而提高效益。例如，很多日本企业把一部分业务，尤其是生产业务转移到以中国为主的世界各地。吸引日本企业在新兴市场做出业务转移和投资的主要原因包含相对低廉的生产成本和对该地区市场潜力的期待。这些日本企业将生产和经营地点从高成本地区转移到土地、原材料和劳动力价格较为低廉的地区而产生了利益，即产生了"选址成本节约"，这些为企业带来了众多额外利益。

2. 产业平台

产业平台的实质是以行业和企业的发展需求为核心，针对不同产业的特点，为其提供载体、设备、资金、政策、管理体制、技术等软硬件资源，其目的是为产业提供人员培训、融资、创业服务、产品检测、研究开发、设备共用、技术服务、技术推广、信息服务、管理咨询等高质量服务，并在此基础上改善该产业的发展环境。

产业平台作为一个地区的经济基础和公共服务基础，是该地的产业基础，是文化产业园建设必不可少的资源要素。事实上，产业平台是一个广泛的概念，产业平台的内容和种类可以有很多，对于文化产业而言，可以包含如科技创新平台、中小企业服务平台、技术创新服务平台、公共技术平台等。

以苏州工业园区为例，在 1994 年成立之初，为满足企业建设初期的需求，主要建设了公共服务平台，为园区企业提供高效便捷的服务、熟练劳动力和快速货物通关程序。此后，伴随新兴产业的崛起和制造业向服务业的转变，苏州工业园区的产业平台上也在进行大规模的优化转型。例如，在公共服务平台的完善方面，实现了一站式服务中心网上报审；大力引进和培育高级人才；知识产权平台提供一条龙式服务；物流平台的功能实现了从服务到引领的全面转变等。科技创新平台则实现了企业孵化、科教培养、产学研一体化。公共技术平台方面实现了八大公共技术平台的建设，包括纳米、生物医药、软件、动漫、生态环保、集成电路设计、新材料、融合通信平台，增强了区域科技创新能力。

对于文化产业园，产业平台的作用是实现资源共享、培育产业集群、提升文化产业园的竞争力和创新力。文化产业园的产业平台可以分为公共服务平台、科技创新平台、公共技术平台。影响产业平台演进的因素则包含来自企业对人力、资金、企业服务、物流服务、技术创新、知识产权保护和信息服务的需求。文化产业园的选址中应关注该地区已经具备的产业平台或者考虑是否具有搭建可持续发展的产业平台的潜力，由此才能够为文化产业园从起步阶段就奠定良好的产业平台发展基础。

3. 交通状况

便利的交通，将为文化产业园所在地区的经济发展带来巨大的商机，例如，以交通发达闻名的长江三角洲地区周围就汇聚了很多知名的文化产业园，常州国家动画产业基地选取常州的主要原因之一就是长江三角洲地区的交通发达，运输便利。江苏省常州市地处美丽富饶的长江三角洲地区，与上海、南京两大都市相望，与苏州、无锡联袂成片，构成了苏锡常都市圈。常州有优越的区位条件和便捷的水陆空交通系统，市区北临长江，南濒太湖，沪宁铁路、沪宁高速公路、312 国道、京杭大运河等交通干道穿境而过。全市水网纵横交织，连江通海。长江常州港作为国际一类开放口岸，年货物吞吐量超过百万吨。常州市在地理位置交通方面占据一定的优势，同时在文化和技术方面也有一定基础。

具体衡量交通状况的指标包括航空、铁路、公路这三种交通方式，在公路方面还涉及路况、里程、路网分布、车况数量等指标。

（三）文化区位

1. 文化资源品质

文化产业的核心是文化资源。文化资源是指能够"突出原生地区的文化特征及其历史进步活动痕迹，具有地域风情和文明传统价值的一类资源"[①]。文化产业园需要的文化资源包含了民俗文化、乡土风情、自然景观、历史遗迹、地域文化、民族音乐、文学历史和宗教文化等。

文化资源是构建文化产业园的核心要素，因此在创建产业园之初就必须

---

① 梁志强. 创建岭南文化优雅之城——四会文化发展战略刍议[J]. 文化遗产，2009，（3）：148-151.

考虑文化资源的含量、质量和发展潜力等要素。考察文化产业园是否拥有一定的文化资源，即考察其依托地区具备了什么样的文化要素和文化环境，这主要体现在资源的文化品位、文化风格和文化个性三个方面。

文化资源品质的高与低，直接关系着产业园核心竞争力的强与弱。

在英国，正是曼彻斯特北部丰富而独具特色的音乐历史和享受盛誉的滚石和其他流行乐队促使了其文化产业园的形成。同样，英国布里斯托悠久的电影制作历史为其建立国际知名的电视和数字媒体集群打造了坚实的文化基础。这些都表明，具有鲜明区域个性和丰富文化底蕴的地区才是建立文化产业园建设的首选地。

在我国，北京琉璃厂文化产业园以北京琉璃厂为资源依托，正因北京琉璃厂是国内著名的具有七百多年历史的古玩交易地和文化商品集散地。北京琉璃厂集中了荣宝斋、中国书店等国际知名的古玩艺术企业，这些都将北京琉璃厂古玩街塑造成了国际知名品牌。琉璃厂文化产业园就是在此资源基础上发展起来的，并凭借这一文化优势在品牌效应方面取得了成功。

由上可知，文化产业园若要形成自己的品牌，必须具备一定品质的文化资源，唯其如此，才能在日趋激烈的国际化竞争中占据一席之地。而文化资源的品质需要借助多种要素进行评判，这包含了历史传承、文化特色、美学特性、科学性、独特性、稳定性和知名度，共七项指标，而每项指标又包含了多种要素。其中，衡量该地区文化资源的历史传承指标时，需要综合考虑时间的久远性、资源的濒危度、分布广度、外观品相和现有存量；衡量文化特色的指标时，要考虑文化的地方性、民族性、内涵深度、识别强度和延伸张力；衡量文化资源的美学特性时则需要考虑资源的观赏性、协调性和新奇度；衡量文化资源科学性的指标包括学术意义、保存价值和普及程度；衡量文化资源独特性的指标是资源稀有度、传承度和再生度；衡量文化资源稳定性包含了抗冲击性、变异度和包容性；最后，衡量文化资源知名度的指标是辐射度和感召力。

2. 人才资源

文化产业园主要职能是研究开发、技术训练、信息交流、生产制作，属于知识密集型产业园，因此需要大量高素质、高智力的人才。对于文化产业园，判断人才资源的优劣要从劳动力状况、技术力量、从业者文化素质、从业者技术状况、从业者技术类别这五方面进行。建设文化产业园需要的人才包含了创意类、经营管理类和服务类。其中，创意类包含了创作型人才，如艺术家、文学家、传媒工作者、艺术工作者、文化人士等；研究开发型人才包含科学家、专业学者、设计师、工程师、建筑师等。在经营管理类人才里包含了营销、金融、管理、法律和社会公关人才。在服务类里则包含了交通运输、公共福利、电力、邮电、教育、餐饮、医疗、农业和三废处理人才等。

（四）区域制度

制度因素已成为影响文化产业园区位选择的重要因素，这里的区域制度因素主要指国家相关的政策及体制，具体如下。

第一，文化政策法规。该区域经济和文化相互协调发展的政策，对相关设施建设实行管理的制度、针对文化产业的专门政策和章程等。

第二，文化管理模式。区域政府从管理者向企业家身份转变，从之前的管理文化转变为经营文化，文化体制向产业化运作转变，结合当地实际情况建设适合在此区域发展的文化产业园的管理模式。

第三，文化产业政策。构建文化产业园所选取的区域应该是对文化产业的发展予以足够的重视，会在经济政策上对文化企业予以优惠及扶持的，能在相关管理体制上创新并利于文化企业发展的。例如，提供投融资、财税政策、产权制度创新等，这些政策上的扶持都会吸引大量的文化企业进入。

在加拿大，动画产业的发展就受到多种政策的扶持。该国联邦政府将"一臂之距"的政策用于重点发展动画产业的不列颠哥伦比亚省政府，两者分别利用不同的渠道为动画产业发展注入资金，同时，不列颠哥伦比亚省设置专门的独立核算的民间机构，用于服务和支持动画产业，这些机构包括加拿大国家电影局、加拿大影视基金会等，它们在人才、税率优惠、制作加工、资金筹措、市场和创意启动方面为当地动画企业提供资金和咨询服务，有效地从后勤角度保障了该地区动画产业的发展。这些举动表示政府在对待动画产业的问题时采取"帮助"的政策而不是干预或所谓"引导"的方式。

在我国，北京市也在产业政策方面为园区投资者和建设者提供了很多机遇，《北京市促进文化创意产业发展的若干政策》等数十个政策文本，涵盖了财政、金融、产业、行业等多方面的扶持政策，构成了北京市相对完整的文化产业政策支持体系，从而帮助自身吸引更多的园区在北京落户。

（五）区位选址应用决策案例

由上述分析可知，文化产业园的区域位置选择需要综合考虑自然区位、经济区位、文化区位和区域制度这四方面的风险要素，这四方面风险要素各自包含了众多子要素，因此需要使用层次分析法，定性与定量分析相结合，对数据展开层次化、系统化的分析。然而这四大类要素属于分散的信息，互相之间并不具备统一化的标准，即相互之间没有可比性。因此，对于这四大类要素的综合评价就涉及灰色聚类法的使用。灰色聚类法是将得到的分散的信息，通过白化函数生成灰色聚类矩阵进而对研究对象进行分类的灰色统计法。

某个项目规划论证阶段的文化产业园将进行选址的风险评估，本节将综合运用层次分析法和灰色聚类法在三个备选的区位中为其获取最佳方案。

1. 层次分析法确定相对权重

第一步，构建层次结构模型。

首先运用层次分析法将区域位置选择问题分解为目标层、准则层和方案层，其中目标层为文化产业园选址；准则层则由第一节中所述决定选址的四大类风险要素构成，即自然区位风险、经济区位风险、文化区位风险、区域制度风险；方案层是三个区位选址方案，即 L_1、L_2、L_3（图 4-16）。

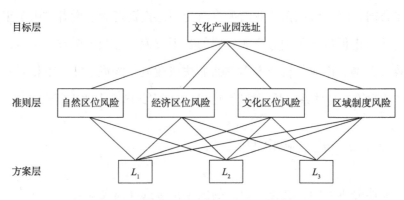

图 4-16　文化产业园区位选址层次结构图

第二步，确定权重系数。

根据德尔菲法，组织专家对三个选址方案的自然区位风险、经济区位风险、文化区位风险、区域制度风险分别做出评价，其评价的指标必须符合上文归纳的各层次指标。例如，在评价文化区位风险时，必须综合考虑历史传承、文化特色、美学特性、科学性、独特性、稳定性和知名度这七项指标以及每项指标各自包含的全部要素。

搜集并整理所有专家意见之后，根据三个选址方案在上述风险要素指标下的影响程度进行两两之间的比较，并运用计算出的评分值构造判断矩阵。表 4-1 中是用于比较的标度值及含义。

表 4-1 标度值及含义

标度	标度含义
1	两元素相比，同等重要
3	两元素相比，前者比后者稍重要
5	两元素相比，前者比后者明显重要
7	两元素相比，前者比后者强烈重要
9	两元素相比，前者比后者极端重要
2，4，6，8	相邻判断矩阵的中值

根据专家意见和标度值的定义，对三个选址方案在单层次风险要素指标下做出排序（表 4-2~表 4-5）。

表 4-2 自然区位风险的层次单排序

自然区位风险	L_1	L_2	L_3	排序结果
L_1	1	5	3	0.626 7
L_2	1/5	1	1/4	0.093 6
L_3	1/3	4	1	0.279 7

表 4-3 经济区位风险的层次单排序

经济区位风险	L_1	L_2	L_3	排序结果
L_1	1	1/7	1/5	0.071 9
L_2	7	1	3	0.649 1
L_3	5	1/3	1	0.279 0

表 4-4　文化区位风险的层次单排序

文化区位风险	L_1	L_2	L_3	排序结果
L_1	1	7	9	0.785 4
L_2	1/7	1	3	0.148 8
L_3	1/9	1/3	1	0.065 8

表 4-5　区域制度风险的层次单排序

区域制度风险	L_1	L_2	L_3	排序结果
L_1	1	1/5	1	0.142 9
L_2	5	1	5	0.714 2
L_3	1	1/5	1	0.142 9

上述层次单排序的判断矩阵不一定具有完全的一致性，还需要对其进行归一化验证（表4-6）。

表 4-6　归一化验证

自然区位风险	$\lambda_{max} = 3.085\ 8$	CI = 0.042 9	CR = CI/RI = 0.074 0 < 0.1
经济区位风险	$\lambda_{max} = 3.064\ 9$	CI = 0.032 4	CR = CI/RI = 0.055 9 < 0.1
文化区位风险	$\lambda_{max} = 3.080\ 3$	CI = 0.040 1	CR = CI/RI = 0.069 1 < 0.1
区域制度风险	$\lambda_{max} = 3$	CI = 0	CR = CI/RI = 0 < 0.1

其中，λ_{max} 为各层次单排序判断矩阵的最大特征值，CI 为一致性指标，RI 为随机性指标，CR 为一致性比值。

由表 4-6 可知，各层次单排序判断矩阵的 CR < 0.1，因此其满足一致性要求。

为了进一步进行灰色聚类，将上述结果表示在同一个表格中（表 4-7）。

表 4-7　层次分析结果汇总

方案层	自然区位风险	经济区位风险	文化区位风险	区域制度风险
L_1	0.626 7	0.071 9	0.785 4	0.142 9
L_2	0.093 6	0.649 1	0.148 8	0.714 2
L_3	0.279 7	0.279 0	0.065 8	0.142 9

2. 灰色聚类法综合评估

设定聚类对象 $a=1$ 表示选址方案 1，$a=2$ 表示选址方案 2，$a=3$ 表示选址方案 3。聚类指标 $i=1$ 表示自然资源，$i=2$ 表示经济水平，$i=3$ 表示文化资源，$i=4$ 表示政策制度。$e=1$ 表示评价好，$e=2$ 表示评价一般，$e=3$ 表示评价差。

第一步，初始化样本矩阵。

由上述层次分析法的运算得出样本矩阵：

$$d = \begin{bmatrix} 0.626\,7 & 0.071\,9 & 0.785\,4 & 0.142\,9 \\ 0.093\,6 & 0.649\,1 & 0.148\,8 & 0.714\,2 \\ 0.279\,7 & 0.279\,0 & 0.065\,8 & 0.142\,9 \end{bmatrix}$$

对样本矩阵进行初始化，进而得出：

$$d = \begin{bmatrix} 1 & 1 & 1 & 1 \\ 0.149\,4 & 9.027\,8 & 0.189\,5 & 4.997\,9 \\ 0.446\,3 & 3.880\,4 & 0.083\,8 & 1 \end{bmatrix}$$

第二步，标定聚类权 μ_{ei}。

设 C_{ei} 为门阈值，一般为 $f_{ie}=1$ 和 $f_{ie}\leqslant 1$ 的交点 d_{ai}，标定聚类权。

$$\mu_{ei} = \frac{C_{ei}}{\sum\limits_{i=1}^{m} C_{ei}} \tag{4-1}$$

第三步，确定聚类系数。

设 d_{ai} 为对象 a 关于指标 i 的样本，$f_{ie}(\cdot)$ 为 i 指标 e 子类白化权函数，μ_{ei} 为 i 指标关于 e 子类的权，则有

$$\sigma_{ae} = \sum_{i=1}^{m} f_{ai} \cdot \mu_{ei} \qquad (4\text{-}2)$$

为对象 a 属于 e 子灰类的指标加权聚类系数。

第四步，构造聚类向量并评估：

$$\boldsymbol{\sigma}_a = (\sigma_{a1}, \sigma_{a2}, \cdots, \sigma_{an}) \qquad (4\text{-}3)$$

然后在 $\boldsymbol{\sigma}_a$ 中选取最大者，确定聚类对象所属灰类，即

$$\sigma_{ae}^* = \max(\sigma_{ae}) \qquad (4\text{-}4)$$

则聚类对象 a 属于 e 灰类。

第五步，聚类权、聚类系数计算结果。

由式（4-1）~式（4-3）计算聚类权，如表 4-8 所示。

表 4-8　聚类权计算结果

聚类灰数	聚类指标	门阈值	聚类权
$e=1$	$i=1$	1	0.064 5
	$i=2$	9	0.580 6
	$i=3$	1	0.064 5
	$i=4$	4.5	0.290 3
$e=2$	$i=1$	0.5	0.064 9
	$i=2$	5	0.649 4
	$i=3$	0.2	0.026 0
	$i=4$	2	0.259 7
$e=3$	$i=1$	0.2	0.060 6
	$i=2$	2	0.606 1

续表

聚类灰数	聚类指标	门阈值	聚类权
e = 3	i = 3	0.1	0.030 3
	i = 4	1	0.303 0

由式（4-4）计算聚类系数，表4-9为给出的具体评价结果。

表 4-9 聚类系数和评价结果

聚类对象	聚类系数			评价结果
	e = 1	e = 2	e = 3	
a = 1	0.258 0	0.259 7	0.909 1	差
a = 2	0.892 8	0.044 0	0.063 8	好
a = 3	0.349 0	0.702 7	0.570 3	一般

最终由表4-9得出，文化产业园选址的最佳方案为"选址方案2"。

对于最终选址方案的科学性和客观性，本书认为：第一步，采用德尔菲法组织专家对文化产业园三个选址方案的各层级要素进行打分的方式，每个专家的打分包含了一定的主观性，但因为要搜集整合多位专家的意见，因此其综合意见仍然主要体现了打分结果的客观性；第二步，在运用灰色聚类分析法进行综合评价的阶段，门阈值的设定也体现了研究者的主观性选择，但是对接下来运算结果的合理性考察却可以对前述门阈值设定的主观性起到约束作用，因此最终的灰色聚类结果仍具有极大的客观价值。而本书在这一节的最终目标正是要借助数学方法，将文化产业园选址的主观性判断最终转化为更加科学严谨的客观性判断。如此，才能保证文化产业园风险管理工作的严谨性和结果的可行性。

◎ 本章小结

　　这一章研究的是文化产业园风险管理体系中宏观环境风险的内容。这包含了政策风险、经济风险和资源风险。其中，大多数为定性研究的内容，如对于文化政策的把握，就需要依靠定性研究的方法。而资源风险中的一部分内容，如区位的选择，则可以依据数学方法来实现。

　　具体而言，在第一节的政策风险中，风险内容包含了多国文化政策比较、国家文化体制改革、"十三五"期间文化产业发展规划。这一部分的风险管理特点是受国家、地区政策影响，对园区而言是不可控因素。在第二节经济风险中，风险内容包括了区域综合实力、区域经济结构、文化产业对外贸易。这一部分的风险管理特点是受国家、地区经济发展情况影响，受国家文化产业整体形势和政策影响，对园区而言是不可控因素。在第三节的资源风险中，风险内容包括了文化资源和区位资源。其风险管理特点是：文化资源内容受民族、国家、地区的资源存量、特点、开发原则等影响；区位资源的内涵包括了定性和定量两种属性的要素，但是可以采用"灰色聚类"的方法综合评定，实现科学选址。

第五章 布 局 风 险

第一节 空间布局风险

研究空间布局的角度可以各有不同，可以对空间的功能展开研究，也可以关注其结构设计、形态、层次或要素的布置。而对于空间布局的内容也是可以有很多分类，如研究其产业的布局、居住的布局和绿地的布局。本章主要讨论文化产业园的空间要素布置。

一、文化产业空间布局的规律

文化产业布局的运动和发展有一定规律可循，只有摸清文化产业布局的规律，才能全面、深入地分析影响产业布局的各种条件，在合理布局产业部门的同时切实利用好当地的一切有利资源，唯其如此，才能取得最佳的经济效益和社会效益，甚至实现该地区的生态效益。

（一）依附性

相较其他产业，文化产业有着显著的个性。因为文化产业本身就是承载着政治、经济、社会、意识形态和文化等多重属性的特殊产业形态，这些属性使其具备完全不同于纯粹产业经济学意义上部门产业的发生和发展规律，因而文化产业空间布局的规律相较其他产业部门也有着显著的不同，文化产业布局规律的依附性是由产品市场决定的，这主要是指文化产业对人口密度较大的区域有着依附性。

因为文化产业的产品或服务都属于"社会文化消费品"，其产品或服务的市场布局要求一定的人口密度和购买力，如果把产业布局在人烟稀少的地区，那么就失去了具有购买力的消费者群体，产品没有了市场，也就更谈不上产业的发展了。

一个地区的政治、经济和文化中心通常存在于该地的大城市或大城市群，这正好满足了文化产业多重属性的要求，因此文化产业的布局也多向这一类区域集中，并且随着文化、政治、经济中心的迁移而发生运动。

如我国众多大城市中，北京是政治、文化中心，所以北京对文化产业会有特殊的关切，以致吸引相应的政策、人才、文化资源作为支撑，从而使北京集中了数量最多、规模最大的文化产业集群，实现了相对其他地区更加完整的文化产业布局。仅从产业集聚区的数量上来讲，目前全市已认定挂牌的 30 多家市级集聚区外，还有近百家非市级集聚区。作为经济中心的上海，是除北京之外文化产业最集中的区域。在 20 世纪上半叶，上海是中国的文化产业中心，但随着北京被确立为首都，我国在几十年的时间里不断完善首都作为全国文化中心的地位，与此同时，我国文化产业空间布局也呈现出北迁的局面，北迁中最典型的案例当属当时的商务印书馆。这样的变化就是由文化产业空间运动的特殊性决定的。因此，文化产业园或产业集群也大多选择在这种人口稠密的大城市或大城市群布局，直接与消费者和市场面对面，从而为自身争取广阔的市场空间。

（二）趋集中性

趋集中性是文化产业空间布局运动的第二个规律。

工业社会是集中性的社会形态，由上文可知，文化产业的兴起，依托的是大城市和现代工业的发展，这样的产业形态必然具有集中性的特点，即将以往分散的文化产业布局不断向大城市和大城市群集中。这种集中的原因有二，其一，希望借助行政手段把原本分散布局的文化产业集中安排、布置，一方面有利于加强管理，另一方面能够更好地集中有限资源，帮助文化产业做大做强；其二，由于市场的激烈竞争，产业的集中可以使之获得更高的经济效益，并通过与其他产业的联动获取最大的边际效应。所以，文化产业空间布局不可能在生产力水平低下的区域获得发展，而是必然向工业水平发达的地区集中。

二、文化产业园的功能性板块构成

文化产业园应采用因地制宜的策略，结合地形、城市道路交通、周边环境的特点，按照功能板块的不同合理规划内部区域。由于每个文化产业园的规模、产业特征都不尽相同，因此规划过程中功能区的数量会有所增减或合并。如中关村软件园按功能划分就只包含两个区域：软件研发区、企业孵化和综合管理服务区。事实上，文化产业园是复杂的、有生命力的、开放的动态系统，并具有复杂的结构组成。一般情况下，从组成要素的功能角度，文化产业园空间结构大致由三大板块组成（表5-1）。

表5-1　文化产业园空间构成的三大功能性板块

功能性板块	设施大类	设施内容	作用
经营类板块	专门化企业	文化产业经营类企业	体现产业园核心竞争力、商业内容等
关联类板块	与经营有关的企业	产业链上下游企业等	维持、促进文化产业链运营
基础设施板块	生产性基础设施	供水、建筑、维修、交通	为产业园提供生产和非生产设施
	生活性基础设施	公共服务、社会福利、医疗卫生、民宅	
	结构性基础设施	政府机构、科研与教育结构、管理机构	
	发展性基础设施	废物处理部门、环境检测和保护部门	

在进行文化产业园的空间布局时，应该兼顾考虑以市场为导向的总体规划和以园区为导向的详细规划，按实际需求设置功能性板块的内容。合理的园区规划将促进文化产业园的发展，园区各种资源将会被合理配置，周边区域的经济发展也会被带动起来，同时为园区带来更多的经济效益。

三、文化产业园的物理性圈层构成

（一）枢纽区

枢纽区是产业园的结构组成部分。每一个枢纽区都具备合理的产业体系。从数量上看，并不是一个文化产业园只具备一个枢纽区，而可能是几个。

如果只有一个枢纽区，表示这个枢纽区与整个园区重叠；如果具备多个枢纽区，那么就是用这些枢纽区一同组成产业园这一大的产业综合体。每个枢纽区的生产经营是相对独立的，每个枢纽区内部的各个部门的关系是分工合作，在产业链上扮演不同的角色。我们常说的产业园空间构成，就是指枢纽区内部的构成。

（二）枢纽区内部空间构成

文化产业园的空间构成按从内到外的顺序，呈现为圈层化的空间布局（图 5-1）。

核心区
- 枢纽区的主导专门化企业所布局的区域
- 依据枢纽区的功能不同，通常为大型企业、事业单位，或提供某种服务的服务中心，都统称为核心企业

圈层 1
- 安排直接靠近枢纽核心的各类企业
- 包括与核心企业生产上发生供求衔接的、在利用其产品基础上与其发生密切经济联系的各企业，特别是处于同一生产链条上的上下游企业

圈层 2
- 由为核心企业和补充性企业提供相关服务或补充性服务的企业组成

圈层 3
- 由专门为各圈层企业职工及家属服务的工业及服务业组成，
- 包括食品、公共福利事业、生活设施等。这些企业和服务业的布局一般都是消费地指向，它决定于整个枢纽居民的分布状况

圈层 4
- 由直接为枢纽区服务的农业单位组成
- 包括近郊农业，这些农业单位不一定从事传统农业的生产，可以提供某些特色农业产品

圈层 5
- 由交通运输、邮电业等组成
- 这些单位保证枢纽区内及其与外界的交通和通信联系

圈层 6
- 包括为枢纽区居民服务的文化、教育、医疗卫生部门，为居民处理生活垃圾及三废的部门，以及为该地区服务的政府相关部门

图 5-1　文化产业园枢纽区内部布局及构成

四、文化产业园空间布局的案例分析

（一）曲江新区空间布局

西安市曲江新区是国家级文化产业示范基地，在我国文化产业发展过程中处于领先地位，其丰富的经验和资本对我国文化产业的发展和历史文化的保护与开发都具有重要的现实指导意义和理论研究意义。

在我国，改造旧城还是发展新区的问题争论已久，很多历史文化名城在城市化建设中迷失方向，失去自己的传统特色，忽视对历史建筑的保护，导致历史文化街区和历史城市特色淹没在杂乱无章的新建筑群中。要总结历史文化古城开发的经验，"梁陈方案"是不得不提的。1950年2月，梁思成和陈占祥先生从历史遗迹的保护出发，共同提出了《关于中央人民政府行政中心区位置的建设》。该方案建议：一方面，从整理保护的构思出发，把中央行政中心放到西郊，避免大规模拆迁并降低经济成本，从而开拓更大的空间以备北京未来的可持续发展，进而使北京能够自然的延续城市社会结构和文化生态的发展；另一方面，提出平衡城市发展的原则，即为防止跨区域交通的发生而增进城市各个部分居住与就业的统一。[①]这一理念后来被很多地方积极效仿，作为规划和建设的重要决策依据，西安曲江新区就是其中之一。

至今，曲江新区已经建成大雁塔广场、大唐芙蓉园、曲江池遗址公园、大明宫遗址公园开发等产业项目，并构建了较为完善的文化产业发展核心平台。曲江新区管理委员会设立了国有独资有限公司——曲江文化产业投资集团有限公司。集团下辖全资子公司11个，形成了庞大的产业体系。

曲江新区力图将自身空间打造成集文化、休闲、度假、商贸、观光为一

---

① 梁思成，陈占祥. 梁陈方案与北京[M]. 沈阳：辽宁教育出版社，2005：72.

体的综合性旅游格局，其布局模式可以由"一个中心、三条轴线、五点联动"概括（表5-2）。

表5-2　西安曲江新区旅游规划格局

格局	景观内容	景观主题	目标群体
一个中心	大雁塔	旅游商贸、盛唐文化、宗教文化	国内市场（主要市场）、海外市场（次要市场）
三条轴线	大雁塔、雁塔南路、会展中心、政务中心、韦曲科技园	历史文化、都市风情	
	大雁塔、芙蓉园、世界风情园、生态林、杜陵	观光、旅游、休闲、人文	
	大雁塔、民俗博览园、科技教育产业区	民居、民风、科技发展体验轴线	
五点联动	大雁塔	雁塔题名	
	大唐不夜城	盛唐风韵	
	曲江南北湖	曲江流饮	
	杜陵	杜陵远眺	
	民俗博览园	乐游村艺	

曲江新区意图设置三个枢纽区，分别是水景枢纽区、雁塔枢纽区和民俗博览枢纽区，并在三个枢纽区内分别发展不同类型的房地产项目。表5-3是按照"圈层"的铺设法，曲江新区具体的空间布局。

表5-3　曲江新区枢纽区空间布局

空间布局	布局内容	目的或作用
核心区	核心性景观或者景观群等建设和管理企业；提供旅游服务或旅游副产品等企业	将该部门中的大型企业培养成具有核心竞争力的企业为核心企业
圈层1	核心旅游景区的关联企业；餐饮部门、旅游纪念品销售部门等	旅游者是餐饮部门的主要消费对象，同时也可以根据不同地区、年龄的消费群体推出不同样式的饮食产品
圈层2	商贸业、娱乐业企业；为参观、餐饮和纪念品销售提供延伸服务	较易受核心区客流量影响，也可以促进园区旅游业发展
圈层3	为园区企业职工和家属提供服务的工业、服务业；主要由房地产业构成，也包括配套生活设施	为员工服务，也能拉动整个园区的经济
圈层4	为园区服务的农业单位	可以安置失地农民，并提高农业综合经济效益
圈层5	交通、邮电等基础设施	保证园区交通和通信顺畅
圈层6	非生产性机构、相关政府机构、生活垃圾和三废部门	维持园区正常管理

（二）卢沟桥文化创意产业集聚区空间布局

卢沟桥文化创意产业集聚区内资源有卢沟桥、宛平城、长辛店古镇等历史文化资源，永定河、鹰山森林公园、园博园等生态资源。集聚区包含五大区块：卢沟桥—宛平城区块、晓月岛—岱王庙区块、长辛店古镇区块、永定河卢沟桥段区块（包括宛平湖、晓月湖）、园博园区块。

该集聚区的特色主题空间布局可以概括为"一桥、一城、一岛、一镇、一河、一园"。"一桥"即卢沟桥，以实景演出为主，打造系列卢沟桥品牌；"一城"即宛平城，主要是恢复古城的原有面貌，将实景呈现给旅游者或拍摄组；"一岛"即晓月岛，打造民俗博物馆等；"一镇"即长辛店古镇，恢复和保存历史原貌，发展多种文化产品的设计加工，打造文化旅游休闲产品；"一河"即永定河卢沟桥段，打造现代化生态滨河景区；"一园"即国际园林博览园，建设首都园林科普教育基地，发展生态会展业。

由上述两例可知，布局的关键取决于各个相关企业与专业化企业之间关联的紧密程度。从曲江新区与卢沟桥之间地理环境、自然景观等以及经济基础的不同，在某一个枢纽区中，围绕核心区的各个圈层都有可能出现一部分环节缺失的情况，如可能出现某一圈层呈"U"形或"L"形分布的现象；也有可能因为土地费用等问题发生部分圈层位置调换的现象，甚至圈层之间也会出现合并的情况，这些显然在文化产业园的布局中会常常出现，因此本书所提到的圈层关系是可以随着实际情况产生一定变通的。

但值得注意的是，无论受何种现实环境的制约，七层结构中的主要元素，即经营类、关联类和基础设施类——这三大板块是缺一不可的，其内部的相应要素都是产业园空间布局中必不可少的要点，唯有将这些要点都容纳进产业园的园区内部建设中，才能构建一个完整的产业园。这也意味着，判断一个规划中的产业园是否具备生命力以及产业设施是否完备，三大板块和七层结构所提供的元素是主要的评判标准。

第二节　基础设施布局风险

一、文化产业园基础设施的内容

基础设施是一种物质工程设施，是国家和社会赖以生存的物质条件之一，是国家、地区、社区为了维护正常生产、生活所必需设置的公共服务系统，其目的是为社会生产和居民的生活提供服务和保障。

一般而言，基础设施具备先行性和基础性、不可贸易性、整体不可分性、准公共物品性这四类特点（图5-2）。

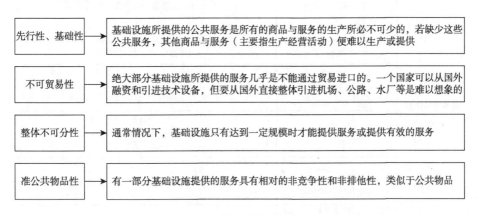

先行性、基础性	基础设施所提供的公共服务是所有的商品与服务的生产所必不可少的，若缺少这些公共服务，其他商品与服务（主要指生产经营活动）便难以生产或提供
不可贸易性	绝大部分基础设施所提供的服务几乎是不能通过贸易进口的。一个国家可以从国外融资和引进技术设备，但要从国外直接整体引进机场、公路、水厂等是难以想象的
整体不可分性	通常情况下，基础设施只有达到一定规模时才能提供服务或提供有效的服务
准公共物品性	有一部分基础设施提供的服务具有相对的非竞争性和非排他性，类似于公共物品

图 5-2　基础设施的特点

从区位的分类来看，我国的文化产业园主要有四种类型：以旧厂房和仓库为区位依附；以大学为区位依附；以开发区为区位依附；以传统特色文化社区、艺术家村为区位依附。

文化创意产业园区应该有大量功能齐全的公共活动空间，以便有足够的空间供人们沟通交流和进行文化产品交易。那么，具体构成文化产业园的公共基础设施都包含哪些呢？总的来讲，参照城市的基础设施门类，可按服务性质分类，归纳出园区的基础设施（表5-4）。

表5-4 文化产业园基础设施构成要素（按服务性质分类）

服务性质	部门或系统	包含的内容（可视规模及现实条件取舍）
生产基础设施（服务于生产部门）	供水、排污	供水管网、排水和污水处理
	能源供应	电力、煤气、天然气、液化石油气、暖气等
	道路和交通设施	公交设施、出租车、公路、停车场等
	仓储设备	
	邮电通信设施	邮政、电报、固定电话、移动电话、互联网、广播电视等
	环境保护设施	园林绿化、垃圾收集与处理、污染治理等
	灾害防治设施	消防、防汛、防震、防台风、防风沙、防地面沉降、防空等
社会基础设施（服务于居民的各种机构和设施）	商业、饮食、服务业	高档酒店、商场、写字楼，办公楼等
	金融保险机构	
	住宅	住宅区、别墅、公寓等
	公用事业	
	公共交通、运输	公交设施、出租车、公路、停车场等
	通信机构	邮局等
	教育	幼儿园等
	保健机构	卫生所等
	文化和体育设施等	
制度保障机构	如公安、政法和城市建设规划与管理部门等	

同样，也可以按基础设施性质，进行如下分类（表5-5）。

表 5-5 文化产业园基础设施构成要素（按基础设施性质分类）

基础设施性质	内容
生产性基础设施	建筑、运输、维修、供水等
社会性基础设施	社会福利设施、公共服务设施、民居民宅、医疗卫生设施等
结构性设施	科研机构、教育设施、政府机构、管理机构等
发展性设施	环境监测、保护部门；废水、废气、垃圾、废渣处理厂

最后，也可按社会性基础设施来分类，一般包括行政管理、文化教育、医疗卫生、商业服务、金融保险、社会福利等设施。

二、文化产业园基础设施建设原则

基础设施是保证整个文化产业园健康运行的物质基础，因此在基础设施的建设中应着重考虑园区的整体规划、交通线路、容积率、功能区划分、建筑限高等问题。良好的环境将为园内创意人员、文化艺术机构等提供舒适的创意氛围，而园区合理的布局和便利的交通又可以帮助消费者进行更加全面、便利的游览。

（一）需要充足的有效空间和后备空间

目前，很多国家都将拓展产业园的发展空间作为一项主要的任务。英国很多个文化产业园都是在发展相对成熟的街区中建立起来的，即便在发展过程中出现各种局限，政府也会采取很多手段拓展其发展的空间。曼彻斯特娱乐和文化产业集聚区曾因规划混乱而产生空间不足及产业不够集中等问题，后经曼彻斯特市政府的各种努力，如对北部园区协会发放大量低息贷款引导产业集中，并通过房产用途复合化的改造计划等对该区加以改造。至 20 世纪 90 年代，该区空间状况大幅改善，并产生了更多供文化创意者使用的工作空间。而"美国的很多文化产业园（集聚区）是伴随其所在城市的发展而形成直至壮大的，因此，这些园区内的基础设施的建设相对比较简单，至 20 世纪初期，如好莱坞、百老汇等地的基础设施已经趋于完善，直到现在这些基础设施仍然在发挥着巨大的作用"。[①]

上海市的田子坊文化产业集聚区、M50 创意园和八号桥文化创意产业园等文化产业园主要用改造旧城区和旧厂房的方式来完善自身的基础设施和服务保障。近年来，上海市政府还针对城中心区地域狭小的特点，开始有步骤地在城市周边地区重新建设新的文化产业集聚区，如张江文化科技创意产业园区，虽然耗资巨大，但可以建设现代化的基础设施和公共服务平台。

北京市在中心城区的文化产业集聚区则呈现了发展空间不足的局面。如 DRC（Development Research Center of the State Council，国务院发展研究中心）基地、中关村创意产业先导基地、雍和园等，对外可以拓展的空间和土地资源几乎没有；对内的商业设施和住宅的规划都因土地资源有限而无法实现。尤其雍和园所处的地段有很多不能搬迁和改变面貌的历史建筑，也有很多重要的政府机关驻扎在附近，这些虽然为雍和园带来不可比拟的区位优势，但同样也在制约着雍和园的发展和扩张。

（二）周围需要便利的交通

韩国的文化创意产业集聚区多选择交通便利的地方建造。例如，韩国首

---

① 李万峰. 产业集聚区：科学发展观的科学体现——北京文化创意产业集聚发展研究[M]. 北京：中国文联出版社，2010：175.

尔数字媒体城（digital media city，DMC）是在首尔市麻浦区上岩洞上岩千禧城内新建的，规模是 569 742 平方米，各项基础设施都是重新规划和建设，周期为 8 年。该数字媒体城相关服务配套设施条件优越：第一，首尔市是韩国的首都，具有得天独厚的政治地理优势；第二，该媒体城交通便利，距首尔市中心商业区只有 20 分钟路程，从该城出发往返首尔机场也只需 30 分钟，加之韩国政府还准备重新修建一条以该城为起始点通往韩国其他地区的铁路网（2006 年）；第三，成熟的 IT 环境和基础设施，成为该集聚区容易形成具有核心竞争力的产业链；第四，韩国本土先进的通信网络，可以使该媒体城与其他相关人进行信息交流；第五，首尔因其地理位置而成为吸引专业技术人员的主要地区。

汉诺威是德国下萨克森州的首府，德国北部重要的经济文化中心，由于会展业发达被誉为"世界会展之都"。它承办过两届世界博览会，在全球前 5 大展览会中有 3 个在汉诺威举行；拥有世界上最大的展览场馆——汉诺威展览中心和世界第一大展览公司——汉诺威展览公司。汉诺威展览中心每年都会吸引 250 多万观众前往参观；每年吸引的展商约在 25 000 家到 30 000 家，其中 30% 以上来自德国以外，净展出面积达到 160 多万平方米。当地政府为进一步发展会展业，积极投资改善场馆周边停车设施，建立发达的公路和轨道交通网，从而使汉诺威博览中心成为国际市场交流的最佳场所。

北京的交通拥堵是制约各文化产业集聚区发展的突出问题。以 DRC 基地和雍和园为例，因其所处北京市二环以内，即北京交通量最大的重要枢纽地区，因此常年出现交通堵塞的状况。这种不利的交通状况也是 DRC 基地和雍和园无法进一步扩张的阻力之一。

（三）需要舒适便利的生活环境

文化产业的核心竞争力在于创意的生成和开发利用，因此从这一点看，文化产业园比起其他产业集群，有很多不同之处，如传统集群战略中，园区只要紧邻着一个"拥有技术的校园"的做法已经对文化产业园不再适用。文化产业园里还需要有文化机构、媒体中心、非营利企业和艺术场所；这里既提供艺术家工作的空间，也提供艺术家生活的环境；既可以使企业进行文化生产，又能让人们进行文化消费；这里应该工作和娱乐并存；应该富于多样性和变化性；不同区域、不同文化类型的思想能够在这里碰撞、延伸进而走向世界。上述广泛的工作和生活内容，需要注意在园区建设中使如下四个因素获得充分发挥，以便构造一个舒适便利的生活环境（图 5-3）。

图 5-3　构造舒适便利生活空间的要素

文化产业园内只有具备了舒适便利的生活环境，才有助于文化创意的迸发和生成。英美等国在这方面的做法值得借鉴。例如，英国将伦敦西区文化创意产业集聚区打造成花园式、生活舒适方便的区域，在这个区域里，有名胜古迹（中世纪的王宫、教堂等），有大量风格不一的餐馆、酒店、咖啡屋等，还有风格各异、漂亮美观的购物场所，此外，各种便民设施也应有尽有，使得这里的产业集聚浑然天成，相得益彰。英国的谢菲尔德文化产业园区（cultural industries quarter，CIQ）在音乐产业方面发展成熟，是著名的文化创意产业中心。但是，园区发展也面临着一些制约因素，尽管在谢菲尔德市议会的大力支持下，俱乐部等休闲场所得以相继开放，但酒业执照问题一直困扰着CIQ地区的发展。由于娱乐休闲行业的发展对于音乐产业的发展有很大的促进作用，所以政府放宽酒业执照以后对于园区进一步的壮大和发展有很大的推动作用。

（四）需要完善的公共服务平台

文化创意产业公共服务平台可以提供包括创业指导、技术咨询服务、投融资服务、培训和知识产权管理服务等文化创意企业发展所需的各类服务。政府在建设文化创意产业园区时，都积极致力于搭建各种公共服务平台，满足园区内企业的需求。例如，"伦敦中小企业与高校联合平台"的目的是专门解决伦敦西部中小文化企业、社会团体、高等院校之间寻找合作伙伴的问题，并在商业方面帮助它们；"伦敦创意产业投资平台"的运营目的是，一方面，在国际平台上为英国的文化企业寻找合作伙伴，另一方面，为本国文化产业类的小微企业募集风险投资，为小微企业提供金融信息、发展建议等；谢菲尔德文化产业园发展初期，为了支持园区内音乐产业的发展，以及吸引更多的音乐制作企业入驻园区，出资建立了"Red Tape"等各类工作室向当地文化创意从业人员提供各种免费的训练课程，并对规模较小的音乐公司和文化团体提供价格低廉的排练场与录音设备和场地。伦敦还设立了文化创意产业出口推广咨询小组，协助企业签订创意产业出口市场协议，帮助创意产品和创意企业实施走向世界的品牌战略；促进金融组织与国会对创意企业提供海外发展所必要的援助等。

目前，北京各文化产业园也都建立了一站式的管理服务中心平台，并积极扩宽公共服务空间。以宋庄原创艺术集聚区为例，该集聚区公共服务平台项目总投资 8 300 万元，总建筑面积 1.28 万平方米。建筑内容包含创意孵化培训、投资咨询、创意展示交流、版权保护、信息咨询等几大公共服务平台。[①]

由上文论述可以发现，在构建文化产业园或集聚区的基础设施时，应该充分关注生产基础设施、社会基础设施和制度保障机构的完善、合理。其中，在生产基础设施方面，除了借鉴城市基础设施建设中所关注的众多元素外，还应该为文化产业园或集聚区构建充分的有效空间和后备空间，是园内文化创意的生产创作拥有广阔的发展空间和升级换代的机会。在社会基础设施建设方面，要保证提供便利的交通和舒适的生活环境。园区或集聚区还应该因地制宜、因产业类别和艺术家类型而异，适当放宽政策，为艺术家创造出一个真正适合创意的环境。在制度保障机构方面，不仅要有高效的管理部门，还应建立完善的公共服务平台，切实做到为园区的生产和创作活动进行全方位的服务。

三、基础设施建设的模式与比较

（一）PPP 模式内容及特点

PPP（public private partnerships）模式，即公私合作伙伴关系，是指政府的公共部门和私营部门的合作，让非公共部门提供公共物品和服务所涉及的资源，从而实现政府的公共部门的职能，而该方式也有利于私营部门。它的管理模式包含了许多具体的形式。在把 PPP 作为项目融资时期，是将其与

[①] 北京宋庄文化创意产业集聚区公共服务平台开工建设. http://news.163.com/09/0509/05/58RO2DOL0001124J, html.

BOT（build-operate-transfer，建设—经营—移交）、BT（build-transfer，建设—转让）、BOO（build-own-operate，建设—拥有—经营）等同等看待的，现在是将 PPP 看作包括诸如 BOT、BT、BOO 等与定义相符的诸多形式的管理模式。

PPP 模式可以有效地对基础设施建设项目实现风险管理，因为该模式的突出特点之一就是风险分配。即在 PPP 模式中，按风险承担能力划分职责，哪一方最有能力承担（控制）某项风险，就由哪一方来承担这项风险，其优势是可以实现项目总体风险的最小化。

从产业园基础设施建设的实践角度来看，PPP 模式有两种划分标准，既可以根据基础设施的形态，也可以在划分时以终端消费者是否付费为依据。基础设施的形态是指基础设施为已建成还是新建，其中已建成的基础设施还包含了重建、扩建这两种形态，每种形态都有针对其存在的相应 PPP 模式，如BOT、BOOT（build-ownoperate-transfer，建设—拥有—经营—转让）、BOO模式。而这里所指的终端消费者就是园区的入驻企业或艺术家等。按付费方式，PPP 模式可以包含如下两种情况。

1. 使用者付费

根据入驻企业或艺术家等，对某些基础设施的使用量来决定付费的多少。在英国，使用这种收费方式的基础设施项目被称为"特许经营的 PPP 模式"，其具体类型包含 BOT、BOO、BOOT 等。园区中，通常自来水、电力、停车场等采用这种类型。而此处又会分为三种具体的付费项目：第一种项目是向园区入驻企业等使用者收费，从而实现回收投资成本并获取较好投资回报，这类项目普遍具有自然垄断性。第二种项目正好与第一种相反，收费并不能实现较好的经济效益，因此基本通过获取政府或园区管委会的补贴来维持正常运营。第三种项目是自身大多具有不确定性,如园区房租的收费,可能因为园区刚刚投入使用时,入住率较低而一时无法实现房租的收益目标,但当其发展到一定规模之后,随着入驻企业或游客等的增加,房间使用率也会提高,房租收益也会增加,这就会帮助其实现回收成本并盈利的预期目标。对于这一类项目,政府应该适当给予补贴,当其发展已具备足够规模时再停止补贴。当然,兴建文化产业园的目的并不是让园区当"房东",而是"筑巢引凤",吸引优秀的企业,从而真正实现产业聚集,真正实现文化产业的盈利。

2. 政府付费

这种情况指的是,依据法律规定,政府必须提供的基础公共服务,但用户是谁,这一点是不必明确的,学校和医院就是采取这种模式,它们的建设需要政府通过税收资金向生产者购买,但是该模式对于文化产业园却相对很少出现,更多的情况还是第一种,即使用者付费。

(二)BOT 模式概述及结构

BOT 模式,是一种基础设施投资、建设和经营的方式。需要政府(或园区管委会)与项目公司达成协议,政府(或园区管委会)给予公司特许权,使之在特许权期限内自筹资金,建设某个基础设施项目,并对其运营维护以收回成本并实现盈利。在特许权期限时间之后,无偿转让给政府(或园区管委会)。

BOT 模式的投资建设项目,其结构包含了九个部分,即项目公司、项目发起人、购买商或服务者、债权人、建设团队、保险公司、供应商、运营商、政府（或园区管委会）（图5-4）。

项目公司	作为独立法人进行项目建设和经营的、基础设施建设经验丰富、信誉比较高、融资能力强的财团、银团、企业（国有或私有）的结合体
项目发起人	项目发起人因为基础设施建设需要而发起项目，但是由于资金的缺乏，故采用与项目公司签订特许权协议的方式来建设该基础设施项目
购买商或服务者	在项目规划阶段，项目发起人或项目公司就应与产品购买商签订长期的产品购买合同。产品购买商必须有长期的盈利历史和良好的信誉保证，并且其购买产品的期限至少与BOT项目的贷款期限相同，产品的价格也应保证使项目公司足以回收股本、支付贷款本息和股息，并有利润可赚
债权人	债权人即为项目提供贷款的自然人，债权人为项目公司提供贷款（项目实际需要的所有贷款），并按照协议规定的方式、时间支付
建设团队	BOT项目的建设团队（施工方、勘察设计方、监理方）必须拥有强大的建设队伍、先进的管理和建设技术、在协议规定的期限内完成建设任务。项目公司在选择建设团队时，需要重点关注其历史工作业绩以及其担保力度，然后择优选取建设团队中的各个成员
保险公司	保险公司的责任是对项目中各个角色不愿承担的风险进行保险，包括建筑商风险、整体责任风险、业务中断风险、政治风险（战争、财产充公等）等。由于这些风险不可预见性很强，造成的损失巨大，所以对保险商的财力、信用要求相对较高
供应商	供应商负责为项目公司提供所需的材料或原料。供应商所提供的供应价格应在协议中明确注明（若有变动应添加变动条款），并由政府对供应商进行担保
运营商	运营商负责BOT项目建成后的运营管理工作。运营商不仅需要具有较强的管理水平和管理技术，也要有丰富的管理经验
政府（或园区管委会）	BOT项目的主角之一，对于BOT的态度以及在BOT项目实施过程中给予的支持将对项目产生极大的影响

图5-4　BOT模式投资建设项目的结构[①]

---

① 易超艳.BOT模式投资建设的基础设施项目评价研究[D].西南交通大学硕士学位论文，2014：14-15.

值得注意的是，针对基于上述这种基础设施投资建设模式而展开的评价工作，其主体一般包括企业、个人和外国评价主体。这些评价主体往往是在社会和经济发展过程中有相对独立的投资建设权利、有用于投资建设的充足资金、对投资建设的基础设施项目有一定期限的特许权，并能妥善经营的项目公司。而本书所研究的风险管理的主体是支持文化产业园建设的政府部门及园区管委会，并不是实施基础设施建设的项目公司，因此关于 BOT 模式的基础设施投资建设评价，即对于基础设施建设项目是否可行的评价并不是研究所要考虑的范围。

本章所指风险管理的主体重点需要考虑的是一个文化产业园在基础设施建设中都需要考虑哪些内容，由此可使产业园基础设施更加完善；同时还要考虑建设这些内容时用哪种模式最有效、风险最低、成本最低、收益最高等。因此，对各种基础设施建设模式进行比较，是本书研究关于基础设施建设的重点内容之一。

（三）PPP 与 BOT 融资模式的比较

为解决政府财政在产业园公共基础设施建设上投资不足的问题，为充分吸收民间私人资本进行园区公共基础设施建设，政府可以采用PPP和BOT这两种项目融资模式来进行产业园公共基础设施建设。民间资本和国外资本都可以通过PPP和BOT这两种模式被引进到园区的基础设施建设当中。但是两者却在合作理念、运作方式、组织架构等方面各有其优点和缺点（图 5-5、图 5-6）。

PPP 模式优点	BOT 模式优点
1. 公共部门和私人企业在初始阶段就共同参与论证，利用尽早确立项目实施可行性，缩短前期工作周期，降低项目费用； 2. 可以在项目初期实现风险分配，同时由于政府（或园区管委会）分担一部分风险，是风险分配更合理，减少了承建商与投资商风险，以此降低融资难度，提高融资成功可行性； 3. 参与项目融资的私人企业在前期就参与进来，有利于项目伊始就由私人企业引进先进的技术和管理经验； 4. 公共部门和私人企业共同参与建设和运营，双方可以形成互利的长期目标，更好地为园区服务； 5. 项目参与各方共同整合成为战略联盟，对协调各方不同的利益目标起关键作用； 6. 政府（或园区管委会）拥有一定的控制权	1. 项目融资的所有责任都转移给私人企业，减少了政府（或园区管委会）主权借债和还本付息的责任； 2. 政府（或园区管委会）可以避免大量的项目风险； 3. 组织机构简单，政府部门（或园区管委会）和私人企业协调容易； 4. 项目回报率明确，严格按照中标价实施，政府（或园区管委会）和私人企业间利益纠纷少

图 5-5 PPP 与 BOT 融资模式的优点对比

PPP 模式缺点	BOT 模式缺点
1. 对于政府（或园区管委会），如何确定合作公司增加了难度，而且在合作中要负有一定的责任，增加了政府（或园区管委会）的风险负担； 2. 组织形式比较复杂，增加了管理上协调的难度，对参与方的管理水平有一定的要求； 3. 如何设定项目的回报率可能是一个具有争议的问题	1. 公共部门和私人企业都需要一个长期的调查了解、谈判和磋商过程，以致项目前期过长，投标费用过高； 2. 投资方和贷款人风险过大，没有退路，增加融资困难； 3. 参与项目各方存在某些利益冲突，对融资造成障碍； 4. 机制不灵活，降低私人企业引进先进技术和管理经验的积极性； 5. 在特许期内，政府（或园区管委会）对项目失去控制权

图 5-6 PPP 与 BOT 融资模式的缺点对比

由图 5-5 和图 5-6 可知，相比较而言，PPP 模式的优越性要稍高于 BOT 模式。例如，BOT 模式具有"项目周期长""投资贷款风险高"的缺点，而 PPP 模式则克服了这两个缺点，体现出更高的效率，对风险的分配也愈发合理。BOT 模式的另一个很大的缺点是，政府部门或园区管委会几乎完全丧失了对园区建设的控制权和话语权，而PPP模式则给予政府或园区管委会一定的决策权、话语权和对园区的控制权。然而，PPP模式并不是完美的，它也有很多缺点，如果使用PPP模式，则要求政府和园区管委会具有较强的管理能力和社会信誉，从而将项目建设中在与其他企业合作的过程中遇到的不利因素化解掉，并最终成功地完成项目。

第三节　产业布局风险

文化产业布局是指一个国家或地区文化产业各部门、各环节在地域上的动态组合分布，是文化产业各部门发展规律的具体体现。它是一种全面性、长远性和战略性的经济布局。从文化产业布局的研究对象上看，就是实现文化资源在不同地域，不同产业之间的配置过程。从文化产业布局的目标来看，就是实现资源在空间上的最优配置。

一、文化产业布局的模式分析

对于文化产业布局模式的选择大致有两个方向，一是平衡发展与不平衡发展模式；二是梯度推移与反梯度推移发展模式。

平衡发展与不平衡发展模式是指通过国民经济的各个部门、各地区的相互支持、相互配合来发展文化产业的一种战略。不平衡发展战略主张国家和地区应将有限的资源有选择地集中配置在某些地区和部门地区的文化产业中的某一类产业（如研发设计、时尚消费、文化艺术等），使之优先得到发展，然后通过投资的诱导机制和产业间、地区间的联系效应和驱动效应，带动其他文化产业和其他地区文化产业的发展，从而实现整个文化产业的发展。文化产业不平衡发展到平衡发展，主要表现在：市场经济条件下，资金、劳动力与技术的自由流动，将导致区域发展趋向均衡；经济扩散作用，推动着文化产业在不同地区的平衡；区域开发过程的交替变化，也会促进文化产业内部和地区的平衡发展。

梯度推移与反梯度推移发展模式是指不同地区经济发展水平、经济实力导致的文化产业发展的差距。由于受地理环境等因素的影响，一些地区的文化产业发展的梯度分布较有规则，且常出现与地形等高线分布十分近似的现象。创意产业梯度推移的动力主要源于产业的创新，每一种新技术、新文化、新政策出现后，都会进行有序推移，由处在高梯度的地区向处在低梯度地区转移。推移的有序性是由处于不同梯度上的地区接受创新转移的能力差异决定的。而反梯度理论认为技术革命将会给落后地区带来超越发展的机会。

二、我国文化产业布局模式分析

由于文化产业涉及的范围非常广，就自身体系而言无法通过单体行为来完成，而只有通过打造文化产业园（集聚区），使企业和机构形成基于产业链条的协作关系，才能获得群体竞争和发展优势。因而很多国家和地区都在积极采取有力的措施，促使创意型人才和企业在空间上集聚，由此建立了一系列各具特色的文化产业集聚区，即文化产业园。

总结我国各地文化产业集聚化发展模式，主要有"企业自发集聚、政府规划建设、龙头企业带动这三种模式，而政府规划建设文化产业集聚区成为各大城市发展文化产业的主要方式”^①（图 5-7）。

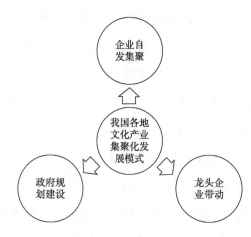

图 5-7　我国各地文化产业集聚化发展模式

（一）企业自发集聚模式

企业自发集聚模式是文化企业对每一地域的环境、市场、文化等产业要素具有统一的行业认同感，以满足自身发展的利益需求为目标，在此地域空间自发集聚，从而形成具有群体竞争优势、规模效益和品牌特征的文化产业园（集聚区）。

“企业自发集聚型模式最先体现在低廉的租金吸引大量的设计和艺术工作者在旧厂房集聚，随后商业机构和配套设施跟进，形成创意氛围良好、人气旺盛、特征鲜明的创意产业集聚群落，也使旧的工业遗迹焕发了新的青春。^②”例如，北京 798 艺术区、潘家园古玩艺术品交易园区和宋庄原创艺术与卡通产业集聚区，杭州 LOFT49 创意产业园区，上海的 M50 创意园等都是通

---

① 杨永忠. 创意产业经济学[M]. 福州：福建人民出版社，2009：241.
② 杨永忠. 创意产业经济学[M]. 福州：福建人民出版社，2009：242.

过这一模式形成并发展起来的。

（二）政府规划建设模式

政府规划建设模式是政府根据城市区域规划发展的需求，利用城市独特的文化氛围，多数以老工业厂房、老仓库等历史建筑为空间资源，以丰富的高素质人才为原动力，由政府牵头规划、改造、建设文化产业基地而促进产业的区域内集聚。政府规划的文化产业集聚区对企业至关重要的一点是，入驻企业能够获得政府的产业扶持和实实在在的税收、人事、补贴、贷款等多方面优惠政策。这对于中国目前发展得并不成熟的各文化产业链上企业的生存和发展至关重要。

我国目前大多数文化产业园都是由政府规划建设而形成的，如上海的8号桥、田子坊、虹桥软件园，北京的DRC工业设计创意产业基地、中关村软件园、怀柔影视基地，南京世界之窗创意产业园、艮坤西祠数字网络文化产业园，杭州的国家动画产业基地、西湖数字娱乐产业园，等等。

（三）龙头带动模式

龙头带动模式通常是一个区域进驻了一或两家著名的大型文化创意企业，吸引消费人群，营造出产业发展的创意环境，从而吸引产业链上下游的中小企业慕名而至，逐渐实现产业集聚化的品牌和规模效益，再由政府认定，最终形成文化产业集聚区。以歌华文化集团为龙头建立起来的中关村科技园区雍和园就是该模式的典型代表，此外，上海的"创意仓库"的形成与发展历程也遵循了此模式，"苏锡常"地区的动漫产业园亦通过龙头带动，逐渐形成了依托地区行业优势的产业链和产业网。

　　无论上述哪种发展的模式，产业的"集聚"已成为现今我国发展文化产业的主流方向，文化产业园（集聚区）也成为各城市发展文化产业的主要关注点。"政府就其地区特色的人文、自然、产业等资源做出全盘性、有针对性的调查，对区域竞争的比较优势进行梳理，在此基础上，对文化产业的发展提供方向性指导和各种公共服务；集聚区内的企业则应该积极建立园区内的动态联系，不断完善创意产业链条；而创意工作者则应以市场、产业为核心，不断发挥自己的创造力和聪明才智；通过政府引导，企业推进，创意工作者亲身实践，使得文化产业集聚区的各参与主体各司其职、相互配合，文化产业集聚区才能从综合效益和可持续发展等角度朝正确的方向前进。[1]"

三、影响产业布局的要素

　　影响产业布局的要素有很多，包括地理位置、自然条件、自然资源、劳动力、社会经济条件、科学技术状况等。它们对产业布局的影响方式和程度都各不相同，但经常会同时起作用。在考虑产业布局时，不能孤立地、机械地看待各要素，要"因时""因地""因产业部门"制宜，分析时需要统一各个要素。以下是影响产业布局的主要要素。

（一）市场

　　市场对产业布局造成的影响，主要表现在市场需求和市场容量两方面。

---

[1] 杨永忠. 创意产业经济学[M]. 福州：福建人民出版社，2009：243.

1. 市场需求

市场需求是一定的顾客在一定的地区、时间、市场营销环境、市场营销方案下对某种商品或服务愿意而且能够购买的数量；实际是消费者需求的总和。市场需求由消费者偏好、消费者的个人收入、产品价格、互补品的价格、消费者预期、商品的品种、商品的质量、国家政策等因素共同作用构成的。因此，文化产品或服务的生产者必须随时洞悉消费者需求的改变，并及时改进产品或服务，甚至开发出新的产品或服务，只有灵活快速地创新和升级，才能在竞争中始终保持优势。

2. 市场容量

市场容量是在不考虑产品价格或供应商的策略的前提下市场在一定时期内能够吸纳某种产品或劳务的单位数目。每个市场容量都有限，文化市场的容量也不例外。当生产达到一定规模时可以节约成本并提高效率，从而促成规模经济的效果。但当生产规模超过该地区市场的容量时，若将产品远销，那么追加的运输费用可能会抵消经济利益，这是就变得不"经济实惠"了。所以，若是大规模生产的企业注定需要选择市场容量大的地区布局。很多企业除了生产主要产品之外，出于经济角度的考虑，可能会生产出很多副产品，那么在布局中，也要考虑到这些副产品的市场容量问题。

总的来说，"市场是由消费者组成的，市场的性质由消费者特点来决定，这些特点体现在四个方面：①消费水平，购买力大小取决于消费者的人均收入水平，生产高级消费品一般选择购买力大的区位；②市场的稳定性，市场变化太大不利于规模化生产的大企业聚集；③消费结构，建立产业园之前要对当地消费结构进行调查；④消费经验，挑剔型购买经验的消费者对该地区的企业和产品的创新和升级具有重要的刺激作用"。

（二）劳动力

劳动力，广义上的劳动力指全部人口，狭义上的劳动力则指具有劳动能力的人口，这里的劳动力主要指文化产业园建设中需要的人才资源，而劳动力主要对产业区位造成影响。劳动力影响产业布局的方式主要体现在"劳动力成本"和"劳动力质量"两方面。二者相比，劳动力成本的问题更为重要，原因体现在不同的工业中劳动工资占产品成本的比重不同；不同的地区中劳动工资的空间变化幅度也是不同的；劳动力不完全流动时，劳动密集型工业对劳动工资的空间变化也比较敏感。

关于劳动力，即人才资源的要素分析，已在上文的"文化区位"中有简单介绍，并将在第八章"人才管理"一节做更为详尽的论述。

（三）交通运输

交通运输对文化产业园选址、空间布局、园区结构的形成等都起着重要的作用。交通运输基础结构对于产业区位而言，不仅与运费有关，而且与运输投入的其他非金融方面（如服务质量）有关，这里的交通运输涉及原材料和产品的运输、人力资源和信息的传送。具体的交通状况评价要素已经在第四章的"自然区位"中有所探讨。

（四）资本

资本主要对产业的区位造成影响。资金比劳动力更具流动性，资金可以在寻找投资机会时到处流动，寻找劳动力更为廉价的地区进行投资建设。总体而言，一个地理区位主要通过相对高的利润率、较低的风险、资本流动的管制程度和资本流动的其他因素等作用来吸引资金的流入（图5-8）。

相对高的利润率	为了达到相对高的利润率，应使原料、动力、劳动力成本保持较低，或在税收方面给投资者以优惠，或在市场、产品售价、贸易条件、技术等方面使投资者得到特殊利益
较低的风险	主要与所在国家和地区的政治稳定性有关
资本流动的管制程度	外来资本需要银行、保险、合作信托机构、股票市场、通信等稳定的投资环境和轻松的管制程度
资本流动的其他因素	资本流动与投资者的偏好以及地缘、血缘、文化、语言等各种因素相关

图 5-8 影响资金流动的原因

（五）土地、水、能源及环境

土地、水、能源及环境主要对产业区位造成影响。

鉴于土地的稀缺性和不可再生性的特点，土地价格对产业区位会产生重要影响。土地价格是土地经营权的出售价格，投资者购买土地经营权所带来的地租相当于将这笔资金存在银行所带来的利息。土地的稀缺和有限性预示着它不断增值。同样面积的土地，不同的用途有着不同的土地价格。一般来说，商业付租能力最大，旅游次之，高密度住宅又次之。低密度住宅和工业付租能力最小。在城市内各个不同地段办工厂（或产业园），在占有面积相同的情况下，价格相差很大。只有占地小，且出得起高地价的工厂（或产业园），才可以选择市中心的区位。

相对于其他自然资源，水的分布比较普遍。从全国范围看，各地水资源的丰歉直接影响到工业生产的总体规模，但是对于文化创意产业的影响较之第一产业和第二产业的则小了很多。

　　能源是产业必备的资源。例如，与文化创意产业关系密切的电能，就需要考虑到是否在区位选择上有充足且廉价的电能作为供应。当然，由于近年来交通运输业和能源转化技术的不断发展，能源的可运性大大增加，因此，产业区位受能源产地的限制也大幅减少。

　　环境污染的防治是区位选择的要素之一，对环境污染的控制，将影响园区的生产成本和生产效率，因而成为影响产业区位的重要因素之一。然而鉴于文化创意产业产品的独特性，污染的影响非常小。

（六）政府政策

政府政策对产业布局造成影响的方式有两种（图5-9）。

直接干预性产业布局政策	间接诱导性产业布局政策
·一种由国家政府为刺激特定区域的经济发展，采取的政府直接投资或审批制、许可证制、配额制等强制性政策	·贸易与关税政策、信息服务、财政补贴、融资支持等政策

图5-9　政府政策对产业布局的影响方式

由上述内容可以总结出影响产业布局的要素（表5-6）。

表5-6　影响产业布局的要素

要素	包含的子类要素			
市场	市场需求	市场容量和性质		
劳动力	劳动成本	劳动力质量		
交通运输	产品的运输	生产资料的运输	人力资源的传输	信息资料的传输
资本	利润率	风险（政治稳定性等）	资本流动的管制程度	投资者偏好以及地缘、血缘、文化、语言等

要素	包含的子类要素			
政府政策	直接干预性产业布局政策	间接诱导性产业布局政策		
其他	土地	水	能源	环境污染

第四节 产业布局风险管理参数分析模型

产业布局风险决策是一个高度抽象的决策集，每一个决策都受到一个或多个因素的影响，决策者必须面对一个多准则决策问题。层次分析法可以在对复杂决策问题的本质、影响因素及其内在关系等进行深入分析的基础上，利用较少的定量信息使决策的思维过程数学化，从而为多目标、多准则或无结构特性的复杂决策问题提供简便的决策。

本部分根据层次分析法，首先将影响产业布局风险决策的因素建立递阶层次结构，层次结构为目标层、准则层、方案层。目标层(X_K)是寻求影响决策的主要因素；准则层(Y)是衡量影响因素大小的各个指标，指标的内容可以根据每一层的实际情况制定；方案层(Z)的内容则可由产业布局要素体系中各层要素构成（图5-10）。

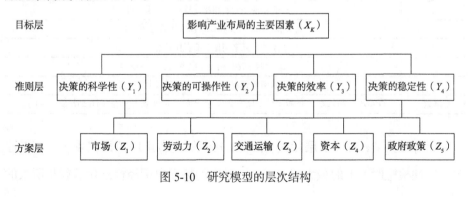

图 5-10 研究模型的层次结构

这种层次分析的方法不只适用于上述一种情形，还可以把目标层(X_K)设置为影响产业资本的主要因素，(Y)层可以根据需要设置，(Z)层则是该层要素涉及的各类子要素。

关于产业布局风险的具体风险评估的方式应该是从表 5-6 "产业布局的要素体系"所展示框架的最底层的要素，由下至上一层一层分析。首先根据递阶层次结构构造判断矩阵。具体方法为：每一个具有向下隶属关系的元素作为判断矩阵的第一个元素（位于左上角），隶属于它的各个元素依次排列在其后的第一行和第一列。假设目标层X_K的下层元素有$Y_1, Y_2, \cdots, Y_n$，可以建立如下判断矩阵形式：

X_K	Y_1	Y_2	$\cdots$	Y_n
Y_1	y_{11}	y_{12}	$\cdots$	y_{1n}
Y_2	y_{21}	y_{22}	$\cdots$	$\vdots$
$\vdots$	$\vdots$	$\vdots$		$\vdots$
Y_n	y_{n1}	y_{n2}	$\cdots$	y_{nn}

接着，运用两两对比法构造出y_{ij}，其表示对于X_K，Y_i对Y_j的相对重要性，y_{ij}的重要性标度值按表 5-7 取值。

表 5-7　重要性标度含义表

重要性标度	含义
1	表示两个元素相比，具有同等重要性
3	表示两个元素相比，前者比后者稍重要
5	表示两个元素相比，前者比后者明显重要
7	表示两个元素相比，前者比后者很重要
9	表示两个元素相比，前者比后者非常重要
倒数	若元素Y_i与元素Y_j的重要性之比为y_{ij}，则元素Y_j与元素Y_i的重要性之比为$y_{ji} = 1/y_{ij}$

计算准则X_K时，下层元素$Y_1, Y_2, \cdots, Y_n$间的优劣排序（即权重）。当Y通过一次性检验时，Y的最大特征根$\lambda_{\max}$对应的特征向量经标准化后就是所求的

$Y_1, Y_2, \cdots, Y_n$ 优劣顺序。

考虑到层次分析法容易受到决策者主观意识影响，本节还引入熵权法进行客观赋值。在具体使用过程中，熵权法根据各指标在竞争意义上的相对激烈程度系数，利用信息熵计算出各指标的熵权，再通过熵权修正各指标的权重，这可以使结果更加科学合理，也更具实用价值。

假定准则层有 m 个准则，方案层有 n 个方案，具体分析方法如下所示。

第一步，对准则层判断矩阵进行单层次归一化，进而求得权向量：

$$V_i = \sum_{j=1}^{m} y_{ij} \tag{5-1}$$

$$W_i = \frac{V_i}{\sum_{i=1}^{m} V_i} \tag{5-2}$$

其中，权向量 $W = [W_1, W_2, \cdots, W_m]^{\mathrm{T}}$，$i, j = 1, 2, \cdots, m$。

第二步，对方案层中 m 个判断矩阵进行单层次归一化，建立 m 个 $n \times 1$ 阶矩阵，接下来按顺序构建 $n \times m$ 阶矩阵。

$$p_i' = \sum_{j=1}^{n} Z_{ij} \tag{5-3}$$

其中，$i, j = 1, 2, \cdots, m$。

第三步，对方案层矩阵进行标准化：

$$p_{ij} = \frac{p_{ij}' - \min p_{ij}'}{\max p_{ij}' - \min p_{ij}'} \tag{5-4}$$

其中，$i = 1, 2, \cdots, n$；$j = 1, 2, \cdots, m$。

第四步，求方案层指标的熵：

$$H = -k \sum_{i=1}^{n} p_{ij} \ln p_{ij} \tag{5-5}$$

其中，$f_{ij} = \dfrac{p_{ij}}{\sum\limits_{i=1}^{n} p_{ij}}$，假设 $f_{ij} = 0$，则 $f_{ij} \ln f_{ij} = 0, k = \dfrac{1}{\ln n}$。

第五步，计算方案层指标的熵权：

$$\omega_j = \frac{1 - H_j}{m - \sum\limits_{j=1}^{m} H_j} \qquad (5\text{-}6)$$

第六步，计算指标的综合权数：

$$\lambda_j = \frac{W_j \omega_j}{\sum\limits_{j=1}^{m} W_j \omega_j} \qquad (5\text{-}7)$$

第七步，计算可行性方案的欧氏距离，并根据结果排序：

$$L = \sqrt{\sum_{j=1}^{m} \lambda_j^2 \left(1 - p_{ij}\right)^2} \qquad (5\text{-}8)$$

最后可以根据判断矩阵和熵权法求出各层要素按重要性程度排序的结果。相对那些主观赋值法，这种基于熵权法的多指标综合评估方法，可以在计算权重时客观性更强，能够更好地解释所得到的结果。

◎ 本章小结

这一章主要研究了文化产业园的布局风险。内容包含空间布局风险、基础设施布局风险和产业布局风险。

其中，"空间布局风险"这一节是以定性分析为主的，因此主要讨论了空间布局的规律、功能性板块构成、物理性圈层构成，并通过两个实际案例来分析说明。

第二节基础设施布局风险也是以定性研究为主。在讨论了基础设施的内容和建设原则之后，重点介绍了 PPP 和 BOT 这两种基础设施建设的模式，并对其融资模式进行了比较，其中，PPP 模式克服了 BOT 模式中两个最关键的缺点：项目前期工作周期过长及投资方和贷款人风险过大、政府丧失决策权等，但该模式自身也存在一些缺陷。

第三节产业布局风险可以通过定量与定性相结合的方法进行分析和管理。此节梳理了六类影响产业布局的要素，并在第四节中指出这一部分的风险决策工作可以采用层次分析法，从而较好地实现管理目标，继而也对该定量研究的方法进行了详细说明。

第六章 运营风险

第一节 文化产业集群构建风险

一、产业集群理论发展综述

（一）产业集群理论的初步形成

作为西方现代经济学研究领域中的重要一环，产业集群理论的诞生是建立在多项重要理论基础上的，如马歇尔集聚理论、韦伯工业区位理论及科斯交易费用理论。产业集群理论从根本上鼓励了产业经济学、区域经济学和发展经济学的演进（图6-1）。

（二）国内外产业集群风险研究的概况

国外产业集群风险研究中，比较有代表性的学派包含了新古典经济学派、经济地理学派、战略学派、奥地利学派。国内产业集群风险研究有代表性的人物则是仇保兴、蔡宁、吴晓波、陈金波等（图6-2、图6-3）。

产业集群前期理论

马歇尔的集聚理论

首次系统性地研究了产业集群现象。企业的集聚是为了追求外部规模效益。将经济规模分为两类，一类是产业发展的规模，另一类是从事工业的单个企业和资源。第一类被称为外部规模经济，外部经济效益和专业的地区性集中有很大关系。第二类被称为内部规模经济，内部经济规模与从事工业的单个企业和资源的组织以及管理效率有关。外部规模经济是其群内企业利用地理位置的接近性，通过规模经济使企业生产成本最低或最优，使得单个企业通过外部合作获得规模经济

韦伯的工业区位理论

企业的集聚与否主要取决于企业的集聚能否给企业带来好处。物流成本和工人的收入是决定工业区位的主要因素。将产业聚集分为两个阶段，分别是产业的市场集中和产业的空间集中。产业的市场集中阶段是集聚的低级阶段，是指企业自身的简单规模的扩张，从而引起产业的集中化；产业的空间集中是指企业依靠自身高效和出色的发展，不断自我完善壮大从而引来众多同类型企业的出现

科斯的交易费用理论

集群将集群内若干企业组成一个整体参与市场交易，减少了市场交易信息不对称性和不准确性，降低了市场交易的风险，从而降低交易费用。同出于一个产业集群内的企业，不但可以增加企业之间交易的频率，而且可以降低企业之间的交易区位成本，使得集群内企业的交易范围和对象相对稳定，有助于交易的顺利完成，从而有助于降低企业的交易费用。同时，由于集群内企业在地理位置上接近，这样将有利于信息对称性的提高，消除了交易中的机会主义行为，并且减少了企业开拓市场的时间和成本，从而大大降低交易费用

产业集群中期理论

波特的钻石理论

企业的外在大环境是国家，而政府的目标是为企业发展创造一个优质的环境。因此，在对一个国家的产业竞争力进行评价时，重点要关注该国能否有效地形成创新和竞争性环境。"钻石模型"的构架主要为四个基本的因素和两个附加要素，四个基本因素为需求条件、相关及支撑产业、企业的战略和结构与竞争；两个附加要素为机会和政府。"钻石模型"是一个动态的系统，要使该系统充分发挥其功能，必须使系统中的每一个要素都积极参与其中，这样才能创造出适宜企业发展的环境，促进企业投资和创新，所以，地理上的聚集是产业集群形成的必要条件

克鲁格曼的产业集聚理论

依据新经济地理学理论解释了产业集聚的产生。克鲁格曼在不完全竞争、规模报酬递增和垄断竞争模型的假设前提下认为，产业集聚的形成是由于运输成本、生产要素移动以及规模报酬递增。制造企业更愿意将厂址置于市场需求大的地方，减少运输成本，然而，大的市场需求则主要受限于制造业的分布。克鲁格曼的规模报酬递增观点是以垄断竞争为基础的，通过产业集群模型，证明了制造企业的一般趋势是空间聚集趋势，并且在外界环境的影响和作用下产业聚集的空间分布可以是多种多样的

图 6-1　产业集群的前期、中期理论综述

新古典经济学派

集群外部环境的和谐可以促使新技术、新思想在集群内快速传播和应用，进而推动区域经济的快速发展，这样一来，由于企业自身的趋利性，集群外的企业也会向集群靠拢来获取更多的优势资源和获取等多的企业利益。然而，集群的规模并不是无限制的，一旦集群规模过大，将会造成如土地、劳动力和资本价格的上涨，从而失去集群本有的竞争优势，使得集群不堪重负开始衰落。进入集群内的企业应该不断自我约束和创新，不断提高企业自身结构优化升级，这样才不会给集群带来负面影响，否则将会给集群造成负担，使集群的发展受阻，甚至停滞不前，集群发展受阻反过来则会直接导致集群内企业发展困难，形成恶性循环。因此，企业的发展影响集群的发展，集群的优劣也直接左右企业的成败

经济地理学派

影响工业区位的经济因素分为两种，一种是区域因素，包括集聚因素和分散因素；另一种是区位因素。韦伯认为聚集的发生是因为企业的趋利性，为了追求更大的利润和好处，为了节约企业的生产成本，增加企业利润而自发形成，是企业竞争的结果。只有当企业迁移的代价小于或等于迁移后因聚集的产生而节约的费用时，迁移才有可能发生。克鲁格曼从国家贸易的角度出发研究产业集群，他认为产业集群与国家贸易密切相关，他提出产业集群"向心力"和"离心力"的概念，向心力是指便捷的物流设施和条件、专业化的技术人才、充裕的劳动力市场、企业创新收益。倘若其他条件不发生改变，集群内企业的生产成本不断降低、市场占有率和竞争力不断得以增强，相关产业日趋集聚。离心力则与向心力相反，是指日趋殆尽的土地资源、高昂的技术使用权费以及集群外部环境的不和谐。这些因素都是导致集群不断衰弱的因素，迫使集群内企业远离集群

战略学派

一旦集群形成，那么集群就因外部环境的变化和内部企业调整而处于动态的变化当中，在变化的过程当中，一部分集群由于自身及时调整和事前预警等措施，而继续发展。另一部分集群就会因为不能及时适应环境的改变而衰落，丧失集群本有的种种竞争优势。例如，高端技术的垄断和限制将会对使用此技术的集群造成巨大的损失，甚至抵消集群原有的优势。随着社会不断发展，市场需求的转变对集群的发展也是一种威胁，若集群没有前瞻性和市场调研分析，就有可能因为产品不适应市场而失去优势，使集群走向衰落。其次，集群内部结构组成也要因外部环境的改变有针对性的调整，从而适应大环境的发展。集群中企业的惰性也是构成集群风险中不可忽视的因素，集群的发展依靠组成集群的每位成员，倘若集群内企业相互效仿，不注重自身实际情况而盲目抄袭发展模式，这将不利于集群风险的分散，给集群带来了很大隐患，因此集群内企业必须时刻保持创新意识、结合自身实际情况形成符合自身发展的组织结构，从而推进集群健康发展

奥地利学派

将产业集群的生命周期分为四个阶段，分别为诞生阶段、成长阶段、成熟阶段和衰退阶段，并指出集群存在结构性风险。"结构性"风险是指由于企业集群老化或衰亡对区域经济造成的危险。当集群发展到成熟或衰退时期，集群内企业由于资源高度集中于单一产品，可能成为整个集群经济发展的阻力，将集群变为毫无生机的夕阳产业。

在 Tichy（1997）研究分析基础上，Fritz 等（1998）分析了产业集群的周期性风险，这是一种突发性、不能认定控制的、随时有可能出现的风险，这种风险将有可能导致该集群所在区域经济不稳定

图 6-2　国外对产业集群风险研究的概况

仇保兴（1999）
以浙江永康市保温杯作为具体实例，对产品质量恶性循环、生产经营不断萎缩的现象进行研究分析，基于信息经济学原理，指出产业集群内部出现类似于"永康保温杯"事件是由于产品信息分布不对称而产生的，也就是常说的"柠檬市场"效应

蔡宁等（2003）
对产业集群风险的研究，是站在网络视角的角度进行的。他们提出，集群内企业之间有网络关系，各企业之间相互沟通和协作都依靠网络关系来完成，网络关系也是集群最初形成的原因，然而，由于集群外部环境的变化有可能导致网络的僵化或失去弹性，进而导致集群内企业反应滞后，产品不适应市场需求，对集群产生巨大的负面作用。蔡宁等提出了一个分析风险类型的框架，并将风险分为三种类型，分别是结构性风险、周期性风险和网络性风险，他们认为三种风险类型之间相互关联，并且存在着相互增强的作用机制，最终有可能将产业集群推向衰落

吴晓波和耿帅（2003）
提出"自稔性"风险，该风险是指组成集群竞争优势的基本特性；分工的专业化、地理的接近性、相互关联性、协同性及溢出性，然而，集群竞争优势的基本特性也是可能诱发风险的根本原因

陈金波（2005）
将生态学中的"近交衰退"和"传染病"的概念引入了集群风险进行研究，分别对企业集群的近交衰退风险和传染病风险进行了分析。近交衰退风险是指集群整体陷入一种萎靡状态，对外界环境变化反应迟钝，抵抗风险能力弱；而传染病风险是指集群企业所生产的产品质量差、企业诚信缺失以及以次充好的"柠檬问题"等

图 6-3 国内对产业集群风险研究的概况

由上述内容可以看出，国内外很多学者都关注产业集群这种新颖的发展模式。实践证明，产业集群中的企业比非产业集群中的企业更能以低成本获取高收益，也更能降低资源浪费，实现资源的高效利用。但是，在产业集群发展中，其外部受政策导向、市场需求、投资环境的影响，内部受到企业之间的合作、竞争等关系和内部企业结构关系等因素的影响，这些因素往往会出现不稳定，会产生不利的变化，也就是产业集群所面临的风险。如果不对集群的风险加以监督和控制，其后果将是牵一发而动全身，会产生不可估量的损失。

二、文化产业集群的形成类型

产业集群由一定空间区域内，许多关联企业、组织机构共同构成。这些企业或机构，可以是大型的跨国公司，也可以是微小企业、小中介、小的服务部门。但是它们通过一定的关联性，密集地捆绑在一定区域中，这样的集聚体就是产业集群。

文化产业集群亦称"产业集聚""产业园区"，是指相互关联的多个文化企业或机构共处一个文化区域，形成产业组合、互补与合作，以产生孵化效应和整体辐射力的文化企业群落。文化产业集群内部包含的企业和机构一般是创意企业、文化企业、艺术家工作室、科研机构等。

目前世界上的产业集聚基本有两种形成方式：自发形成和政府促成。划分产业集群的方式有很多，在文化产业的研究中将其划分为四类。

第一类，文化产业集群——地域型。指的是在一定的区域内，众多企业从事若干文化行业或只从事一种文化行业的经营方式。例如，英国谢菲尔德市的文化产业区，在一个区域内已经集聚了谢菲尔德媒体与展览中心有限公司、谢菲尔德独立电影公司、BBC 谢菲尔德电台、约克郡艺术社会工作室、Leadmill 夜总会、约克郡银幕委员会、海兰姆大学北方媒体学院等 300 多家文化组织和小型企业，主要从事电影、音乐、电台节目制作、新媒体、设计、摄影、表演艺术及传统工艺创作活动等。它们组合在一起所形成的庞大产业集群产生了相互聚合、渗透激活的"引爆效果"。著名的北京 798 艺术区也是有众多艺术家自发集聚并形成的产业集群。798 艺术区的前身是 718 联合厂，其特征是建筑风格具有包豪斯风格，体现出很强烈的工业文化风格，这吸引了其邻近的艺术家，于是，很多国内外知名的当代艺术家在 2000

年前后纷纷入驻，逐渐自发地形成了艺术家和艺术机构集聚的知名园区。其在北京乃至全国的影响力都是十分大的，已经成为我国当代艺术集聚区的典型代表。

　　第二类，文化产业集群——主导产业型。地域型产业集群是围绕某一类或某几类文化行业展开经营，而主导产业型则是围绕某一类或某一种产品的生产展开经营。这一类或这一种产品往往具有丰富的生命力，能够支撑集群的发展，如电影。最著名的案例就是好莱坞。在 1907 年以前，美国的纽约一直是电影、戏剧的中心。但是 1907 年是一个转折点，这一年《基督山伯爵》开始在洛杉矶投入拍摄，此后，很多电影公司、剧组也逐渐离开东部，而跑到气候条件更舒适，地貌风景更多样的洛杉矶地区拍摄电影，由此就带来了美国电影产业的西迁。逐渐地，好莱坞地区聚集了美国知名的几大电影公司，包括米高梅公司、派拉蒙公司、20 世纪福克斯公司、华纳兄弟公司、雷电华公司、环球公司、联美公司、哥伦比亚公司八大影视公司，由此正式进入了"好莱坞大制作片场时代"。20 世纪初的美国，是好莱坞大制片厂的时代，以制片人为中心的影片制作模式打造了好莱坞电影的黄金时代。荧幕上生动的故事和迷人的明星背后，是无数个影视创作部门、技术支撑部门、生产服务部门会聚在一起，按部就班、有条不紊的工作。20 世纪 60 年代开始，"新好莱坞电影"及电视走进千家万户，使这些分分合合的大公司逐渐升级了自身的产业机构，不仅仅像过去一样掌握电影的制作、发行、放映三大环节，也开始步入新闻和广播电视网络的业务行列。之后再逐步接触金融、商业和工业，逐渐成为雄霸一方的媒体巨头。而这些的起源都是 1907 年之前人们眼中的蛮荒之地——洛杉矶。我国的横店影视城一开始也是一个名不见经传的小山村，交通闭塞，不适宜耕种。20 世纪 90 年代，轰动一时的大制作《鸦片战争》因为偶然的机会，在横店建立外景基地。影片拍摄结束后，原来的布景不仅没有被拆掉，反而又新建了其他的景区，如"江南水乡"、"清明上河图"和"香港街"。这些景点都吸引了更多的摄制组前来驻扎取景。由于其吸引了越来越多的知名剧组，横店也逐渐变成我国首屈一指的影视外景基地。这吸引了更多的影视企业和相关服务机构入驻，从而在横店当地形成了一条完善的影视产业链。同时，横店集团还开发文化旅游项目，相关的配套设施也日趋完善。

第三类，文化产业集群——产品关联型。这种模式不是以相似产品或相同行业作为企业间相互吸引的关系，而是以产业链为绑定关系，文化公司和机构围绕一种产品的产业链而聚集，形成了高协作化、高效率、高集约化的生产效应。这一类集聚的优势不仅体现于此，也表现在能够更好地满足日益细化的分众市场。

第四类，文化产业集群——产业地方化和地方专业化型。这一类主要指生产和经营都在同一个区域内，其针对的也是某一类文化产品或企业。这个企业的集体，形成的集群效应所带来的优势，为集聚区的企业带来更好的收益。大芬村位于深圳市龙岗区布吉街道，原先是一个不起眼的客家人聚居村落，占地面积4平方千米，人均年收入不足200元。1989年，香港画家黄江来到此地进行油画收集和转销，逐渐形成油画生产、收购和集中外销一条龙产销体系，实现了产业的集聚效应。如今这里变成了以油画为主的艺术品生产基地，聚集了100多家油画公司，1 000多间画廊和近万名画工、画家和画商，各类美术工作室达到600家。2004年，实现产值1.4亿元，2005年突破2.9亿元。这充分显示了文化产业地方化、地方产业专业化的集群效应。

三、文化产业集聚的构成要素

（一）文化产业集聚构成要素

李万峰在《产业集聚区：科学发展观的科学体现：北京市文化创意产业集聚发展研究》一书中曾对产业集聚的形成条件有这样的归纳：某种产业集聚的形成可能需要具备以下共性条件：①可行性条件；②可能性条件；③外部环境条件；其中前两个属于内生条件，是集聚产生的内在动力，最后一个是外生性条件，是产业集聚产生的推动力量，内生和外生条件共同起作用才能最终形成一个相对成熟的产业集聚区[①]（表6-1）。

表6-1　产业集聚的形成条件及要素

条件	内涵	
可行性条件	产业在一个具有非均质的自然资源禀赋的空间上存在、具有规模报酬递增、存在交易成本、不完全竞争的市场、具有外部效应，上述任何一种条件都有使产业集聚现象得以发生的内在机制	
条件	要素	要素的诱因
可能性条件	可分性——产品生产过程	只有产品的生产过程可划分为明显的若干道程序，才能对各程序实行专业化分工，从而可以考虑有不同的生产组织形式，容易诱发形成产业集聚
	可运输性——最终产品	如果最终产品容易运输，但原材料、部件等难以运输，需要负责不同生产程序的上下游企业相互邻近，容易诱发形成产业集聚
	差异性——不同生产工序	在同一价值链上，不同企业协作，分别专注于不同的流程，利于绩效提高。越需要这种工作方式的企业，越容易形成产业集聚
	较长价值链	分散的价值增加体系内，上下游企业在交易之前和之后均需要进行沟通协调；并且特别定制半成品和部件，加进了企业之间的联系，容易诱发形成产业集聚
	网络型创新	网络型创新是具有不同专业化技能的企业联合协作而取得的渐进性创新；网络内的企业都能够从创新中得到收益；若一个产业高度需要由网络型创新推动其发展，则容易诱发形成产业集聚
	市场变动程度	相邻多个柔性生产的协作企业能比一个大型企业以更快的速度和更低成本适应快速变化市场，市场的易变性有利于诱发形成产业集聚

[①] 李万峰. 产业集聚区：科学发展观的科学体现——北京市文化创意产业集聚发展研究[M]. 北京：中国文联出版社，2010：57.

续表

条件	要素	要素的诱因
外部环境条件	生产要素结合	人才、资本要素在某一区域内较快的集中； 劳动力和产业技术充分自由地流动，实现与资本的自由组合
	市场发育	市场能充分供给并且市场能充分接纳在产业集聚区的大量产品（市场的范围包括本地市场及该地所能拓展的所有外延市场）
	制度支持	政府等正式制度与商业习惯、竞争文化、社会资本等非正式制度允许并鼓励集聚

（二）案例分析——横店影视城

横店影视城产业集群的基本架构建立在波特著名的"钻石模型"基础之上（图6-4）。

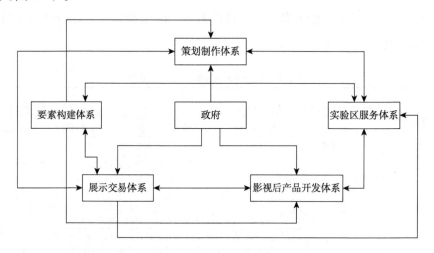

图6-4 横店影视城产业集群基本体系架构

在构建横店影视城产业集群时，共搭建了"五大体系"和"十大中心"，"五大体系"包括策划体系、融资体系、制作体系、展示交易体系和后期产品开发体系；"十大中心"包括影视投资中心、行政服务中心、影视剧本创作中心、高科技后期制作中心、影视人才教育培训中心、影视后产品研发中心、影视终端发行中心、高科技特色影视娱乐中心、影视生产服务中心、影视产业信息研究中心。在集群架构中，"五大体系"相互连接、相互作用，融合成横店影视产业集群。其要素构建体系主要包含影视拍摄基地、影视学院、演员工会、设备租赁等部门；策划体系和制作体系主要包括影视剧制作、栏目运营、动漫制作、剧本创作等部门；展示交易体系和后期产品开发体系则包括影视博览、电影节、院线建设、后期衍生产品这四大元素；融资体系则包含了投资公司和电影投资基金；商务服务体系则由政策咨询服务、行政审批服务、网络通信服务、宾馆餐饮服务、娱乐文体服务这五部分组成。它们共同组成了一条完整的产业链，从而实现了影视城的产业集聚（图 6-5）。

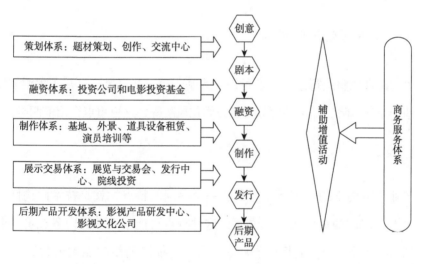

图 6-5　横店影视城产业集聚模式

　　由产业集聚的构成条件和横店的案例可以看出，构成一个产业集群的脉络可以遵循产业链的各个环节来设置相关要素，正如横店影视城产业集群的搭建是沿着影视生产的产业链进行的那样。同时，在构成体系中必须充分包含文化产品或服务生产过程中的分工、成品运输（包含实物运输和数字化网络运输）环节，同时必须在区内设置相应的生产要素（指人才、资本要素）、制度支持和响应市场发育等相关环节。

四、产业集群的风险成因

产业集群的组织业态是一种成员企业的类型，产业集群具有很多竞争的优势，但是由于处在动态的市场中，内部各种组成要素都面临着各种不确定的情况。概括地来讲，产业集群的风险成因主要有三类：内源性风险、外源性风险和结构性风险。

（一）内源性风险成因

对内源性风险进行细分，还可以分为基于信息共享风险、基于集群创新风险、基于品牌风险、基于环境应变能力僵化风险等，这里重点介绍前两类。

1. 基于信息共享风险的成因

产业集群内部的大多数企业具有一个共同的特点，就是技术同构性。这种特征有一定的消极作用：一方面，这种特点可能减少集群内各成员企业之间的协作和交流，从而使集群优势被限制，集群创新功能被弱化；另一方面，集群内可能存在一些不诚信的企业，这可能会使产业集群遭遇整体性的品牌信任危机。

产业集群内部的各企业也共享着很多内部资源，这些资源能够树立集群的竞争优势，但是这些优势一旦形成，也可能对其他方面的竞争产生有意无意的排斥行为，形成了共享性资源刚性，从而弱化了面对外部环境改变时集群的应变能力。畅通的信息交换渠道、集体诚信度、互动的竞争氛围、当地各个机构的参与和支持、集体性学习与知识共享，这些要素构成了共享性资源要素，它们既可以为集群带来竞争优势，也可能带来发展风险。

2. 基于集群创新风险的成因

集群创新的风险主要包含技术开发风险、科技成果转化风险、技术流失风险和新产品的比例（图 6-6）。

技术开发风险	产业集群创新是以市场需求为驱动机制，以宏观政策调控为导向，依托国内外良好的保障环境，以开创性地研发出新的技术为核心，从而实现特定产业创新目标。一旦技术开发偏离了预定的目标，将会导致创新资金的流失
科技成果转化风险	创新获取的科技成果只有转化为生产技术和管理技能，才可克服技术和市场不确定性，突破单个企业在从事技术创新时的能力局限，从而赢得收益增长。但是由于软硬件条件的局限，或者成本的局限性，先进的科技成果一时无法转化为生产技术，也会导致企业创新热情的降低
技术流失风险	产业集群内聚集了许多关联度很高的企业群体，一旦集群内有新的产品或工艺技术出现，很快就会在集群内传播开来，后进企业通过模仿和学习，从而缩小差距，节约了研发和生产成本。所以集群能使企业学习新技术、获取新信息变得容易和成本低廉化。对于集群以外的企业，这些创新性成果的转移，尤其核心知识的转移，伴随高昂的交易费用
新产品的比例	产业集群中除骨干企业以外，大都是中小企业，受规模、资金、人才等因素的影响，单个企业的自主开发能力较弱。新产品的开发和升级需要各个子企业协作、配套，集成的成套技术装备产品就会发生质的变化，配套子企业由于生产能力的局限，无法适应新产品生产的要求，也是产业集群创新中的风险

图 6-6　集群创新风险成因

（二）外源性风险成因

集群发展能力风险、市场风险、同业竞争性风险和周期性风险共同构成了外源性风险，本节介绍前两类风险。

1. 基于集群发展能力风险的成因

当产业集群规模小、资本薄弱、生产能力低下时，需要吸引投资，扩大规模。可是在引进社会资本的时候，资本负债率的升高可能为企业带来经营上的风险。资本收益率则更具有代表性和综合性，而它在风险性、时效性、价值性方面的缺陷却容易给集群带来风险。另外，产业集群发展的生命周期也容易带来发展能力方面的风险。例如，初期的产业集群，产业链不完善，竞争优势没有形成，这时集群是暴露在很多风险中的；而集群发展的末期，产能过剩、重复建设、过度竞争、创新能力弱、盲目跟风等更会造成企业利润下降，从而带来更多风险。

2. 基于市场风险的成因

产业集群基于市场风险包括来自产业安全的风险和来自产业链的风险。当产业链缺乏配套机制时，会阻碍产业集群的发展延伸，从而可能对整体竞争力的提升产生影响。产业集群如果过多依赖生产要素而缺乏应变能力，可能会导致出现市场风险，如当发生汇率变动或者世界性经济周期时，这种企业的产品需求量、供应价格、企业竞争力等都会受到很大影响。如果集群依赖低价格的竞争策略，还可能引起来自国际上的贸易性技术壁垒的制约及反倾销指控，从而对整体市场状况产生影响、造成诸多风险。

（三）结构性风险成因

这一部分的风险成因包含了基于集群结构调整的风险和基于集群政策型的风险。

1. 基于集群结构调整的风险成因

基于集群结构调整的风险包含如下内容。

第一，产业集群内的企业，由于地理位置接近，在竞争的自强化机制作用下，自发地遵守自然选择定律，适者生存，优胜劣汰。因为残酷的竞争现实，迫使企业自发地创新，自发地提高核心竞争力，当然，这样的内部竞争也为大部分企业（尤其是弱势企业）的生产和生存带来了更多的竞争性风险。

第二，专业化分工的深化程度制约着集群劳动力的生产规模、运输成本、工资水平、企业市场分布、交通运输成本等因素。

第三，产业集群的集中是企业竞争的结果，企业的集中度也反过来影响产业集群。集中度指数是衡量产业集中程度的指标。因为产业集群的集中度又密切关联着行业的盈利，因此集中度指标可以用来考察和预测集群发展的风险。

第四，地点专业性、物资专用性、人力资源专业性共同构成了资产的专用性。资产专用性能够用来提升企业竞争优势，但是它的增加会加剧企业交易成本，因而成为产业集群发展的又一类风险。

2. 基于集群政策性的风险成因

基于政策性的风险成因主要包含了四个问题，即政府能否规范同行的竞争行为；产业集群能否促使政府规范市场竞争行为；产业集群能否促使政府培育完善的服务体系以强化产业支撑；产业集群能否促进企业与科研机构、市场之间的交流与合作（图6-7）。

政府能否规范同行的竞争行为？	政府是否及时通过行政手段对集群的企业结构进行调整，针对集群企业不同的成员企业采用有保有压的灵活政策，扶植集群中有潜力的一些企业做大做强，从而发展成为集群发展的龙头企业
产业集群能否促使政府规范市场竞争行为？	市场繁荣时，产业集群内劣质产品的生产企业及不正当的竞争行为会影响集群的整体利益，出台有力的监督政策使得集群企业会彼此展开合作，避免恶性竞争，从而实现共赢；市场环境恶化时，集群企业普遍面临经营困难，为了生存，一些企业则不再服从集群约束，面对众多的竞争者，采取不道德的手段开展恶性竞争
产业集群能否促使政府培育完善的服务体系以强化产业支撑？	产业集群的发展离不开服务体系的建设。政府建设完善的服务体系可以帮助集群企业减少对非生产性领域的关注从而将主要精力集中于集群内主要业务的发展
产业集群能否促进企业与科研机构、市场之间的交流与合作？	产业集群能否通过信贷、税收等方面的优惠，促进企业与科研机构、市场之间的交流与合作，保证集群产业自身发展所必需的资金、技术和市场的可获性

图 6-7　政策性风险成因

五、产业集群风险评价模型——基于熵权的模糊评价

（一）建立产业集群风险指标体系

本节依据简单性和科学性、全面性和易操作性、定量和定性指标相结合的原则建立产业集群风险指标体系。根据前文分析的内容，将诱发产业集群发生风险的成因加以概括，继而形成产业集群风险指标体系。该体系的风险因素分为三类：内源性风险、外源性风险和结构性风险。其中，内源性风险包含信息共享风险、集群创新的风险、品牌风险和环境应变能力僵化风险；外源性风险包含集群发展能力的风险、市场风险、周期性风险、同业竞争性风险；结构性风险包含集群结构调整的风险、集群政策型风险。

（二）熵权模糊综合评价模型

在对模糊概念进行量化评定时，一般采用熵权模糊综合评价法。其目的

是量化具有模糊性质的指标。产业集群风险的评价指标包含很多可量化和不可量化的因素，比较适合采取熵权模糊综合评价法展开风险评价。

在具体评价中，还需要对指标赋权重，这是因为无论指标是否相同，其所具有的重要性都会对系统产生不同的影响，因此，赋权重是十分关键的一步。权重的赋值也十分关键，一般的赋权重都是通过经验判断，直接赋值，虽然简便快捷，但是难保科学的精确性，而且无法保证会有一致性的判断过程。而本节所采用的方法则采取了工程学中的熵技术，力求修正指标的权重，由此来进一步确保判断过程的一致性、结果的科学合理性。总体而言，熵权模糊综合评价法可以很好地量化处理产业集群风险指标中那些十分模糊的部分，有效规避判断过程的主观随意，强调了客观真实性，适合被用来评估产业集群风险。因此本节采用熵权模糊综合评价模型对产业集群风险进行评价。

1. 熵的基本原理

信息熵是系统无序程度的度量，它被定义为信息量的概率加权统计平均值，即

$$\varepsilon = -\sum_{i=1}^{y} p_i \lg p_i \qquad (6\text{-}1)$$

其中，p_i 表示事件概率。ε 则是 p_i 或 $p(x)$ 的函数，表示平均不确定性，用熵来确定权重。熵值越大，表示评价对象在某项指标上的值相差越小，该指标提供的信息量就越少，给予指标的权重也相应地要小；如果熵值越小，则相应的表示该指标提供的信息量越多，指标权重也就越大。

如果有 X 个评价指标，Y 个评价对象，那么原始数据矩阵则是 $\boldsymbol{R} = \left| r_{ij} \right|_{x \times y}$，而 i 指的是某一项指标，i 的指标值 r_{ij} 差异越大，则 i 在综合评价中发

挥的作用越大。但如果某项指标的指标值 r_{ij} 全部相等，则表示这一指标在综合评价中很可能不起作用。

2. 原始数据矩阵标准化

采用德尔菲法，邀请意见领袖，对评价指标体系中各指标的重要性打分，从而得到原始数据矩阵。那么，X 个评价指标，Y 个评价对象的原始数据矩阵是

$$r = \begin{bmatrix} r_{11} & r_{12} & \cdots & r_{1y} \\ r_{21} & r_{22} & \cdots & r_{2y} \\ \vdots & \vdots & & \vdots \\ r_{x1} & r_{x2} & \cdots & r_{xy} \end{bmatrix} \qquad (6\text{-}2)$$

标准化这一矩阵，得到新的矩阵 $\boldsymbol{B}$，$\boldsymbol{B} = \left(b_{ij}\right)_{x \times y}$，$b_{ij}$ 表示第 j 个评价指标对象在第 i 个评价指标上的标准值，$b \in [0,1]$。根据属性的区别，又可以分为成本型和效益型这两种指标。规范化处理各指标的方法如下：

成本型指标，指标值越小越好：

$$b_{ij} = \frac{\max\limits_{j}\left(r_{ij}\right) - r_{ij}}{\max\limits_{j}\left(r_{ij}\right) - \min\limits_{j}\left(r_{ij}\right)} \qquad (6\text{-}3)$$

效益型指标，指标值越大越好：

$$b_{ij} = \frac{r_{ij} - \min\limits_{j}\left(r_{ij}\right)}{\max\limits_{j}\left(r_{ij}\right) - \min\limits_{j}\left(r_{ij}\right)} \qquad (6\text{-}4)$$

3. 定义熵

在 X 个评价指标，Y 个评价对象的指标体系中，定义第 i 个评价指标的熵为

$$\varepsilon_i = \frac{-\sum_{j=1}^{y} g_{ij} \ln g_{ij}}{\ln y}, \ i = 1, 2, \cdots, x \qquad (6\text{-}5)$$

其中，

$$g_{ij} = \frac{b_{ij}}{\sum_{j=1}^{y} b_{ij}} \qquad (6\text{-}6)$$

当 $g_{ij} = 0$ 时，$g_{ij} \ln g_{ij} = 0$。

4. 熵权

定义了第 i 个评价指标熵后，得到其熵权定义：

$$s_i = \frac{1 - \varepsilon_i}{x - \sum_{i=1}^{x} \varepsilon_i} \qquad (6\text{-}7)$$

其中，$0 \leqslant s_i \leqslant 1$，$\sum_{i=1}^{x} s_i = 1$

5. 熵权综合评价

熵权综合评价值为

$$\theta_j = \sum_{i=1}^{x} s_i \cdot b_{ij}, \ j = 1, 2, \cdots, y \qquad (6\text{-}8)$$

6. 确定风险因素集

一级指标集：将因素集 M 按属性分成 x 个一级指标集 $\{M_1 \ M_2 \cdots M_x\}$，其中，M_i 是一级评价指标体系中第 i 个指标，$1 \leqslant i \leqslant x$。

二级指标集：每一个一级指标对应多个二级指标，因此

$$M_i = \{M_{i1} \ M_{i2} \cdots M_{ij} \cdots M_{ik}\}, \ (j = 1, 2, \cdots, k)$$

M_{ij} 表示对应的指标 M_i 的第 j 个二级指标，k 为对应的 M_i 的二级指标的个数。其他级别的指标以此类推。

7. 确定评判对象的评语集

评语集的确定，依据具体情况。例如，对项目实施进展的评价为两级指标，五个等级评语，即 $N = \{N_1 \ N_2 \ N_3 \ N_4 \ N_5\}$，评语集这五个评语分别表示：好，一般，中等，较差，差。可以对其赋值，如 N_1 代表"好"，分值是 80~100 分；N_2 代表"一般"；分值是 60~80 分；N_3 代表"中等"，分值是 40~60 分；N_4 代表"较差"，分值是 20~40 分；N_5 代表"差"，分值是 0~20 分。

8. 确定指标权重

一级指标集相应权重 $s = (s_1 \ s_2 \cdots s_x)$，二级指标集相应权重 $s_i = (s_{i1} \ s_{i2} \cdots s_{ik})$，以此类推。

9. 模糊判断矩阵

用模糊判断矩阵表示评价因子和评价等级的关系。设从 M_{ij} 到 N 的模糊判断矩阵为

$$B = \begin{bmatrix} b_{i11} & b_{i12} & \cdots & b_{i1e} \\ b_{i21} & b_{i22} & \cdots & b_{i2e} \\ \vdots & \vdots & & \vdots \\ b_{ik1} & b_{ik2} & \cdots & b_{ike} \end{bmatrix} \tag{6-9}$$

其中，e 表示评语集元素的个数；b_{ijp} 是子因素指标 M_{ij} 对于第 P 级评语 N_p 的隶属度。

$$b_{ijp} = \frac{x_{ijp}}{\sum_{p=1}^{e} X_{ijp}} \tag{6-10}$$

其中，X_{ijp} 表示对于指标 M_{ij} 有 X_{ijp} 个 N_p 级评语；$p=1,2,\cdots,e$。

10. 一级评价指标的模糊评判

对二级指标 M_{ij} 的评价矩阵 $\boldsymbol{B}_i$ 进行模糊矩阵运算，获得主因素层 M_i 对于评语集 N 的隶属度向量 $\boldsymbol{A}_i$，$\boldsymbol{A}_i = s_i \cdot \boldsymbol{B}_i$，$\boldsymbol{A}_i = \left(a_{i1}\ a_{i2}\cdots a_{ip}\cdots a_{ie} \right)$，其中

$$a_i = \min\left\{ 1, \sum_{j=1}^{k} s_{ij} b_{ijp} \right\}, \quad p=1,2,\cdots,e \qquad (6\text{-}11)$$

11. 二级评价指标的模糊评判

由上一步得到总的评价矩阵：

$$\boldsymbol{B} = \begin{bmatrix} A_1 \\ A_2 \\ \vdots \\ A_x \end{bmatrix} = \begin{bmatrix} a_{11} & a_{12} & \cdots & a_{1p} & \cdots & a_{1e} \\ a_{21} & a_{22} & \cdots & a_{2p} & \cdots & a_{2e} \\ \vdots & \vdots & & \vdots & & \vdots \\ a_{x1} & a_{x2} & \cdots & a_{xp} & \cdots & a_{xe} \end{bmatrix} \qquad (6\text{-}12)$$

进行模糊矩阵运算，得到目标层对评语集 N 的隶属向量 $\boldsymbol{A}$：

$$\boldsymbol{A} = \boldsymbol{S} \cdot \boldsymbol{B} = \left(S_1\ S_2 \cdots S_x \right) \circ \begin{bmatrix} b_1 \\ b_2 \\ \vdots \\ b_x \end{bmatrix} = \left(a_1\ a_2 \cdots a_p \cdots a_e \right) \qquad (6\text{-}13)$$

第二节　产业链的构成、运营及风险传播管理

一、文化产业链的构成

文化产业链，虽然名曰"链"，但实则是"网"，内部关系的作用方式

有单向，也有双向，更有横纵交叉。本节将其看作一个十分复杂的文化产业网络。风险则像病毒一样在产业网络上传播，对风险没有及时作出判断，或者应对策略不合理、无效果时，风险所造成的伤害往往牵一发而动全身。

从概念上看，文化产业链是以创意为构建的龙头，产业链的核心是由创意而产生的内容，在产业链上展开的活动包括了创意、生产、服务、销售、后续产品开发等。多数文化产业的企业都是通过发展规模经济和"一体化战略"来形成产业链，创造巨大的经济效益。

（一）构建产业链的要素

文化产业园是"产业集聚"的产物，因此产业园的发展将会是受多种因素综合作用的结果（图 6-8），这主要包含了由资源和创意构成的生产要素，由园区内企业的战略、结构、竞争等促成的品牌与核心竞争力，由消费者和市场决定的产品市场需求等，而这些因素正是形成文化产业园产业链的必备条件。只有将上述多重要素有机结合，即"以资源做基础""以创意引领生产""以市场提供需求""以品牌与核心竞争力作支撑"，并使各方充分发挥作用，再结合良好的运作，才能打造出好的文化产业链，进而提升文化产业园的竞争优势。

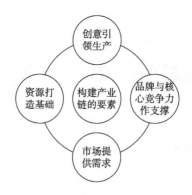

图 6-8　构建文化产业园产业链的要素

（二）产业链的组合模式

理想状态的文化产业园有三种经营的形态，第一种是集聚了企业总部的园区，其中也包含正在孵化中的小微企业；第二种是文化产业多类行业或一类行业的创意、原料、技术、产品、服务等内容的交易平台；第三种是专门以产业链形态出现的企业集聚群，如横店影视城。对于文化产业园，与其说构建其产业链，不如说是在寻找园区产业链的最佳组合模式。具体的，文化产业园可选择的产业链组合模式有三种，即强势带动型、优势互补型和均势整合型（表6-2）。

表6-2　文化产业园产业链的组合模式

组合模式	组合方式	适合的情况	举例
强势带动型	以强势文化资源或创意为核心来主导整个产业链构建的产业链组合	产业园有明显的强势资源或创意	嵩山文化产业园产业链以"禅武文化"为核心
	类型包含"资源依托型"和"创意引领型"两种		
	层次分为"核心产业链"、"支撑产业链"和"外围产业链"等		
优势互补型	由存在互补的产业以战略联盟的形式构建的产业链组合	产业园有可以形成互补效应的多个优势项目	迪士尼实现横向相关产业链的优势互补，其产业链组合包含影视、旅游、娱乐、餐饮、衍生产品等
	可以是具有上下游关系的产业，也可以是其他横向关联的产业		
均势整合型	以企业总部基地和交易平台的形式而构建的产业链组合	不具备上述两种优势，难以构建强势带动型和优势互补型的产业链组合	多功能一体化的整合型产业链组合，如影视基地和艺术品交易基地
	主要通过制定产业标准，跳出产品做产品，实现产业链的有效整合		

二、产业链的运营

（一）产业链的分类运营

在这里，产业链可以被划分为都市文化产业链和乡村文化产业链，各自在运营方面都有不同的要求（表6-3）。

表6-3 文化产业链分类运营要点

产业链分类	运营要求	具体内容
都市文化产业链	高效利用和创意整合城市优势资源	变化的都市内涵与都市结构，城市化与都市经济，都市产业与城市文化等，都将直接影响都市的文化产业链的发展
	突破原有体制障碍	突破行政壁垒和政策性障碍
	培育产业集群竞争力	发展文化产业竞争力主要需从产业实力、产业效益、产业关联、产业资源、产业能力、产业结构、产业环境等七个要素着手
	拓展产业资本的边际效应	拓展知识资本的边际效应；拓展人力和精神资本的边际效应；拓展跨国跨境资本的边际效应；拓展科技资本的边际效应；拓展体制与机制的边际效应等
乡村文化产业链	科学规划，完善创意，做好项目策划	规划、创意和项目策划，能使发展目标明确，使文化资源增值，使产业项目及企业的竞争力增强
	充分开发乡村特色资源	乡村文化资源大多是独一无二的，它们独具特色并且不可再生，需要很好地开发、保护和利用
	开拓产业市场	要注意开拓广阔的市场，千方百计让文化产品和服务从农村走进城市、走向国外
	提升现代技术水平	技术因素将会在运营产业链时起至至关重要的作用
	注重可持续发展	走可持续发展之路，在科学管理和技术利用的基础上，实现资源、环境、规模、效益的协调发展和持续发展

1. 运营都市文化产业链的要求

高效利用和创意整合城市优势资源。现代都市集中了社会文化的主体资源，都市文化资源与都市自组织系统、都市产业系统，以及都市非物质化经济形态的必然关联，决定了都市文化产业链的独特优势。大工业体系的构建，铁路的四通八达，高速公路的周边辐射，通商口岸的枢纽融通，为都市文化产业链的运营打造了坚实的基础。伴随技术的发展，都市中传统的产业结构在不断调整，如建筑业向环境工业转化，能源工业向资源服务业转化，印刷工业向媒体产业转化，电子工业向信息产业转化等，整体呈现出都市经济向非物质化转化的脉络。随之而变化的都市内涵与都市结构，城市化与都市经济，都市产业与城市文化等，都将直接影响都市的文化产业链的发展。

突破原有体制障碍。"基于现代都市人口密集、消费密度大、物流通畅、市场变化快等特点，都市文化产业链的运营需要充分依赖现代企业制度：首先要突破行政壁垒，全面实行城市中文化产业布局结构的战略性调整，让都市的经营性文化早日实现从文化事业向文化产业的转换，以市场化的文化体制和机制构建产业运行的制度性框架，构建文化生产力的规则性平台；其次，要突破政策性障碍，为文化产业链的运营创造良好的政策环境，以保证都市文化企业形成科学合理、灵活高效的管理体制和文化产品生产与服务的经营机制。①"

培育产业集群竞争力。文化产业的竞争其实是产业竞争力的竞争，都市文化产业集群只有培养出自己产业的竞争力才可以不断发展壮大。发展文化产业竞争力主要需从七个要素着手，分别为产业实力、产业效益、产业关联、产业资源、产业能力、产业结构、产业环境。

拓展产业资本的边际效应。"文化资本在向创意都市产业的发展中应当拓展出社会资本的边际效应；应当在向数字媒体、符号品牌等非物质经济发展中拓展出知识资本的边际效应；应当在向知识、智慧、艺术和娱乐服务业发展中拓展人力和精神资本的边际效应；应当在向非领土扩张的产业资本发展中拓展出跨国跨境资本的边际效应；应当在向科技前沿与核心竞争力延伸中拓展出科技资本的边际效应；应当在向国家产业战略与综合国力提升中拓展出体制与机制的边际效应等。②"

2. 运营乡村文化产业链的要求

乡村文化产业属于地域性文化产业、农耕文化和历史文化。乡村文化产

---

① 欧阳友权. 文化产业概论[M]. 长沙：湖南人民出版社，2007：129-130.
② 欧阳友权. 文化产业概论[M]. 长沙：湖南人民出版社，2007：131.

业集群的发展领域主要集中在文化旅游开发、传统节庆、祭祀活动创意策划、民间艺术项目表演宣传组织、民俗产品生产营销等文化休闲娱乐项目生产和文化艺术服务等产业领域。乡村文化产业链的发展具有较强的资源依赖性，而乡村产业集群在企业联动性方面表现较差，技术含量也比较低。因此，在运营产业链时需要注意如下五个方面。

科学规划，完善创意，做好项目策划。"科学规划是发展乡村文化产业的基础，完善创意是经营乡村文化产业的动力和源泉，做好项目策划则是壮大农村文化产业的关键；规划、创意和项目策划，能使发展目标明确，能使文化资源增值，也能使产业项目及企业的竞争力增强。[1]"

充分开发乡村特色资源。"乡村文化资源大多是独一无二的，它们独具特色并且不可再生，需要很好的开发、保护和利用。[2]"

开拓产业市场。"乡村地处偏远，信息闭塞，交通不便，人口密度不大，消费水平不高，文化需求不旺盛，市场细分能力较低，因此乡村文化产业集群的运营要注意开拓广阔的市场，千方百计让文化产品和服务从农村走进城市、走向境外、走向国外。[1]"

提升现代技术水平。"发展乡村文化产业必然涉及文化产品的生产和加工，从而离不开产品生产加工的工艺与技术；项目策划好、有创意，最终还需要有技术和相关生产设备的保证；因此，技术因素将会在运营产业链时起到至关重要的决定作用。[1]"

注重可持续发展。"农村文化资源多数是一次性、不可再生的；在产业化初期阶段，许多项目的开发利用都是粗放式经营，所创造的经济效益往往是以牺牲资源和污染环境为代价的；要实现文化的产业化经营，必须走可持

---

[1] 欧阳友权. 文化产业概论[M]. 长沙：湖南人民出版社，2007：133.
[2] 杨永忠. 创意产业经济学[M]. 福州：福建人民出版社，2009：243.

续发展之路，在科学管理和技术利用的基础上，实现资源、环境、规模、效益的协调发展和持续发展。"①

（二）产业链关联度分析要素

随着文化产业与其他产业不断融合，各产业之间的界限逐渐模糊，文化产品的生产既属于文化创意领域，又属于制造业领域。从理论角度看，经济活动越依赖涉及文化创意资源的增值，越会接近文化产业的核心范围。另一方面，文化产业的涵盖范围越广，产业链也会越来越长，在文化产业链中的各行业或产业，大部分不仅是要素的供给者，也是市场的需求方。供给者的责任是向产业链中其他的行业或产业提供生产要素，这包含了创意、技术、原材料等；需求者的责任则是在获取生产要素的同时在产业链上产生消费。对产业链运营的研究，离不开对产业关联效应的分析。

所谓产业关联，是指各产业的生产原料必定依靠着其他产业的产出，需要消费才能获得原料，而自身的产出又将成为另一些产业的需求，由对方消费而获得。如此以复杂网络的形式存在的产业关联模式，由于不断地在网络节点上进行着"供给-消费"的行为，而持续地催生各产业的发展、演变。但是，如果某个产业无法获得足够的原料供给，或者无法被其他产业提供足够的消费，那么这个产业将无法生存。由此可见，产业关联的运作是复杂、缜密的，关联的节点上各个产业的关系也是十分复杂、密切的。

产业关联的实质包括产品、劳务联系，产业技术联系，价格联系，劳动就业联系，投资联系（表6-4）。

表 6-4　产业关联的实质

关联的实质	内涵
产品、劳务联系	在社会生产中，一些部门为另一些产业部门提供产品或劳务；产业部门间相互提供产品或劳务
产业技术联系	一些产业部门为另一些产业部门提供满足技术性能要求的机器设备、产品零部件、原材料以及劳务等
价格联系	产业间产品和劳务联系的价值量的货币表现，产业间产品与劳务的"投入"与"产出"联系，必然表现为以货币为媒介的等价交换关系
劳动就业联系	某产业的发展带动相关产业的发展，从而增加劳动就业机会
投资联系	某产业的直接投资导致大量的相关产业的投资

资料来源：刘志迎. 现代产业经济学教程[M]. 北京：科学出版社，2010：213-214

产业关联方式的类型，依据不同的维度关系可分为三种，即前向关联与后向关联、单向关联与环向关联、直接关联与间接关联（图 6-9）。

前向关联与后向关联	单向关联与环向关联	直接关联与间接关联
·前向关联：通过供给联系与其他产业部门发生的关联； ·后向关联：通过需求联系与其他产业部门发生的关联	·单向关联：先行产业部门为后续产业部门提供产品，以供其生产时直接消耗，但后续产业部门的产品不再返回先行产业部门； ·环向关联：先行产业部门为后续产业部门提供产品，作为后续产业部门的生产性直接消耗，同时后续生产部门的产品也返回相关的先行产业部门	·直接关联：两个产业部门之间存在着直接提供产品，提供技术的联系； ·间接关联：两个产业部门本身不发生直接的生产技术联系，而是通过其他一些产业部门的中介才有联系

图 6-9　产业关联分类

产业关联分析就是对产业间的结构关系和产业波及效果进行分析，前者属于静态分析过程，后者则是动态的分析过程（表 6-5）。

表 6-5　产业关联的分析方法和基本工具

分析类别	基本工具	含义和用途
产业结构关系分析（静态分析）	投入产出分析法	表现经济中多部门之间相互关联关系的一种方法
	投入与产出模型	由系数、变量的函数关系组成的数学方程组构成，其模型建立的步骤是：先依据投入产出表计算各类系数，在此基础上依据投入产出表的平衡关系建立起投入产出的数学函数表达式

分析类别	基本工具	含义和用途
产业波及效果分析（动态分析）	投入系数表与波及效果分析	当某产业的最终需求有增加时，该产业的总产出就要相应有所增加，从而对该产业的中间投入也要相应增加，而中间投入增加的数量就是由投入系数决定的
		通过投入系数表还可以了解各产业在生产每一单位的产出时，需消耗其他产业的中间投入
	逆矩阵系数表与波及效果分析	由某一产业最终需求变化而引起的产业间连锁反应，在理论上将会无限扩展和持续下去，但其波及强度则会越来越弱，最终趋于消失；这种由强到弱的波及效果的总量的表达可以采用逆矩阵系数表

三、产业链的风险类型

当产业链外部或者内部发生一些变化时，产业链上某个环节或者某段环节上的企业遭遇经营的问题，而这个问题会对整个产业链带来一定程度的影响，这种影响可能会很严重，这就是产业链产生了风险。产业链风险由多种因素引发，具体分类方法为：按风险来源分类、按损失产生的原因分类、按风险波及的范围分类、按风险的控制程度分类。

1. 按风险来源分类

按风险来源分类，产业链风险可以分为内部风险和外部风险。

内部风险指的是由于产业链自身的结构特征而产生的风险和节点上企业在合作与竞争中产生的风险。内部风险表现形式为系统风险、信息风险、管理风险。系统风险来源于产业链的结构特征，即由节点企业构成的非线性动力学结构，这种结构包含了很多不确定的因素。信息风险的来源是在产业链上大量的企业进行信息的传递和交流，但是不免会发生信息不对称的现象，由此产生的不确定性就引发了信息风险。管理风险的来源在于产业链上管理机制的缺陷，如领导决策失误、不完善的管理制度等。

外部风险指的是活跃于产业链外部的风险。外部风险的表现形式为自然风险和市场风险。自然风险的来源是自然灾害，由此可能引发产业链无法正常运转。市场风险的来源是市场的波动，如市场上由于外力造成的产品价格波动。

2. 按损失产生原因分类

产业链风险按损失产生原因分类，则分为自然风险和人为风险。

自然风险来源是自然灾害。人为风险的来源是社会的政治或经济活动以及人的行为。因为引发的原因复杂，所以人为风险还可被再分为政治风险、经济风险、技术风险、行为风险。其中，政治风险是由政局或政策的变化引起的；经济风险是由经济因素引发，如通货膨胀、汇率变化、价格波动、需求变化等；技术风险是科学技术在发展中存在的缺陷和错误引发的风险；行为风险是产业链运营中工作人员的失误或故意行为造成的风险。

3. 按风险波及范围分类

产业链风险按风险波及范围可分为局部风险和全局风险。

其中，局部风险只影响产业链的局部环节，因为覆盖的范围小，可能造成的损失也不大。如果局部风险发生在一些对风险的抵抗能力很强的企业身上，则会很快被消解，从而不会对产业链其他环节形成伤害。而波及了产业链整个网络所有节点的风险，影响范围广，扩散速度快，产生致命损失的，则是全局风险。

4. 按风险控制程度分类

产业链风险按控制程度可以分为可控风险和不可控风险。

其中，风险的形成原因和条件如果能够被控制，则称为可控风险；如果是受到不可抗力影响的则为不可控风险，如自然灾害引起的风险。

四、产业链风险传播管理

当前，国内外大部分研究重心在于产业链的风险识别和风险评价，将产业链设定成静态的、孤立的观察对象，因而忽略了产业链的动态属性。事实上，产业链是各个节点环环相扣的动态复杂网络，风险则由产业链上的节点向一定的方向传递，因此，正如本节一开始所述，研究文化产业园产业链的风险管理方法，较为恰当的方式是将产业链、风险传播和复杂网络理论联系起来，将产业链视作一个运作方式十分复杂的网络，而文化企业、机构等则是这个复杂网络中分布的一个个节点。本书研究文化产业链的风险就是研究风险在网络中，各个节点上传播、流转、作用的规律和效果。此角度的研究，可以帮助提高整个产业链上风险管理的效率。

（一）产业链节点企业的分类

产业链并不是一个单向的静态链条，而是网状的拓扑结构。从产业链网络的拓扑结构可以发现，在节点上的各个文化企业和文化机构的类型和性质也不尽相同。有些企业专门负责生产核心产品，有些企业是原料的供给者，有些企业对其他企业进行着资金支持或者技术支持。

在本节中，节点企业包含了产业链上的企业、机构等多种成员，具体的节点企业分为四种：产品链节点企业、产品链辅助节点企业、金融类节点企业、科研类节点企业。

1. 产品链节点企业

文化产业链最核心的组成部分就是产品链，产品链上生产构成整个文化产业链"主要特征"的核心内容，是整个复杂网络生产和发展的动力源泉。产品链的形式更多地体现为供应链，其产生和存在的作用力是产品链上下游各企业的供需关系。在这样的供需关系中，原料逐渐转变，最终形成商品。

2. 产品链辅助节点企业

为产品链企业提供服务和一些辅助性产品，是产品链上辅助节点企业的职责。其作用是保证产品从生产到流通能够顺利完成。在文化产业中，这一类企业包含生产设备制造企业、传媒企业、服务企业等。这一类企业主要与产品链企业及本类别企业发生关联。

3. 金融类节点企业

产业链上各企业的融资、发展都离不开金融机构的帮助，因此金融类节点企业和机构的存在极为重要，其价值是维持产业链的稳定健康发展。这一类企业主要与产品链企业及其他类别企业发生关联。

4. 科研类节点企业

科研节点企业提供的技术创新是推动产业链发展的重要动力。这类节点企业主要包含研发核心产品和为核心产品提供创意的高校及科研院所。这一类企业主要与产品链企业发生关联。

当产业链上面的一些节点企业发生风险时，将借助企业之间的关联性，向产业链上其他的企业传播风险，因此使整个产业链面临风险，甚至发生恶化。借助复杂网络原理，产业链上风险传播管理的逻辑原则就是"事前预警+事后免疫"。依据这样的原则构建产业链企业的风险预警系统，尤其要留意重点企业的风险应对，同时也要确保产业链上一些企业可以分担风险，从而降低风险发生后的损失，将风险的发生范围控制在最小。

（二）产业链风险传播管理方法

1. 建立节点企业风险预警系统

建立节点企业风险预警系统可以分为四步，第一步，进行风险信息的全面采集和监控；第二步，组织对数据的评估和分析，从而决定是否进入警戒状态；第三步，如果自动报警，则需要形成相应的预警方案；第四步，以预警方案为基础决定化解风险的方案（图 6-10）。

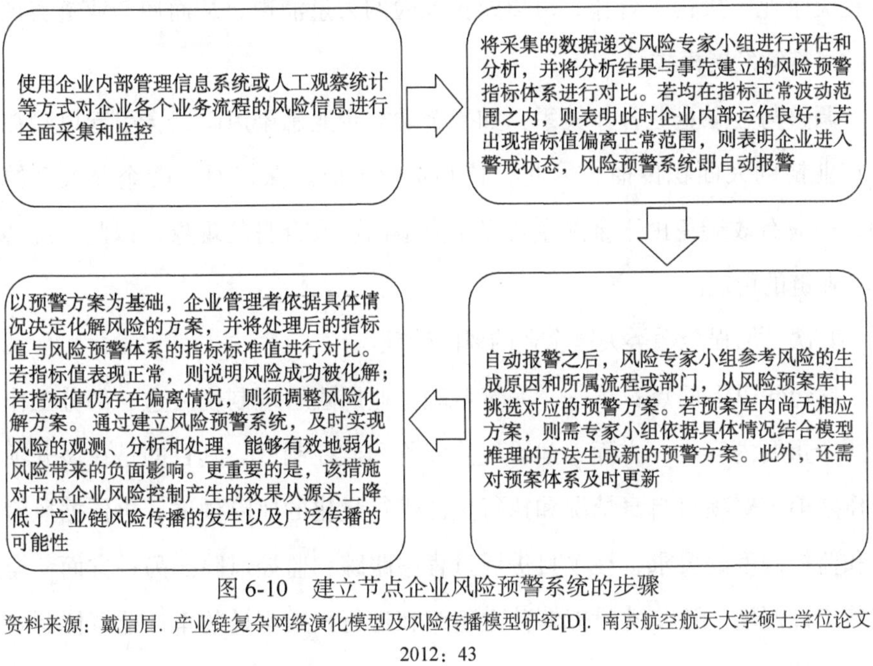

图 6-10　建立节点企业风险预警系统的步骤

资料来源：戴眉眉. 产业链复杂网络演化模型及风险传播模型研究[D]. 南京航空航天大学硕士学位论文 2012：43

2. 重点加强关键企业风险管理

加强关键企业风险管理的对象主要是产品链上关键企业和金融类的关键企业。

首先，对产品链关键企业的管理。

强化合作伙伴之间的信息共享：建议对产品链中的关键企业与其上下游企业之间进行无缝对接，企业间共享与风险有关的信息，确保整个产品链上各环节企业、机构实现相关信息的共享，协作抗击风险。

加大力度研发核心技术，加大力度进行产品内核的创新，确保长期保持与科研类企业的沟通、合作，以及关键性关联信息的共享。提高产品或服务的关键技术研发能力，不断翻新产品或服务的创意，从而生产出更符合市场需求的产品，增强核心竞争力。同时，由于科研类节点企业深受政府支持，与这类企业（机构）合作，可以避免风险的大量涌现，从而使产业链实现良好的可持续发展模式。

调整与金融企业合作关系：如果金融类企业感染风险，会引起风险在整个产业链的大面积传播，因此，核心企业不应该保持对金融企业太多的依赖，而应有效避免由于金融企业发生风险而波及自身的现象，以此来维持整个产业链的稳定。

其次，加强金融类关键企业的风险管理。

这包含以下两点：第一，完善金融企业风险管理制度。这一部分工作包含两个重要内容。一方面，建设风险评价和监控制度。其目的是在展开项目合作之前，对项目自身情况和执行主体进行量化的风险预估。再依据风险评价和监控制度的要求，在项目进展过程中跟踪和监控风险。另一方面，全面完善审计制度，逐步建设能够独立组织和进行权威审计的审计监督体制。第二，建立金融企业风险控制组织体系。以股权结构为依据建立金融类企业风险控制组织体系。由于董事会是金融企业经营管理的最高决策机构，因此以其为最高指挥建立风险控制组织架构，并在其下设置风险控制委员会，用来保证风险控制战略制定的有效性和实施的良好展开。

3. 构建节点企业风险分担机制

这一部分的目的不仅是对风险进行事前免疫，用以提高整个产业链对风险的自适应力；同时也发挥事后响应的作用，以减少单个企业需要承担的风险，促进企业尽快恢复。

首先，根据企业自身承担风险的能力分担风险。面对风险，产业链上各节点企业的应对能力各不相同，存在一定的差异。因此，应该保证各企业承担风险的能力高于其所需承担的风险，以此来稳定企业间的合作关系。具体方式是通过计算资本金的比值来测算企业风险承受力。企业资本金相对合作业务中投入的资本金比例越大，表示其对抗风险时的能力越强，反之，比值越小，能力越弱。

其次，根据风险损失大小原则分担风险。如果产业链上某个企业在某个环节是业务的实际执行者，但在这一环节发生风险时，该企业并不应当承担风险，或者不是风险损失最大的企业。但是如果仅让这一执行者承担风险，其效果往往会降低对各环节的风险约束，也减弱了各环节对风险控制的积极性。因此，如果发生类似情况，相对合理的方式是让损失最大的企业承担风险。这种方式能有效提升企业对风险的重视，自发增强对风险的控制和管理能力，从而强化产业链上各环节企业的风险约束能力，降低产业链发生风险的概率。

最后，竞争性风险分担方法。该方法主张对于具有关键性核心能力的节点企业，可以承担较少的风险份额。原因是，节点企业核心能力的获取并非朝夕之间，需要花费大量的时间、成本，且运用丰富的科学管理智慧才能实现。当承担大量风险时，这些有形和无形的投入，将会变成沉没成本，无法回收。因此，为了保证这部分投入不会遭受损失，才引入竞争性风险分担办法。同时这种承担办法，也可以激励节点企业努力研发，以提高核心竞争力。从而加强整个产业链的核心竞争力，提高风险应对能力。

第三节　产业组织风险

一、产业组织理论的内涵和与文化产业的关系

（一）产业组织的理论溯源

产业组织理论所描述的概念是用来解释市场现有组织方式的原因、运行原理及影响市场的方式。研究产业组织理论，一般都从实证和规范的角度出发。研究的对象是各种各样不完全竞争模型，分析的问题是在这一组织中各个企业的相互关系，同时也关注市场绩效和资源配置效率是如何被产业组织影响的。

产业组织理论诞生于 20 世纪 30~50 年代，正式的开创者是哈佛大学的梅森和贝恩。理论渊源和发展脉络可以通过图 6-11 来表示。

从 1976 年到现在，产业组织理论已发展成为跨经济学和管理学的重要学科理论和方法，研究产业组织，可以综合运用很多工具和方法，可以进行理论分析，也可以展开实证研究。产业组织理论和方法的应用范围也由原来的高度替代性的制造业逐渐向服务业延伸。在文化产业的研究领域，西方当前

1976年，亚当·斯密

《国富论》中系统论述了自由竞争机制所决定的价格体系是如何创造出一个理想的市场秩序的，这个理想的经济社会后来被描述为具有帕累托最优状态。认为竞争的结果总是使价格与成本一致，但是却忽略了规模经济的重要性

1980年，马歇尔（新古典经济学家）

《经济学原理》中，在劳动、资本、土地生产三要素之外，把"组织"作为第四生产要素引入经济分析。马歇尔的"组织"概念包含多个层次，企业内部的组织方式、产业内部企业间的组织方式、产业之间的组织方式等，后来的产业组织理论即是从第二层含义发展起来的，而产业结构理论对应第三层含义。在其庞大的经济学理论体系之中，马歇尔触及了大量有关产业组织的基本问题，包括产品差异、生产条件差异、广告费用等，因此被看作产业组织理论的先驱

1933年，张伯伦、罗宾逊夫人

各自独立出版了代表其垄断竞争理论观点的著作《垄断竞争理论》和《不完全竞争经济学》，他们认为产品差异使厂商面临向下倾斜的需求曲线，在定价上具有垄断性，不再是价格的接收者，从而长期中厂商的正常利润可能会不同，挑战了亚当·斯密"竞争的结果总是使价格与成本一致"以及马歇尔"一般可以通过竞争使市场价格与单位生产成本相等"的理论假定。这些概念与观点是现代产业组织理论的直接理论来源，张伯伦和罗宾逊夫人被看作现代产业组织理论的鼻祖

20世纪30~50年代，梅森和贝恩

产业组织理论以价格理论为基础，通过对现代市场经济发展过程中，产业内部竞争与垄断及规模经济的关系与矛盾的具体考察分析，着力探讨某种产业组织状况及其变动对产业配置效率的影响，从而为维护合理的市场秩序和经济效率提供理论依据和对策途径，确定了SCP范式

施蒂格勒、德姆塞兹、布罗曾、波斯纳（芝加哥学派）

在批判了贝恩等哈佛学派后，认为行业集中并不意味着必然存在垄断行为，更不意味着必然的行业低效率，是市场绩效和行为决定了市场结构，而不是倒过来。他们还认为市场竞争过程是一种"生存检验"过程，大企业的高利润是适者生存的进化机制选择的结果，因此不应对企业的规模进行干涉，因为垄断的形成在一定条件下正是效率的体现

威廉姆森、阿尔钦（新制度学派）

在产业行为分析中引入了交易费用理论，改变了传统SCP范式只从技术角度考察企业和只从垄断竞争角度考察市场的逻辑，对深入剖析由企业内部产权结构和组织结构的变化所导致的企业行为及市场绩效研究开拓了新的领域

20世纪80~90年代，泰勒尔、普拉特等

引入网络博弈和合作-非合作混合博弈、实验方法、宏观经济学研究中的时间序列分析等方法，大大拓展了产业组织的研究工具

图6-11 产业组织理论的发展脉络

主要还是专注于其所属的传媒领域，甚少用于研究文化产业园。

（二）文化产业组织研究的特殊性

与高度替代性的制造业相比，文化产业有其特殊性，这主要体现在如下五个方面。

第一，文化产业的核心是文化，这就使之包含了意识形态的特性，因此会受到所在政府的严格规制。以广播、电影、电视产业为例，大多数国家在此环节都会通过下达一定的行政法令进行有意的控制、引导、扶持，甚至有些国家在此环节是采取垄断措施的，如我国国家新闻出版广电总局从内容到渠道，对我国的影视行业实行了较为严格的管控，属于垄断性行业，因此在这一类行业里，外来企业的竞争空间非常小。从市场竞争度和竞争方式来看，文化产业较制造业的空间都小了很多。

第二，文化事业单位为数众多，非营利性机构大量存在于市场。由于存在很多事业型文化机构，其目的又是发展公共文化，因此这些事业型机构也有很多不同于竞争性企业的特点，那么企业与机构之间的关系就不是一般意义上的竞争关系。

第三，文化企业赖以竞争的文化产品之间没有较强的排他性。如果在制造业里，购买一台冰箱，可能选择甲品牌，就不会再买乙品牌；而不同于制造业，在文化产品的选择时，并不是非此即彼的关系。例如，选择看演出节目，只要时间允许，不同企业提供的演艺产品都是可以被消费者购买的。

第四，文化产品不仅没有"排他性"，反而还会有行业之间的感染性，对其他行业发展起一定促进作用。一项文化产品的成功，往往会鼓舞其他商家的同类文化产品出现，也会鼓舞文化产业内不同行业产品的出现。这类案例不胜枚举，前者，如美国漫威的漫画作品长期以来受到读者的欢迎，由此激励了以其系列漫画人物和故事改编的一系列电影、电视作品的拍摄，漫威的超级英雄系列形象在银幕上经久不衰，创造了一次次高票房的纪录，成为漫威公司的另一项重要产业。后者，如小说《狼图腾》的畅销，促使了电影《狼图腾》的上映，《盗墓笔记》《鬼吹灯》的风靡促进了相关影视作品的问世，反过来电影又会促进小说出版物的进一步热销。这些文化产品不像制造业的产品那样相互之间是更新换代的关系，这些文化产品是相互促进的关系。这就给研究文化产业的产业组织设置了一些疑惑。

第五，文化产品的边际成本很低。最典型的产业案例是网络游戏的运营，这很像量子力学中能级的跃迁，当产品用户达到一定规模之后，其利润获得了大面积的提升。原因是，运行一款游戏的成本始终保持在一个数量上，而少部分用户的存在，注定是利润不高，可是当用户非常多时，运营成本不变，用户所带来的收益减去不变的成本，利润当然会大大提升。

（三）文化产业组织研究的可行性

固然区别于一般的产业模式，但是文化产业是作为"产业"而存在的，其必然遵循一定的市场规律。因此，研究文化产业的途径依然可以是一般经济规律和研究方法，因此，产业组织理论仍然是可以用来研究文化产业的。

一方面，随着现代产业组织理论的发展，新的研究方法在逐渐涌现，在研究方法上不存在障碍，SCP范式和博弈论方法都可以应用于文化产业的产业组织研究中。

另一方面，不将整个文化产业作为研究对象，而只是对一个文化产业的部门进行实证研究，如文化产业园，这种方式将有效降低研究的难度，也提升研究结果的科学性。

由于本书的对象是文化产业园，所以根据上述观点，将本部分"产业组织"的研究范围设定在单个文化产业园，着重研究以园区为单位的产业组织方式，并主要采取SCP范式对文化产业园的产业组织进行分析。

二、产业组织理论对于文化产业的研究内容和评价方式

SCP 范式，即结构（structure）、行为（conduct）、绩效（performance）分析范式，是产业组织理论的核心内容。

（一）SCP 范式的分析框架及方法

表6-6是基于SCP范式对文化产业组织进行分析评价的框架，同时下文将具体讨论框架中每一部分的内容、思路和方法。

表 6-6　基于 SCP 范式的分析框架

一级构成指标	二级构成指标	三级构成指标
市场结构	市场集中度	
	产品差异化程度	
	市场壁垒	绝对成本优势、规模经济、沉没成本
	需求增长率	
市场行为	市场竞争行为	定价竞争、广告与推广、兼并行为
	市场协调行为	价格协调、产品共谋行为、相互间的合作
市场绩效	资源配置效率	利润率、社会福利
	规模结构效率	
	技术进步	企业规模与技术进步、市场结构与技术进步、新技术在市场上的扩散、专利与技术进步
	绩效综合评价	

1. 市场结构

产业市场结构就是企业市场关系的特征和形式，包括卖方（企业）之间的关系；买方（企业或消费者）之间的关系；买卖双方的关系；市场内现有的买方、卖方与正在进入或可能进入该市场的买方卖方之间的关系。

市场结构解释的是市场的竞争和垄断，又可以细分为四个类别，即完全竞争市场、完全垄断市场、寡头垄断市场、垄断竞争市场这四种不同的结构（图6-12）。

完全竞争市场（纯粹竞争市场）
市场集中度很低，市场拥有众多的买者和卖者，每个卖者提供的产品与每个买者购买的产品数量在市场总量中所占比例很小，对市场没有显著的影响力；产品的同一性很高，产品之间有完全的可替代性，谁提高价格，谁就会失去市场；不存在任何进入和退出市场的壁垒，没有任何政策限制；信息完备，所有买者和卖者都掌握与交易有关的一切信息

完全垄断市场
产业的绝对集中度为100%，市场上只有一个卖者；产品没有替代品，产品的需求交叉弹性为零；进入壁垒非常高，或者受法律禁止，或者受技术限制，还有可能起始资本非常大，一般企业无法承担等，新企业无法进入该行业。完全垄断的市场非常罕见，因为需求交叉弹性为零的产品基本没有

寡头垄断市场
产业高度集中，产业被少数大企业所控制，它们的产品在市场中占有很高的比例；产品基本同质或差别很大；进入或退出壁垒很高，一般的企业难以进入。寡头垄断市场是一种常见的市场结构形式

垄断竞争市场
一种比较接近现实经济状况的市场结构，介于完全竞争与完全垄断之间，偏向完全竞争。产业集中度低，市场内有很多的企业，每个企业的市场占有率较低，不具有显著影响市场的力量；产品有差别，各个企业都有自己的品牌，一定的定价权，但产品之间有一定的替代性；进入和退出壁垒较低，有一定实力的企业较易进入

图6-12 市场结构的分类

（1）市场集中度。

在特定产业、市场中，买家或者卖家具有怎样相对规模的结构指标，就是市场集中度。市场中垄断力量的形成与之有紧密的联系。对于市场集中度的评价方法有很多，行业集中度指标、赫芬达尔-赫希曼指数、洛伦兹曲线、

基尼系数、墒指数，这里只选用前两种评价方法。

首先，行业集中度指数。其研究公式是

$$CR_n = \sum (X_i)_n \Big/ \sum (X_i)_N \qquad (6\text{-}14)$$

其中，CR_n 表示产业规模最大的前 n 家企业的行业集中度；X_i 表示第 i 个企业的产值、产量、销售额、销售量、职工人数、资产总额等数值；n 表示企业数，一般取值4或8；N 表示这一产业中的企业总数。

贝恩依据产业内前四位和前八位企业的集中度指标，对不同垄断、竞争结合程度的产业市场结构作了如下分类（表6-7）。

表6-7　贝恩市场集中度结构分类

结构类型	CR_4（%）	CR_8（%）
寡占 I 型（高度寡占）	$CR_4 \geqslant 85$	—
寡占 II 型（高度集中）	$75 \leqslant CR_4 < 85$	$CR_8 \geqslant 85$
寡占 III 型（中上集中）	$50 \leqslant CR_4 < 75$	$75 \leqslant CR_8 < 85$
寡占 IV 型（中下集中）	$35 \leqslant CR_4 < 50$	$45 \leqslant CR_8 < 75$
寡占 V 型（低度集中）	$30 \leqslant CR_4 < 35$	$40 \leqslant CR_8 < 45$
竞争型（原子型）	$CR_4 < 30$	$CR_8 < 40$

其次，赫芬达尔-赫希曼指数，即 HHI 指数。该指数用来计量市场份额的变化，即计算厂商规模的离散度，能够综合地反映企业的数目和相对规模，能够反映行业集中度所无法反映的集中度的差别。HHI 指数的公式如下：

$$HHI = \sum_{i=1}^{N} (X_i/X)^2 = \sum_{i=1}^{N} S_i^2 \qquad (6\text{-}15)$$

其中，X 表示市场总规模；i 表示企业规模；$S_i = X_i/X$ 表示第 i 个企业的市场占有率；N 表示该产业内的企业数。

表 6-8 表示以 HHI 值为基准的市场结构分类。

表 6-8　以 HHI 值为基准的市场结构分类

市场结构	寡占型				竞争型	
	高寡占 I 型	高寡占 II 型	低寡占 I 型	低寡占 II 型	竞争 I 型	竞争 II 型
HHI 值	HHI ≥ 3 000	3 000 > HHI ≥ 1 800	1 800 > HHI ≥ 1 400	1 400 > HHI ≥ 1 000	1 000 > HHI ≥ 500	500 > HHI

（2）产品差异化程度。

这是一种与价格无关的竞争手段，产品差别化的含义是：企业通过各种方法使产品能够引发客户偏好的特殊性，由此可与其他商家提供的同类产品存在内容和形式上的不同，以此确保该企业同类商品的唯一性，进而确保该企业的市场竞争优势。产品差异化的实现途径大多是产品的品牌、外观、包装、相应的服务、营销方式等，对文化产品（服务）而言，则主要体现在产品的创意上。

对于文化产品，固然是种类越多、内容越丰富、创意越新奇，最终实现的效果就越好，但是对文化企业来说，一方面生产全新的文化产品投入较大，另一方面将面临未知的市场风险，因此文化产品的生产往往会有同质化的现象出现，尤其是中国电视剧市场。例如，前几年伴随一两部翻拍的红色经典电视剧的热映，电视屏幕上出现了翻拍红色经典的热潮；谍战剧《潜伏》的成功，带动了一批谍战剧的出现；《超级女声》的出现，激发了《快乐男声》的出现；《爸爸去哪儿》后面跟随着《爸爸回来了》；《中国好声音》带动了《中国好歌曲》《中国好舞蹈》《中国梦之声》等节目的出现；江苏卫视的《非诚勿扰》带动了一大批电视类相亲节目的出现，上述节目内容题材经常是换汤不换药，同质化现象严重，质量又参差不齐，这就造成这种类型的节目市场生命力很短暂，往往都是一窝蜂似的昙花一现，便都销声匿迹了。

文化产品的另辟蹊径，能够给企业带来独特的竞争力，也同样能给企业的文化产品带来较长时间的生命力。例如，借助知识产权保护的漫威公司对其旗下的超级英雄漫画形象把控是非常严格的，在看到卖给索尼影视的蜘蛛侠、卖给福克斯的神奇四侠和X战警系列赢得巨大的国际市场之后，漫威开始充分利用旗下尚未卖出的大量超级英雄形象。截至 2018 年底，"漫威电影宇宙"共诞生了 20 部电影、9 部短片、4 部网络衍生剧、11 部电视剧。漫威旗下数以千计的漫画形象是一个巨大的宝库，它固定的读者群组成了具有潜力的观众群，而最关键的是，这些超级英雄漫画形象的使用是严格受到法律保护的，其他公司未经许可是不能够拍摄这类形象的电影的，而其他公司新创造的超级英雄形象又未必会被那些受漫威文化熏陶已久的观众买账，因此漫威公司在短短几年内就构建了富有差异化特征以及较长生命力的文化产品经营模式。

（3）市场壁垒。

产业中的企业进入或退出市场时所遇到的障碍称为市场壁垒，用于解释市场中原来存在的企业和刚刚加入的企业二者之间的竞争关系。其中，构成进入壁垒的主要因素包含资本需求量、规模经济、政策法规、产品的差异化等。

绝对成本优势——在产品产量一定的情况下，即将进入的企业往往要比已经存在的企业需要更高的成本进行生产，因此较之原有企业，新进企业存在成本上的劣势。在贝恩看来，造成这种现象的原因有三个方面：首先，现有的企业可以通过知识产权的保护来控制生产技术，对于文化产业而言，可以是艺术形象的使用权。而新进企业需要开发新的技术或者开发新的品牌、艺术形象等，相对现有企业，这无疑就提高了生产成本，也就构成了竞争的劣势。其次，现有企业在管理方面经验丰富，员工的生产经验也丰富，而新进企业在企业管理、人员培训方面都要"从零做起"，因此管理成本大大增加。最后，供应链方面，现有企业相比新进企业，更有可能获取更为低价格的原材料，因此在生产投入的原材料采购这一层面上，现有企业的优势相当明显。

规模经济——新进入市场的企业若想实现生产、销售的规模效应，必须要先占据一定数量的市场份额。而在占据市场份额的过程中，新进企业不仅在生产成本方面，也在销售成本方面会较之现有企业存在很明显的劣势。因此，大部分新进企业会选择一开始以较低的经济规模进入市场，尤其对于制造业，这种情况可能会导致市场上产品价格的大幅下跌，有可能会跌到单位成本之下。

沉没成本——已经付出的、无法回收的成本，如时间、精力或很难变现的设备，就是沉没成本。沉没成本是即将进入市场的企业进行投资决策时必须要考虑的问题，因为一旦选择退出市场，某些前期投入的无法变现的设备、时间、员工培训费用、员工工资、企业精力等是无法回收的，这些就全部变成了沉没成本。

（4）需求增长率。

衡量行业发展潜力的一项重要指标就是 ARPU（average revenue per user，每户平均收入）。在一定时间内，ARPU 越高，行业的盈利能力就越好。但是这个指标也存在极限，因为消费者购买理性决定不可能无止境地投资消费这一产品。因此，在 ARPU 达到一定程度之后就处于饱和状态，其行业的发展潜力自然会受到抑制，一般情况下，这一行业的发展就会处于停滞状态，如果这时选择进入市场就是企业十分不明智的举动。

2. 市场行为

市场行为，也指企业行为，是企业在市场上想要实现诸如提高市场占有率、利润最大化等目标而采取的调整自身行为的行为，主要包括研究费用支出、定价行为、遏制竞争对手、广告等方面。市场行为与市场结构的关系是，既受其形态和特征的制约，也影响其形态和特征的发展。市场行为包含"市场竞争行为"和"市场调节行为"。

第一，市场竞争行为。

定价竞争——定价是企业为实现市场竞争而采取的最直接的手段。寡占企业在寡占市场中决定自身产品价格时，往往先考虑这一价格的决策会对市场有哪些影响，以及竞争者的反应，然后再根据市场和竞争者的反应制定、调整企业的价格策略。具体的方法有两种：一种是采取限定性定价，价格被限定在只获取利润的水平上，新进企业对于这一价格是没有什么利润空间的，这样就可以吓退新进的竞争者；另一种是采取掠夺性的定价策略，价格低到可能已经在成本之下，同样更能够吓退新进竞争者。对于谋求长期利润最大化的原有企业来说，这两种定价策略不会让自己吃亏，但是价格竞争在损害别人的同时也在损害企业自身的利益，有时可能造成企业在一定时间内元气大伤，因此作为竞争的手段，企业更愿意选择一些非价格竞争的方式，如广告和推广。

广告与推广——除定价竞争之外，企业最常使用的竞争手段就是广告行为，它是最常使用也是更重要的竞争行为。广告和推广构成了企业整合营销的重要部分，它可以直接介绍企业的状况、品牌、产品。通过广告和推广，可以帮助企业树立良好的公众形象。市场中企业之间关于广告的竞争、对于新闻头条的争夺，也是一场没有硝烟的战争，如2015年春节前夕，支付宝计划通过各大媒体介绍除夕夜支付宝发红包的活动，由此实现支付宝进一步扩展市场和实现融资的构想。没有想到的是，与微信红包合作的京东商城总裁用自身回乡探亲的新闻抢走了新闻头条，也抢走了公众对支付宝更多的关注，因此支付宝的广告在一种不温不火的状态下宣传了三天，最终还是败给了善于夺人眼球的腾讯和京东。

兼并行为——为阻止新的企业进入，为增强自身的竞争力，壮大企业的实力，企业会进行并购。市场结构会因此而改变，市场的竞争态势也会改变，同时也有可能产生企业对市场垄断的局面，最终结果是形成更高的进入壁垒。企业兼并行为主要包含行业内并购、跨行业并购和地域布局并购这三种模式。

第二，市场协调行为。

企业之间除了会进行激烈的市场竞争之外，在一些情况下，也会为了共同的目标而实施一致的市场行为，这就是市场协调行为。它和市场竞争行为共同构成了最基本的市场关系。市场协调行为包含了价格协调、产品共谋行为及相互间的合作。

价格协调——第一种是价格卡特尔。在市场竞争中，企业的利润除了依赖企业自身的决策，同时也倚仗市场行为，并且其他企业的行为也必将影响其利润，因此企业之间为追求利润，经常会通过结盟的方式来实现，同时也可以避免其他企业带来的竞争，这一联盟就是卡特尔。第二种是价格领导制。在市场中，当一个企业率先对价格做出调整，其他的企业为保持利润，也相应地要改变自己产品的价格，这就是价格领导制。它包含主导企业领导定价、串谋领导定价和晴雨表式领导定价。

产品共谋行为——企业在行业内生产类似的产品就是产品共谋行为。一种情况是，当主流的企业产品定下基调之后，其他企业为了避免直接的竞争，都会模仿主流企业的产品模式进行生产，制造业中这种情况出现较多。文化产业中也有类似的情况，正如前文所述的电视行业。当然，适当的产品模仿可以带来市场，如《爸爸去哪儿》就是参照的韩国一档亲子类真人秀节目，《超级女声》模仿的是英国的《流行偶像》，这都在中国市场掀起了收视的热潮。这一类产品共谋行为的优势在于国内这些节目是最先将外国优秀电视模式引进的，因此是成功的，可是当国内的众多电视台也开始肆意模仿的时候，同质化现象就会愈演愈烈了。

相互间的合作——除了价格协调和产品共谋，企业在产业内的协调行为具体还包括了信息共享、合作研发、相互支持售后服务等，这些统一被归纳为相互间合作的市场行为。

3. 市场绩效

在市场结构中，由于市场行为的作用而产生的成本、产量、价格、品种、利润、质量、技术进步等形式的最终经济成果，叫作市场绩效。它反映的是在市场结构和市场行为作用下的市场运行结果。不同于前文对市场结构和市场行为的分析和评价，市场绩效的着眼点不在企业，而在于产业乃至国民经济的层面。例如，同样对于利润率的研究，如果着眼于企业，那么利润率越高，表示企业效益越好；而如果着眼于产业和国民经济层面，那么利润率越高，则可能表示市场上垄断越严重，抑制社会资源配置更加不合理。因此，产业组织研究中对市场绩效的评判，其实关心的是整个社会的福利。

对文化产业的市场绩效评估其实存在一定的困难之处。但就产品而言，原因就可以表现在如下三方面：首先，文化产品是精神层面的消费品，不同于制造业，文化产品不存在刚性需求，因此很难确定消费者剩余；其次，一千个观众心目中有一千个哈姆雷特，因此无法既统一又客观评价某一文化产品在所有消费者中的剩余；最后，确定文化产品的价值不能仅凭借其受欢迎程度，还要考虑其社会价值，而这又很难估量。除此之外，还有对产品质量的评估、对人力资源利用效率的评估等，都是很难凭借一般经济学方法评估出确切的绩效数值的，因此评价文化产业的绩效，单看指标数值是不全面、不客观的。

第一，资源配置效率。

利润率——计算利润率的一般方法是 $R=(\pi-T)/E$，其中，R 表示税后资本收益率，π 表示税前的利润，T 表示总的税收额，E 则是自有资本。微观经济学认为，资源配置最优的情况是出现在完全竞争的市场结构下的，这时企业所得利润是正常的，并且不同的行业利润水平应该是十分相近的，而利润越高，则表示市场距离完全竞争的理想状态越远，那么社会资源的配置率则越低。

社会福利——在微观经济学中，资源配置最优时，社会福利将会最大。衡量资源配置效率的指标是生产者剩余、消费者剩余以及社会总剩余。其中，消费者剩余的含义是：购买一件产品而获得的效用减去产品价格所获得的净得利益。商品价格越低，消费者剩余越大，而商品价格越高，消费者剩余越小。值得注意的是，消费者剩余是指消费者购买、消费这一商品时所获取的满足感，而不是物质上的剩余。依上文所述，同一个文化产品的消费者剩余，因为存在消费者之间对其认识的差异性，所以较难用指标数值进行客观的判断。

资源配置效率的评价——依据前文已经提到的内容，资源配置效率高低受市场竞争是否充分来决定，垄断程度越高，资源配置率越低。只要有消费活动就会有效率，有生产活动时也会产生效率，而且消费活动与生产活动在本质上能够取得一致。而市场竞争时发生的各种不必要的行为，产生的各种不必要的开支，都是在浪费社会资源，进而会降低社会资源应用的效率。

第二，规模结构效率。

当生产规模降低时，产品的单位成本会提高，当产品规模提升时，产品的单位成本则降低，这就是规模经济的作用规律。规模经济又包含了产品规模经济、工厂规模经济、企业规模经济和行业规模经济。规模经济的研究对象是整个产业，而不是具体的哪一个企业。

对于文化产业园有借鉴意义的概念是：企业的规模经济，是指企业通过纵向一体化或横向一体化实现的规模效益。它的效果是大范围降低成本和销售费用，使企业的竞争能力获得提升，对亏损进行承担以及抵抗风险。因此对于产业园的规模经济实现有两种常见方式：纵向一体化和自组织系统的建立。

纵向一体化——如果出现图 6-13 两种情况中的一种，即认为上下游生产过程是一体化的。

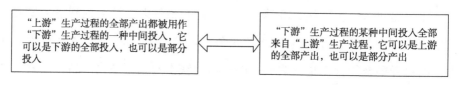

图 6-13　纵向一体化概念示意图

纵向一体化的效应有正反两个方面。

纵向一体化的正面效应：厂商之所以在经济活动中选择进行纵向一体化，通常被认为是纵向一体化对其产生了若干好处，如提高技术效率、节约交易成本、保障供应、避免政府干预、增加垄断利润的一体化。

纵向一体化的负面效应：厂商推行纵向一体化，从自身的角度考虑，可能出自提高效率的目的。但是，纵向一体化往往也会带来负面效应。第一，纵向一体化企业对其他独立经营企业会产生"价格压榨"。如果在一个产业中，一体化企业控制了生产某种产品的中间投入品，则与之在最终产品市场上竞争的其他独立企业必须从该一体化企业购买中间投入品的时候，往往会面临该一体化企业的"价格压榨"；一体化企业通过提高中间投入品价格和低价销售最终品的策略对其他独立企业进行两头挤压。第二，纵向一体化可能形成更大的进入障碍。如果某种产品的生产是高度纵向一体化的，试图进入此产品市场的新厂商就必须在多个生产阶段同时进入。由于同时进入不同的生产环节需要更多资金和更大的经营风险，潜在的竞争厂商往往会延迟进入或者"望而却步"，使得纵向一体化企业的垄断地位不容易被打破。第三，实行纵向一体化会增加企业经营风险。首先，纵向一体化会使迫使企业将经营范围向"前向"或"后向"拓展，这样一来企业的资金负担就会加重；其次，纵向一体化会使企业的经营"战线"过长，从而难以集中优势力量发展核心竞争力；最后，过长的经营"战线"也会加重企业管理负担，使企业的管理者疲于应对，最终会降低企业面对市场变化时的反应力，总之，纵向一体化会加重企业生产、经营的风险。

自组织系统——为降低文化产业园运营风险，构建产业集群的自组织系统是很有必要的。在一定情境下，它既可以帮助集群内部新的企业加入，也可以降低外部企业的竞争所带来的风险，同时对于其消费者也会带来一定的利益并塑造集群内有序的竞争环境。这就涉及必须通过进一步发挥纵向约束的理念，建立一个科学完善的自组织系统。所谓集聚区内自组织行为，是指集聚区内企业对环境进行适应，通过自身选择来改变环境，从而形成各种新的、有序状态的行为；这些行为包括企业经营趋同、集体学习、理性选择、代表集群整体对外谈判，形成关系契约和道德契约、培育集群文化、调解企业间矛盾和冲突及集体治理等。文化产业园的自组织行为表现在适应环境和应对外部条件的能力上。理论上，文化产业园的很多文化企业的经营策略、合作策略和竞争行为应该具有快速适应市场环境变化的能力，因此，园区内的企业需要在园区及自身发展的进程中不断向各方学习，进而优化自身的策略和结构。当园区内企业通过相互学习、借鉴、指导、评价等方式获得了明显进步后，整个产业园的系统也会向有序运营的高度进化。那么具体的方式就是在园区内部企业之间形成一些特定的规则和"关系契约"。例如，成立行业协会，不仅可以促进园内企业之间的协作和互助关系，也可以代表园内企业与外界沟通、谈判等。因此，一个成熟的文化产业园应该具备"自组织"系统，提高企业间"自组织"、"自学习"和"自适应"的能力，以期通过企业间的互助和互动，提高自身经营水平，增强企业及园区风险抵抗的能力。

第三，技术进步。

产业内的发明、创新、技术转移就是产业的技术进步，其最终表现形式为经济增长，用于衡量经济绩效。

第一个阶段是发明。这一阶段对应的工作是研究开发，用于对新产品进行研发，在文化产业里，主要是创意，同时也可能是专注于从生产手段上进行革新。

第二个阶段是创新。这是指发明的第一次应用，从而产生了新的产品或新的生产方式。

第三个阶段是模仿，也可以叫作技术转移或扩散，是指当新的产品和新的生产方式被广泛采用时，人们有意识的对这些技术进行模仿和扩散。如 3D 电影的出现，使电影行业开始了 2D 转 3D 的浪潮，IMAX 的出现，也随即诞生了大量巨幕电影。

企业规模与技术进步——针对企业规模与技术进步之间的关系以及技术进步的浪潮中不同规模的企业发挥的作用和所处的地位这一问题，目前经济学家由于侧重点不同而研究结论各不相同。但是，单从实际贡献的角度看，不同规模的企业在发明、创新阶段的作用与其产业类别和技术进步阶段的特点、专业化分工程度、政府政策等因素有着密切的联系。

市场结构与技术进步——在成本和创始条件完全相同的情况下，不同的市场结构会有不同的创新预期收益。例如，完全竞争市场的创新预期收益就高于完全垄断市场。当寡头垄断企业进行加速技术创新时，它所获得的市场份额潜力很小，那么这样的企业就不会进行积极的创新。但是当受到积极创新的小企业的竞争威胁时，寡头垄断企业就不得不提高技术的创新效率。寡头垄断市场中，小企业往往会成为技术进步的有力推动者。因此，当前人们提倡市场结构应该是以寡头为主导，大中小企业并存，人们相信这样的结构更利于技术进步。

新技术在市场上的扩散——这是新技术效益最大化的时期，它描述的是一个过程，是新技术在向整个产业蔓延、发挥作用。每一个被波及的企业都会主动"应战"，或研发或购买这种新的技术。这一过程被分为扩散初期、扩散中期和扩散晚期。在扩散初期里，企业对于新技术的生命力、市场认可度等都不是很有把握，往往采取观望态度，因此这一过程进展缓慢；在扩散中期，新技术的收益有目共睹，企业开始加速去模仿它，因此这一阶段技术扩散的进展非常快；在扩散晚期，基本上所有企业都能模仿这一技术了，因此其扩散的速度逐渐放缓，从而进入平缓增长期。

专利与技术进步——专利被认为是一种合法的垄断行为。专利制度通过授予专利权持有者一定时期内的技术垄断来鼓励更多企业进行发明活动，因此，在这一层次上，专利制度是能够促进技术的进步的。对于文化产业而言，产品的知识产权非常重要。例如，漫威公司拥有大量超级英雄漫画形象，已经制订了未来十几年内的影片、电视剧、短片等创作计划，知识产权对于保护、维持漫威公司的市场竞争力提供了有利的帮助。而未经许可和授权，其他公司不能使用漫威的形象进行影片创作，为了抢占影视市场的份额，这就要求其他公司必须想尽办法进行角色、故事的创新，以此来与票房收入日渐高涨的漫威公司抗衡。

第四，绩效综合评价。

综合评价是指从多个角度，依照多种不同的指标，全面分析、解读和判断产业的某些现象的评价方法。其方法分为两类，即依据确定性指标的综合评价法和依据非确定性指标的综合评价法。依据确定性指标的综合评价法所使用的研究方法包含灰色关联度评价法、主成分分析与因子分析方法、综合评价方法、距离综合评价法、数据包络分析法、聚类分析与判别分析方法；依据非确定性指标的综合评价方法常采用模糊综合评价方法和多维标度法。

文化产业的产业绩效研究涉及的层面很广，层次很多，并且需要定性与定量相结合，因此模糊综合评价法比较适用于研究此类问题。该方法研究文化产业组织绩效的模型和步骤如下：

单级评价模型——单级综合评价的数学模型如下：

设综合评判多种因素的集合为

$$A = \{A_1, A_2, \cdots, A_x\}$$

评语集合为

$$B = \{B_1, B_2, \cdots, B_x\}$$

则，A 到 B 上的模糊关系矩阵为

$$C \in \prod(A \times B)$$

又设各评判因素的权重为 E，即 A 上的模糊子集，则综合评判数学模型为：模糊变换 $E \times C = F$。其中，F 是 B 上的模糊子集，也就是评判结果。

具体的步骤是，第一步，确定 C：用各种可行方法分别将因素集 A 中的各个因素做出对于评语集 B 中各评语的单因素判断，得到 A 和 B 之间的模糊矩阵 C。第二步，确定 E：对因素集 A 中的各个因素确定在被评判事物中的重要程度，即确定其权重，权重之和等于 1。并且，可以使用德尔菲法、层次分析

法、加权平均化、专家调查法等进行权重 E 的确定。第三步，确定 F：模糊变换 $F = E \times C$，F 表示评语集 B 上事物的综合评判结果。

$$F = E \times \boldsymbol{C} = E \times \begin{bmatrix} F_1 \\ \vdots \\ F_x \end{bmatrix} = E \times \begin{bmatrix} E_1 \times C_1 \\ \vdots \\ E_x \times C_x \end{bmatrix} = (f_1, \cdots, f_x) \qquad （6\text{-}16）$$

多层模糊综合评判模型——在复杂系统中进行综合评判，因素有很多不同的层次，很难确定权重的分配，即使确定了权重分配，为了满足归一性，分给每个因素的权重也会很小。因此经过模糊运算后，很多信息可能会被淹没，也可能得不到任何结果。所以，对于这种复杂的多层次系统，可以采用多层次综合评判模型。

假设一个二层模型，其评判的步骤如下。

首先，对因素集 A 作一划分，分成 x 个子集 $A_1, A_2, \cdots, A_x$，使 $A = A_1 \bigcup A_2 \bigcup \cdots \bigcup A_x$，且 $n \neq m$，$A_n \bigcap A_m = \varnothing$，$A_n$ 是第 n 个子因素集，并有 G_n 个评价因素：$A_n = \{A_n g_1, A_n g_2, \cdots, A_n g_x\}$，$n = 1, 2, \cdots, x$，且总因素的个数是 $(g_1 + g_2 + \cdots + g_x)$。

其次，对每个子因素集 $A_n = \{A_n g_1, A_n g_2, \cdots, A_n g_x\}$，$n = 1, 2, \cdots, x$，作为单层综合评判子因素集 A_n 到评语集 B 的模糊矩阵为 C_n，E_n 是 A_n 中各因素的权重，因而 A_n 上单层综合评判结果为 $F_n = E_n \times C_n = (f_n g_1, f_n g_2, \cdots, f_n g_x)$，其中 F_n 是上层综合评判中总因素集 A 与评价集 B 的模糊矩阵 C 中的 n 行元素。

最后，对第二步划分的 x 个因素 $A = (A_1, A_2, \cdots, A_x)$，按单层综合评判法进行综合评判，进而得到多层综合评判结果 F。

$$C = \begin{bmatrix} c_{11} & c_{12} & \cdots & c_{1y} \\ c_{21} & c_{22} & \cdots & c_{2y} \\ \vdots & \vdots & & \vdots \\ c_{x1} & c_{x2} & \cdots & c_{xy} \end{bmatrix} \tag{6-17}$$

其中，因素集 A 到评价集 B 上的模糊矩阵为 C，c_{nm} 表示对应于评价因素 u_n 的该评语集第 m 个评语。

A 中各因素权重为 E，$E_n = \left(e_{n1}, e_{n2}, \cdots, e_{ng}\right)$

$$C = \begin{bmatrix} F_1 \\ \vdots \\ F_x \end{bmatrix}$$

$$\left(f_1, f_2, \cdots, f_y\right) = \left(e_1, e_2, \cdots, e_x\right) \circ \begin{bmatrix} c_{11} & c_{12} & \cdots & c_{1y} \\ c_{21} & c_{22} & \cdots & c_{2y} \\ \vdots & \vdots & & \vdots \\ c_{x1} & c_{x2} & \cdots & c_{xy} \end{bmatrix} \tag{6-18}$$

其中，$f_m = \bigvee\limits_{n=1}^{x} \left(e_n \wedge c_{nm}\right)$。

（二）SCP 范式的局限性

经济学界普遍认为，SCP 范式的分析框架对于开展行业内及跨行业分析很有效。当然也会在"行业异质性""计量结构内生性问题""识别问题""数据处理"等方面存在一些缺陷。很多学者认为，缺乏理论基础的 SCP 范式不可能通过几个指标就能描述清楚市场结构和市场绩效之间的因果联系。

与此同时，NEIO（New Empirial Industrial Organization，新实证主义产业组织学）方法、协整模型、误差修正模型、经济时间序列的线性和非线性模型、双线性模型、Threshold 自回归模型、混沌模型等都在产业组织理论中得到了广泛的应用。

因此，对于文化产业和文化产业园的产业组织研究也期待更为科学，更符合文化产业特色的研究方法和研究模型。

◎ 本章小结

这一章主要研究了文化产业园的运营风险。其风险内容分为三大类：文化产业集群构建风险、产业链风险、产业组织风险。

在集群构建风险中，首先，对产业集群理论的发展做了简要的梳理，列举了具有代表性意义的一些理论，以此作为本部分研究的理论支撑；其次，先后分析了集群的形成类型和集聚的构成要素；紧接着分析了影响产业集群风险的成因；由于该部分风险要素既包含了定性元素，也包含了定量元素，所以，在此基础上提出了适合分析产业集群风险的评价模型，即基于熵权的模糊综合评价模型。模糊综合评价法十分适合评价这种复杂的要素集合。

在产业链风险中，本章主要讨论了四个重要问题，即产业链构成、产业链运营、产业链风险类型、产业链的风险传播管理。由于产业链跨越的层次和范围比较广泛，因此本书选择介绍产业链的风险传播，该传播模式类似复杂网络的作用原理。由于该复杂网络的内容过于宏观，涉及的范围已经超出了产业园的管理范畴，而且超出产业园管理主体的风险监控能力范围，因此本部分只选择研究在复杂网络的逻辑下，产业链上节点企业应对风险时的管理办法。因此，本章产业链的风险主要关注在应用对策方面的研究，而非提出评价模型。

在产业组织风险中，首先，讨论了产业组织理论的内涵及其与文化产业的关系，其逻辑是在一定的理论综述基础上提出文化产业组织研究的特殊性和可行性。其次，提出产业组织理论对于文化产业的研究内容和评价方式。当前常用方式为 SCP 范式，本部分的研究描述了其研究框架，并详细列举了研究方法，也指出了该方法的局限性。这一部分的研究方法仍然是依据 SCP 范式的逻辑，采用定性结合定量的方法。

第七章 竞 争 风 险

第一节 商业模式风险

一、商业模式的内涵演进和原则

始于管理学领域的概念——商业模式，20 世纪 50 年代首次被提及，20 世纪 80 年代因互联网技术而获得发展，1998 年正式被认可为独立的研究领域。它的发展主要经历了 9 个时期，国内外知名学者在这期间为商业模式理念的完善做出了贡献。即 20 世纪 50 年代首次提出；20 世纪 80 年代发展；1998 年 Paul Timmers 提出对商业模式概念的诠释；2000 年 Hamel 提出的商业模式四要素；2002 年 Chesbrough 和 Rosenbloom 认为需要提出商业模式的认知结构；2002 年王波、彭亚利认为商业模式有两个组成大类；2003 年罗珉教授丰富了商业模式的含义；2008 年，Johnson 等人发现了商业模式另外一种组成模式，也是由四类要素构成；2011 年，皮尼尔和奥斯瓦尔德提出了普遍获得认可的商业模式的概念诠释。

商业模式的核心原则包含八个方面，是成功的商业模式必备的属性，即消费者价值最大化原则、持续盈利原则、资源整合原则、创新原则、融资有效性原则、组织管理高效率原则、风险控制原则、合理避税原则。

二、文化产业园的商业模式要素

文化产业园生产的产品或服务具备商业的属性，因此必然要在商业模式的规范下运作，进而产生市场价值。本节将依据前文的分析结果，结合文化产品的属性，探讨文化产业园的商业模式构成、设计和运行三个方面的要素。

（一）文化产品的商业属性

文化产业的兴盛，使产品中文化含量的提升日益受到重视，文化与经济之间的互动关系也日趋紧密。文化产品包含了多重商业属性。

首先，文化产品具备商品的属性，即文化产品以商品的形式出现，而且这里所指的商品是包含了有形实体、无形服务等多种多样的文化产品。文化，是一个抽象的概念，转化为商品的过程就是利用文化资源和创意共同创造商业价值的过程。文化产品的生产是为了满足物质生活高度发达的今天，人们更高精神层面的需求。因此，文化产品的创造和生产不仅要严格遵守商业规律，而且要迎合广大消费者的精神追求——娱乐、消遣、宣泄等。

其次，文化产品具备资本的属性。在传统经济学中，文化因素并不被认为是属于生产要素范畴的，因此它不会纳入经济发展的模型中来分析。因为，传统经济学认为，文化因素是一种感性因素，它对经济发展的作用也必然是非理性的。但是近年来，由于文化产业的发展，文化与经济的相融不断加深，现代经济学逐渐发现文化因素在经济发展中的重要作用，如文化因素可以有效地将物质资源转化为商品，进而满足人们的各种精神消费需求。因此，在巨大的经济利益驱使下，文化因素也成为能给产业发展带来大量经济价值的资本形式。

文化资本能够作为思想和智力资源融入文化产品的经营活动中，文化资本也可以通过劳动力的创意投入等形式融入产品中，文化资本还可以直接通过文化产品体现出来，因此文化产品的产生正是通过投入了文化、创意、知识、科技等资本要素，使其相互关联、相互作用并有机结合而诞生的。

最后，文化产品具备生产力的属性。马克思认为"宗教、家庭、国家、法、道德、科学、艺术等，都不过是生产的一些特殊的方式，并且受生产的普遍规律的支配"①。另外，马克思的"艺术生产"理论使人们明白了艺术生产可以如物质生产一样，通过集约化、批量化的生产，进而在满足消费者精神层面上的消费欲望的同时，追逐并实现商业利润最大化。"艺术生产"理论在创造精神消费价值的层面上为"文化生产"指明了方向。文化生产力正是依据这样的原理来生产文化产品的，并在文化产品的生产、流通、消费环节中不断实现自身价值并获得成长和发展的。文化生产力自身具备了商业和精神两种属性，因为其引发的结果是：文化产品作为商品符合市场规律，要尽量实现利润最大化；文化产品作为精神层面的物化，必然承载社会意识形态，需要注重社会效益。因此，在文化产品的生产力属性中，文化产品承载着实现经济效益和社会效益的双重任务。

（二）商业模式的构成要素

如前文所述，因为对商业模式的定义不尽相同，目前学术界对商业模式的构成要素有多种诠释，当前被认可较多的是 2011 年皮尼尔和奥斯瓦尔德在《商业模式新生代》中提出的分类，他们认为一种商业模式的构成需要包含九种元素，分别是核心资源、合作伙伴、关键业务、成本结构、价值主张、

① 中共中央马克思恩格斯列宁斯大林著作编译局. 1844 年经济学哲学手稿[M]. 北京：人民出版社，2018.

客户关系、营销模式、收入模式、目标客户（图7-1）。

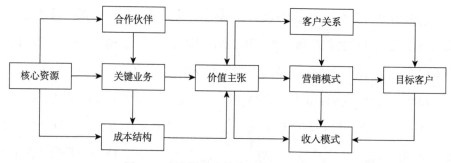

图7-1　商业模式各构成要素之间的关系

价值主张，指企业通过产品和服务向顾客传递的价值，确认了企业对消费者的意义。价值主张包含了产品、服务给消费者的利益，这需要通过市场调查获知；同时也包含了品牌对社会和消费者的观点和态度，这需要依靠企业对社会潮流的把握。文化产业区别于其他产业，具备了充分的社会文化功能，因此文化产业在追求经济价值最大化的同时也要追求社会价值和文化价值的最大化。以影视、绘画、文学作品为主要形式的文化产品，都能够给人的心灵产生一定的涤荡，让人有所思考和感悟，因此作为一种能够影响文化、社会和人心的特殊商品，在确定其价值主张时，其内在的价值一定不要过分偏离社会主流的价值观。否则可能带来不好的社会影响，也可能由于偏离社会主流观念而造成商业上的失败。例如，在微信与微博的竞争中，前者围绕"用户价值第一"的原则力争建成一个"去中心化"的动态的生态系统，这种以"用户体验"为主导的商业模式已将微博以明星、网红为主导的商业模式甩在身后。

目标客户，是商业模式的基础，是企业要服务和满足的目标对象。以客户需求为导向，是当前市场经济环境的产品的要求，因此确定目标客户群就需要根据市场的需求、企业自身所拥有的资源及能力来进行选择。通常决定企业盈利难度大小的因素不在于产品或技术，而在于客户的群体。就像其他行业，产品的生产越来越趋向分众市场，对客户细分，满足不同类型客户的精神文化需求。文化产业的企业在对商业模式进行设计时，首先要划分不同客户的需求，对每一种需求进行详细的分析，确保商品的内核要能够从根本上迎合目标客户的需求。然后再针对这部分客户群的精神需求和文化需求进行深入分析，从而在此基础上设计出最适合这类客户群的文化产品或服务。当然，并不是所有的客户群都可以获得满足，企业锁定的客户群体应该是自身能力所能满足的那一类群里。

营销模式，属于一种战略，是企业利用自身的能力和生产资源、社会资源，在千变万化的市场中不断满足市场需求的手段。以营销额、利润率、市场占有率和品牌知名度等为衡量指标的营销业绩是评价企业经营好坏的关键标准。文化产品或服务的营销需在产品或服务、渠道、价格、促销方面加大关注力度，不同的客户群体有不同的接受产品、服务信息的渠道，既要包括传统媒体也要包括新媒体，对微博、微信、电子商务平台的关注不应少于广播电视和纸质传媒等传统传播渠道。在进行产品营销的同时必须要关注目标顾客经常使用上述哪一类信息渠道，借助适合的渠道，采取适合的营销手段。例如，2015 年除夕微信与京东、春晚合作，推出了微信红包"摇一摇"的活动，不仅迅速为微信绑定了 2 亿张银行卡，成功融得约 60 亿资金流，也进一步叫响了微信品牌，并通过微信红包的营销手段让更多人使用微信，为该社区网络平台扩展了客户空间、增添了市场份额。

客户关系，指的是企业和客户之间的关系。客户关系的好坏也决定了企业产品等市场份额和企业获取的利润，因此客户关系是一项非常重要的指标。维持良好的客户关系正在逐渐受到企业的重视：Yankee Group 调查发现，三分之二的客户离开原来供应商的原因是该供应商对客户的关心程度并不令人满意；据加拿大施乐研究中心调查显示，对于再次购买的意愿，非常满意的客户是满意客户的6倍；《哈佛商业评论》的调查则显示，客户满意度每提升5%，企业的利润就会提升15%到85%。由此可见，任何一个企业，包含提供文化产品和文化服务的企业，都必须十分重视对客户的关心问题，要努力维系好与客户的关系，才能维持稳定的客户群，才能维持甚至扩展产品的市场空间，从而持续获得较高的利润。

收入模式，也被称作盈利模式，建立富有生命力的收入模式的重要途径就是延伸该文化产品的产业链。而文化产品往往容易形成一套完整的产业链，如动画产业链，一部优秀的动画作品如果向产业链上游延伸，可以纳入图书、漫画、剧作等基础环节，为动画创作提供更优秀的素材；向产业链下游延伸，可以进入出版、演艺、游艺、消费产品生产等衍生环节。著名动画公司迪士尼就有很长的产业链，相应的也拥有丰富的收入模式，利润空间很高。

核心资源，是商业模式的重要构成要素，也是商业模式必备要素之一。不同商业模式的核心资源也不尽相同，它既可以是金融资产、固定资产，也可以是人力资源、知识资源；同时，既可以是企业自有的资源，也可以是从合作伙伴那里得到的甚至是租借来的资源。文化产业核心资源的内核由文化资源和人才资源共同构成。其中，文化资源构成的核心资源往往是具有专属性或唯一性，同时开发价值较高的资源；人才资源则由创造性的人才、经营人才和技术人才构成。

关键业务，企业为了保证商业模式的完整实现就必须要进行关键业务，它是提供顾客价值和企业创造的关键保证，大体可分为制造产品类业务、问题解决类业务、平台或网络类业务。首先，制造产品类业务与设计、生产、运输产品相关；问题解决类业务是关注为客户提供解决问题的方案，如咨询服务公司，涉及的关键业务往往是知识管理和培训；平台或网络类业务中，其平台基本包括网络服务、软件、交易平台、品牌等，关键业务则包含平台管理、平台推广和服务提供等。依据产业链的延伸方式，文化产品发展营销的路径一般为图书、影视作品、演艺作品、游戏、服装、玩具周边等衍生品，甚至包含主题公园等，那么其关键业务是影视作品制作、图书出版发行、形象或作品的品牌营销。其中，往往影视作品的制作是画龙点睛之笔，直接决定衍生品的价值。

合作伙伴，伴随激烈的市场竞争和全球化的经济发展，企业的发展在不断谋求如何跳出自身的藩篱，寻求具有实力的合作伙伴，以期增强企业的竞争力、扩大品牌市场、增强商业模式的抗风险能力等，因此合作伙伴在商业模式中的地位正在变得越来越重要，合作伙伴的出现可以帮助企业与其他企业之间形成更好的战略性合作关系。文化产业中的合作伙伴关系，描述的是企业与企业之间或企业与政府之间的关系。政策性元素对文化产业的影响较大，因此文化企业为谋发展，往往需要有效利用政府的相关产业政策。同时文化产业涉及的门类也很广，其合作伙伴的寻求范围不仅有传媒、影视、艺术品制造等文化类企业，鉴于文化产业链的广度，合作伙伴也会包含生产制造业的企业，如服装业等。因此，文化产业的合作伙伴关系是一个涵盖范围很广，构成复杂，严密性和融合性都很强的网络。

成本结构，指的是企业运营商业模式时产生的各种成本，它产生于企业创造价值、维护客户关系、实现商业收入的过程，分为两类：价值驱动型和成本驱动型。其中，价值驱动型一般更关注于价值创造，而适当忽略成本，其特征为增值型价值主张，力争为顾客提供个性化的商品和服务；成本驱动型则与之相反，企业尽量要控制并降低成本，努力维持或创造出更加经济合理的成本结构。在文化产业中，文化企业的利润直接受成本高低的影响，因此众多文化企业不断追求着成本的最小化目标。实现成本最小化的途径往往集中在了文化企业的创意内核，创意人才和创意研发在此环节上起到了关键的作用。但是如果一味实行成本驱动型商业模式，可能会严重影响到文化产品的创意环节，有可能会导致文化产品的设计和生产失败，从而使企业面临被市场淘汰的境地。

（三）商业模式的设计要素

具体执行商业模式时，需要分外关注对商业模式的设计，而这主要包含了五个步骤，也是五个重要的元素（图7-2）。

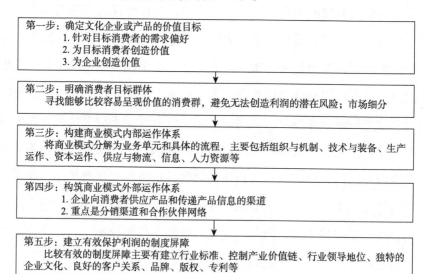

图7-2　商业模式的设计要素

（四）商业模式的运行要素

文化产业的商业模式并不是由单一个体、单一元素组成的，而是一个复杂的体系，其包含了多种要素，并且这些要素相互之间又产生着各种作用力，各元素之间的关系及运行方式是本段探讨的内容。

一个能够成功获取消费者价值最大化的文化产业的商业模式需要八个运行要素的相互作用，它们分别是消费者价值最大化、系统、整体解决、持续盈利、核心竞争力、高效率、整合、实现形式。其中，整合、高效率、系统可作为商业模式的基础和先决条件；消费者价值最大化是目标；持续盈利是结果；核心竞争力是商业模式成功的手段，图 7-3 和图 7-4 表示这些要素在产业模式运行中相互作用的关系示意。

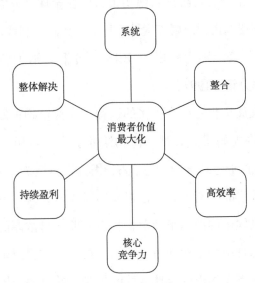

图 7-3 商业模式的运行要素关系示意（一）

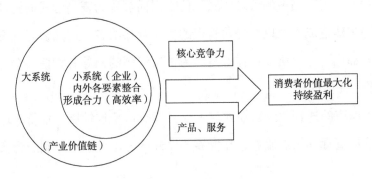

图 7-4 商业模式的运行要素关系示意（二）

需要注意的是，商业模式的基础——构成要素和执行层面的基础——设计要素、运行要素是实现文化产业园的商业模式过程中必不可缺少的三大部分。

（五）案例分析：古根海姆的连锁模式

作为一个博物馆群，古根海姆博物馆目前在全球已成立两座主馆和两座分馆，主馆为美国纽约古根海姆美术馆（1937）、意大利威尼斯 Peggy 古根海姆美术馆；两座分馆分别为西班牙 Bilbao 古根海姆（1997）和德国柏林 Deutsche 古根海姆分馆（1997）。

古根海姆的发展历程是一个扩张的过程，作为博物馆发展历史中首开先河的模式——古根海姆模式，即在博物馆业引入和运用"文化产业"的理念，将博物馆做成产业进行推广，将"古根海姆"打造成一个文化品牌[①]。

全球性品牌推广的经营理念。古根海姆将美术馆视为一种美学教育、传递艺术，以及提供娱乐的商品来经营，打造商业气息浓厚的非营利事业。古根海姆的经营理念是结合企业加盟与行销手法，将古根海姆视为一项品牌，以全球化为目标，不仅积极寻求地域性的扩张，并意图与国际的馆藏结盟。此项经营方式与麦当劳的管理模式相仿，因而被称为麦当劳式的管理。古根海姆将许多建造成本及以往经营管理的费用分摊给各地的加盟者，意即"内部成本外部化"，之所以这样做是因为古根海姆的领导者相信一个道理：品牌的价值是无穷的。

融入城市的连锁化经营模式。古根海姆类似于连锁店，推行全球经销制度，靠注册商标和策展服务，在世界各地开设分馆，谋取厚利。为实现该经

[①] 徐中孟，李季. 世界文化创意产业园研究[M]. 台北：秀威资讯科技股份有限公司，2012：78-81.

营模式，古根海姆提出了"城市=美术馆"的理念，这使得古根海姆的影响力得以超出艺术的范畴，延伸到整个城市。古根海姆应用艺术授权的方式，将城市里具有代表性的艺术家作品通过复制的方式量化于各种可能的载体上，让当地艺术家的作品，被更多当地居民和外地观光客触手可及。如此而建的"城市美术馆"能提供展示、欣赏及教育的功能，也有礼品中心可以让参观者留下纪念并创造美术馆收入。同时，它不仅吸引了观光客，还能像创意产业园区一样照顾艺术家发展，更重要的是能很方便地让城市居民接触艺术，提升城市整体美感及竞争力。

多种手段相结合的经营策略。古根海姆的连锁商业模式有如下六种经营策略值得借鉴：第一，品牌定位上，放眼国际，打造国际性文化品牌，提升自身国际地位。第二，价值主张方面，坚持走文化产品的差异化路线，不同于其他现代美术博物馆，古根海姆没有将视点专门放置在现代主义美术流派上，而是突破西方现代艺术的范畴，将视线倾注于全人类的艺术。不仅产生了差异化的产品，也拓展了更为广阔的文化艺术展示空间。第三，注重合作伙伴关系，以精品意识为导向，以展览规模为重点，以国际性合作为主要途径，不断提升自身展览水平、品味和国际影响力；同时在与合作伙伴的协同经营下，充分发掘自身文化产品的附加值，开发衍生品，建成了具有国际影响力的文化产业链。第四，古根海姆注重选取高素质员工，并培养员工的团队精神、精品意识、市场前瞻能力，并且在实施项目之前都要经过严密的策划和论证，以此保证其商业决策的可操作性和超前性。第五，整合营销方面注重多种媒体相结合的手段，充分利用传统媒体，如报纸、杂志、电视、广播，也适当结合新媒体手段，进行全球范围的展览（文化产品）的新闻发布、广告宣传等。第六，凭借具有国际影响力的文化品牌，古根海姆也为自身赢得了一群固定的赞助群体，在其帮助下更加巩固了在全球展览的文化艺术地位和商业地位。

三、商业模式的评价

（一）商业模式评价概述

国外专家学者主要成果是评价理论的探讨，重点围绕商业模式的两个方面展开，其一是针对还没有建立的新商业模式，评估预测其发展潜力。通常使用的方式是专家评估结合社会调查，预测商业模式的性能、预测将来运营时的发展趋势、预测今后效益。其二是评估实际运营中的商业模式，通常是量化评价商业模式要素，在此基础上分析该商业模式存在的问题，并提出相应的解决方案或优化建议。国内学者则主要从商业模式评估的实证分析方法入手，针对不同行业采取不同的评估工具、算法，也同样具有较典型的借鉴价值。

（二）文化产业园商业模式的评价指标和方法

1. 构建评价体系

结合王兵兰（2012）的商业模式构成体系，参考李曼（2007）、侯龙强（2012）使用六维平衡记分卡方法划分文化产业园商业模式构成要素的方式，依照价值创造过程，结合文化产业园的商业模式特点，提出评价体系的维度和指标内容，该评价体系包含客户、运营、财务、产业链、社会、成长六个维度（表7-1）。

表 7-1 文化产业园商业模式评价维度及指标

层面	价值目标	评价指标	衡量方法
客户维度 N_1	价值主张	产品/服务价值 N_{11}	专家、客户评价
	价值维护	客户满意度 N_{12}	
		客户忠诚度 N_{13}	
运营维度 N_2	价值制造	管理体制 N_{21}	专家评价
		园区企业文化 N_{22}	
		文化资源 N_{23}	
财务维度 N_3	价值主张	内部收益率 N_{31}	财务指标
	价值制造	营销费用比例 N_{32}	
		投资回收期 N_{33}	
	价值维护	成本结构 N_{34}	
产业链维度 N_4	价值维护	合作伙伴关系 N_{41}	长、中、短三个时期
		合作内容 N_{42}	合作层次高低
	价值网络	产业链影响力 N_{43}	专家、客户评价
社会维度 N_5	价值主张	品牌认知度 N_{51}	市场对品牌的认知
	价值维护	市场容量 N_{52}	产品、服务的需求量
		差异化产品/服务程度 N_{53}	与同类园区、企业相比
		竞争者数量 N_{54}	同类园区、企业的数量
成长维度 N_6	价值制造	新创意研发周期 N_{61}	研发创意新产品投入的时间
	价值维护	员工满意度 N_{62}	员工评价及打分

值得注意的是，上述商业模式评价体系是根据文化产业园的普遍特点搭建而成，当遇到具体的文化产业园进行评价时，在评价维度不变的前提下，还可以根据其各自的特点对评价指标的细节做出修改，如指标的增减、对指标含义的新解读、衡量方式的微调等。例如，若该文化产业园是以网络平台为主要商业途径，那还应该在运营维度中增添功能整合性、信息安全性、界面可操作性、技术更新周期性、功能优越性等指标；在"成长维度"中应考虑增加"新技术服务比例"等指标。

2. 确定评价方法

文化产业园的商业模式是具有复杂性的系统工程，它紧密涉及文化产业园的长远战略规划，将产业园内部各个生产环节、产业链上下游延伸的各个企业都整合为一个整体，规划着文化产品或服务的成本、水平和内容的差异性，直接影响着文化产业园战略目标的实现。

对于文化产业园商业模式的评价方法，一般都会针对专家、客户、员工的评价，使用层次分析法、模糊综合评价法来实现。由于人为评价中主观因素的介入，因此结果往往会产生一定的误差，尤其文化产业园商业模式的构成因素种类繁多，涉及的专业领域很广泛，有可能造成评价信息出现非对称性和不完整性等特征，因此本节采用基于熵的模糊评价法对文化产业园的商业模式进行评价。

（1）熵权评价法。

考虑每个评价指标的相对重要程度最直接和简便的方法就是给各指标赋予权重，即权系数。赋予熵权的基本步骤。

假设有 x 个评价指标，y 个评价对象，依据定性、定量结合的原则取得多对象关于多指标的评价矩阵：

$$\boldsymbol{M} = \begin{bmatrix} m'_{11} & m'_{12} & \cdots & m'_{1y} \\ m'_{21} & m'_{22} & \cdots & m'_{2y} \\ \vdots & \vdots & & \vdots \\ m'_{x1} & m'_{x2} & \cdots & m'_{xy} \end{bmatrix} \qquad （7\text{-}1）$$

对 m' 标准化处理后得到：

$$\boldsymbol{M} = \left(m_{ab} \right)_{x \times y}$$

其中，m_{ab} 为第 b 个评价对象在 a 指标之上的值，又 $m_{ab} \in [0,1]$，同时

$$m_{ab} = \frac{m'_{ab} - \min\{m'_{ab}\}}{\max\{m'_{ab}\} - \min\{m'_{ab}\}} \tag{7-2}$$

假设 m_{ab} 大者为优。

设定评价指标的熵和熵权：在有 x 个评价指标，y 个评价对象的评估中，即 (x,y) 的评价中，第 a 个评价指标的熵 Z_a 则被定义为

$$Z_a = -g\sum_{b=1}^{y} f_{ab} \ln f_{ab}, \ a = 1,2,\cdots,x \tag{7-3}$$

其中，$f_{ab} = \dfrac{m_{ab}}{\displaystyle\sum_{b=1}^{y} m_{ab}}$，$g = \dfrac{1}{\ln y}$，并假设，当 $f_{ab} = 0$ 时，$f_{ab}\ln f_{ab} = 0$。也可以选择 g 使 $0 \leqslant Z_a \leqslant 1$，这种标准化的处理在比较时是非常重要的步骤。

评估指标熵权，在 (x,y) 评价中，第 a 个指标的熵权 e_a 被定义为

$$e_a = \frac{1 - Z_a}{\displaystyle\sum_{a=1}^{x}(1 - Z_a)} \tag{7-4}$$

（2）模糊评价法。

模糊评价法基于模糊数学，根据模糊数学的隶属度理论，模糊综合评价法把定性评价转化为定量评价，即通过运用模糊数学，对受到多种因素制约的事物做出总体性的评价。该方法评价的系统性强、结果清晰，善于解决模糊并难以量化的问题，因而也适合各种非确定性问题的解决。

模糊综合评价法在本书中的基本思路如下。

第一，设 C 和 D 是两个非空集合，若存在从 C 到 D 的模糊幂集 $P(D)$，且 f 是它的对应法则。若通过 f，对于 C 中的每个元素 n，有 D 的唯一确定的模糊集合 I 与之对应，则 f 是从 C 到 D 的模糊映射，$f:C \to P(D)$，其中，$n \to f(n) = I \in P(D)$，并用 f 表示 $\underset{\sim}{f}$。

第二，设 C 和 D 是两个非空集合，若存在 C 的模糊幂集 $P(C)$ 到 D 的模糊

幂集 $P(D)$ 的对应法则 T，通过 T 对于 C 的任意模糊集合 H，有 D 的唯一确定的模糊集合 I 与之对应，则称 T 为从 C 到 D 的模糊变换，$T: P(C) \rightarrow P(D)$，其中，$H \rightarrow T(H) = I \in P(D)$。

对其模糊综合评价的步骤为：

第一步，确定评价对象的因素集 $C = \{n_1, n_2, \cdots, n_y\}$；

第二步，确定评语集 $D = \{r_1, r_2, \cdots, r_y\}$；

第三步，进行单因素评价，建立单因素评价矩阵 $\boldsymbol{M} = (m_{ab})_{y \times x}$，其中 m_{ab} 表示因素 n_a 对 r_b 的隶属程度，并可使用抽样调查法建立矩阵。

第四步，进行综合评价。因为各因素在综合评价中作用不尽相同，因此要先给出 C 的一个模糊集合 $\boldsymbol{H} = (h_1, h_2, \cdots, h_y)$，满足 $h_1 + h_2 + \cdots + h_y = 1$，$\boldsymbol{H}$ 称为综合评价的权重向量，即权重。h_{ab} 表示因素 n_a 在综合评价中的权重。对于给定权重 $\boldsymbol{H}$，综合评价即为因素集 C 到评语集 D 一个模糊变换。

$$T_f : \boldsymbol{H} \rightarrow I = T_f(\boldsymbol{H}) = \boldsymbol{H} \circ \boldsymbol{M}$$

通过综合评价发现各指标优劣性，在此基础上分析评价结果并提出改进措施。

（三）商业模式评估的模拟分析

根据前文构建的文化产业园商业模式评价指标体系，邀请相关人员对表中指标做出评价。在指标判定上，每个指标的分值有 5 个，分别为非常好（5分）、较好（4分）、一般（3分）、较差（2分）和非常差（1分）。调查样本数量是 20 份，其中包含专家 10 人、产业园工作人员 10 人。表 7-2 是 20 份样本打分的结果。

表 7-2 文化产业园商业模式评价统计表

评价指标	非常好	较好	一般	较差	非常差
产品/服务价值 N_{11}	2	4	14	0	0
客户满意度 N_{12}	1	6	10	3	0
客户忠诚度 N_{13}	1	7	11	1	0
管理体制 N_{21}	1	8	9	2	0
园区企业文化 N_{22}	0	6	7	5	2
文化资源 N_{23}	2	5	6	6	1
内部收益率 N_{31}	0	3	14	2	1
营销费用比例 N_{32}	0	3	8	8	1
投资回收期 N_{33}	0	2	9	9	0
成本结构 N_{34}	0	3	4	6	7
合作伙伴关系 N_{41}	1	2	4	7	6
合作内容 N_{42}	1	1	3	8	7
产业链影响力 N_{43}	1	0	4	15	0
品牌认知度 N_{51}	2	3	13	2	0
市场容量 N_{52}	1	1	14	3	1
差异化产品/服务程度 N_{53}	3	5	8	4	0
竞争者数量 N_{54}	1	2	4	7	6
新创意研发周期 N_{61}	0	0	2	10	8
员工满意度 N_{62}	1	2	7	5	5

由上述评价统计表得出各指标的单因素评价矩阵：

$$\boldsymbol{M}_1 = \begin{bmatrix} N_{11} \\ N_{12} \\ N_{13} \end{bmatrix} = \begin{bmatrix} 1/7 & 2/7 & 1 & 0 & 0 \\ 1/10 & 3/5 & 1 & 3/10 & 0 \\ 1/11 & 7/11 & 1 & 1/11 & 0 \end{bmatrix}$$

$$\boldsymbol{M}_2 = \begin{bmatrix} N_{21} \\ N_{22} \\ N_{23} \end{bmatrix} = \begin{bmatrix} 1/9 & 8/9 & 1 & 2/9 & 0 \\ 0 & 6/7 & 1 & 5/7 & 2/7 \\ 1/5 & 4/5 & 1 & 1 & 0 \end{bmatrix}$$

$$M_3 = \begin{bmatrix} N_{31} \\ N_{32} \\ N_{33} \\ N_{34} \end{bmatrix} = \begin{bmatrix} 0 & 3/14 & 1 & 1/7 & 1/14 \\ 0 & 3/8 & 1 & 1 & 1/8 \\ 0 & 2/9 & 1 & 1 & 0 \\ 0 & 3/7 & 4/7 & 6/7 & 1 \end{bmatrix}$$

$$M_4 = \begin{bmatrix} N_{41} \\ N_{42} \\ N_{43} \end{bmatrix} = \begin{bmatrix} 0 & 1/6 & 1/2 & 1 & 5/6 \\ 0 & 0 & 2/7 & 1 & 6/7 \\ 1/15 & 0 & 4/15 & 1 & 0 \end{bmatrix}$$

$$M_5 = \begin{bmatrix} N_{51} \\ N_{52} \\ N_{53} \\ N_{54} \end{bmatrix} = \begin{bmatrix} 2/13 & 3/13 & 1 & 2/13 & 0 \\ 0 & 0 & 1 & 2/13 & 0 \\ 3/8 & 5/8 & 1 & 1/2 & 0 \\ 0 & 1/6 & 1/2 & 1 & 5/6 \end{bmatrix}$$

$$M_6 = \begin{bmatrix} N_{61} \\ N_{62} \end{bmatrix} = \begin{bmatrix} 0 & 0 & 1/5 & 1 & 4/5 \\ 0 & 1/6 & 1 & 2/3 & 2/3 \end{bmatrix}$$

根据式（7-2）、式（7-3）得出各二级指标的权重向量：

$$e_1 = (0.078\,5 \quad 0.045\,4 \quad 0.059\,7)$$

$$e_2 = (0.049\,0 \quad 0.029\,6 \quad 0.015\,6)$$

$$e_3 = (0.067\,6 \quad 0.076\,6 \quad 0.064\,2 \quad 0.074\,3)$$

$$e_4 = (0.077\,3 \quad 0.028\,3 \quad 0.089\,6)$$

$$e_5 = (0.056\,8 \quad 0.060\,8 \quad 0.028\,2 \quad 0.017\,4)$$

$$e_6 = (0.064\,8 \quad 0.016\,4)$$

接着，对其转化，使之变成模糊综合评价法所需要的权重向量，且要求 $H = (h_1, h_2, \cdots, h_y)$ 满足 $h_1 + h_2 + \cdots + h_y = 1$，于是

$$H = (0.183\,6 \quad 0.094\,2 \quad 0.282\,7 \quad 0.195\,2 \quad 0.163\,2 \quad 0.081\,2)$$

$$H_1 = (0.427\,6 \quad 0.247\,3 \quad 0.325\,1)$$

$$H_2 = (0.520\,2 \quad 0.314\,2 \quad 0.165\,6)$$

$$H_3 = (0.239\,1 \quad 0.271\,0 \quad 0.227\,1 \quad 0.262\,8)$$

$$H_4 = \begin{pmatrix} 0.396\,0 & 0.145\,0 & 0.459\,0 \end{pmatrix}$$

$$H_5 = \begin{pmatrix} 0.348\,0 & 0.372\,6 & 0.172\,8 & 0.106\,6 \end{pmatrix}$$

$$H_6 = \begin{pmatrix} 0.798\,0 & 0.202\,0 \end{pmatrix}$$

计算得出

$$I_1 = H_1 \circ M_1 = \begin{bmatrix} 0.115\,4 & 0.477\,4 & 1 & 0.103\,7 & 0 \end{bmatrix}$$

$$I_2 = H_2 \circ M_2 = \begin{bmatrix} 0.090\,9 & 0.864\,2 & 1 & 0.506\,5 & 0.089\,8 \end{bmatrix}$$

$$I_3 = H_3 \circ M_3 = \begin{bmatrix} 0 & 0.316\,0 & 0.887\,4 & 0.757\,5 & 0.313\,8 \end{bmatrix}$$

$$I_4 = H_4 \circ M_4 = \begin{bmatrix} 0.030\,6 & 0.066\,0 & 0.361\,8 & 1 & 0.454\,3 \end{bmatrix}$$

$$I_5 = H_5 \circ M_5 = \begin{bmatrix} 0.118\,3 & 0.206\,1 & 0.946\,7 & 0.303\,9 & 0.088\,8 \end{bmatrix}$$

$$I_6 = H_6 \circ M_6 = \begin{bmatrix} 0 & 0.033\,7 & 0.361\,6 & 0.932\,7 & 0.773\,1 \end{bmatrix}$$

由此获得二级综合评价单因素矩阵：

$$\tilde{M} = \begin{bmatrix} I_1 \\ I_2 \\ I_3 \\ I_4 \\ I_5 \\ I_6 \end{bmatrix} = \begin{bmatrix} 0.115\,4 & 0.477\,4 & 1 & 0.103\,7 & 0 \\ 0.090\,9 & 0.864\,2 & 1 & 0.505\,6 & 0.089\,8 \\ 0 & 0.316\,0 & 0.887\,4 & 0.757\,5 & 0.313\,8 \\ 0.030\,6 & 0.066\,0 & 0.361\,8 & 1 & 0.454\,3 \\ 0.118\,3 & 0.206\,1 & 0.946\,7 & 0.303\,9 & 0.088\,8 \\ 0 & 0.033\,7 & 0.361\,6 & 0.932\,7 & 0.773\,1 \end{bmatrix}$$

二级评价结果为

$$\tilde{I} = H \circ \tilde{M} = \begin{bmatrix} 0.055\,0 & 0.307\,6 & 0.783\,2 & 0.601\,3 & 0.263\,1 \end{bmatrix}$$

根据最大隶属原则，在模糊集中取数值最大的向量数作为整个模糊评价的最终值。因此，最终评价值为 $K = 0.783\,2$。

设定定量化评判集，以便更客观地反映评价结果。

等级	不合格	偏差	中等	良好	优秀
K	0~0.2	0.2~0.4	0.4~0.6	0.6~0.8	0.8~1.0

根据评判集，该文化产业园商业模式的评价等级为良好。

第二节　整合营销风险管理

一、整合营销的内涵

20 世纪 90 年代，在美国诞生了一种新的市场营销理论——整合营销理论。其最初的形式是整合营销传播理论，之后逐步拓展、演进，成为能够涵盖企业营销活动全部过程的营销理论。

整合营销是指"企业针对一定市场的需求，在产品计划、定价、厂牌、供销线路、人员销售、广告、促销、包装、陈列、扶持、实体分配和市场调研等诸方面进行整体设计规划并实施的方法综合"[1]。整合营销理论强调要通过整合企业内外部所有资源，重组和再造企业的生产行为与市场行为，充分调动一切积极因素，实现企业的一体化营销。该理论主张把企业的一切活动都进行一元化整合重组，使企业在采购、生产、销售、公关、产品开发等各个经营环节上紧密协同，达到高度协调一致。

整合营销的特征包含五方面：其一，整合营销过程中，消费者应在核心地位；其二，传播的目的是使消费者对产品关注、感兴趣，也就是刻意去培育其对于产品的价值观；其三，在整合营销的宣传工作实施之前，要先对目标观众喜好和使用媒体对习惯、消费能力、禁忌等有全面透彻的掌握；其四，由于涉及综合运用多种媒体宣传，信息的传播内容必须一致；其五，整合营销意味着要整合多种宣传媒体，因此要在充分了解消费者主要使用何种

---

[1] 欧阳友权. 文化产业概论[M]. 长沙：湖南人民出版社，2007：88-89.

媒体的前提下，合理运用好新旧媒体两种形式。

整合营销的操作原则主要有四个：原则一，整合营销需要以"整合"作为操作的中心；原则二，整合营销的步调必须协调统一；原则三，整合营销必须系统化管理；原则四，整合营销看重企业的规模化和现代化经营的重要性。

其中，原则一是"整合"需要顾及的操作层面包含企业营销过程、企业营销方式、企业营销管理、企业内部和外部的物流、商流、信息流等。原则二指出整合营销的成功有赖于企业内部各个部门，生产线上各个环节在工作步调上的协调一致，也需要企业与外部环境保持一致性，因为只有将各类资源、各个环节有机组合、协调工作，才能够形成企业的竞争优势。原则三指的是在整合营销具体操作过程中，会涉及企业的各类资源、各个层次、各个部门、各种岗位，甚至会涉及其产业链上的其他行业、企业。原则四指的是规模化经营能在经济上使企业实现规模效应，这就为整合营销的实现提供了坚实的基础。同时整合营销的实现，尤其是传播过程中，为提高效益，非常依赖于现代科技、现代传媒以及现代化的管理手段。

二、文化产业园的整合营销策略要素——以横店影视城为例

关于整合营销的策略，麦卡锡曾在20世纪60年代提出"4P组合"策略：产品策略、价格策略、渠道策略、促销策略。后来又有人提出"4C组合"策略："顾客、成本、便利、沟通"。"4P组合"策略强调营销手段，"4C组合"策略强调营销目标。两种方式相互对应，互不矛盾。

本节按照麦卡锡提出的"4P组合"策略，从产品策略、价格策略、分销策略、促销策略四个方面进行要素分析。

（一）产品策略

产品是指消费者在交换中获得的任何东西，文化产品可以是有形的物品，也可以是某项服务，还可以某种思想。一个文化产业园或文化企业不会只销售一种文化产品或只提供一种文化服务，它们通常都是销售几种不同的产品项目（很多文化企业习惯把服务称为项目）；"产品线就是由一组密切相关的产品项目组成的，一个文化产业园或文化企业至少会有一个产品线；产品组合是指一个企业所有要销售的产品，产品组合的宽度是指产品线数量，其中一个产品线上产品项目的数量被称作产品组合的深度，分散产品风险可以通过增加产品组合宽度的方式实现"①。对文化产业园及文化企业而言，产品策略是指"企业对其产品项目、产品线以及产品组合的开发、设计、管理和改进等诸环节的实施策略"。实施产品策略的前提是细致的市场分析，产品策略的内容是"决策开发哪些商品项目投放市场，对既有的产品项目进行改进和淘汰；并需要权衡一个产品线上由哪些产品组成，应该增加哪些产品项目，取消哪些产品项目，产品线应当扩张还是缩减；考虑决定整个产品组合的包装配合、品牌设计及宣传策略等"②。

以横店影视城为例，自建立以来，为保持在消费者心中的新鲜感，横店影视城几乎每个季度都会针对不同的消费群体推出不同的产品项目。横店影视城的产品项目包含影视和旅游两大类，横店通过将本地区影视拍摄的资源、产品、经验、品牌等资源整合，打造出适合不同年龄段、不同审美需求的消费者的文化旅游产品。从横店的经验可以总结出横店准确定位自身服务

---

① 欧阳友权. 文化产业概论[M]. 长沙：湖南人民出版社，2007：89.
② 欧阳友权. 文化产业概论[M]. 长沙：湖南人民出版社，2007：89-90.

的种类、方式，以及准确定位市场营销的策略，其前提就是正确处理好影视和旅游这两大主题。正如横店的经营理念"影视为表，旅游为里，文化为魂"恰如其分地表达了横店的营销策略。

还需注意的是，市场细分对产品策略的重要指导意义也在横店的案例中体现出来。市场细分主要指"将市场中消费者的不同需求分离出来，根据其需求特点、购买能力和购买习惯等不同特征，将一个统一的大市场划分为若干子市场，其中每个子市场都是由具有一定共同特征的消费者组成"[①]。一般情况下市场细分的依据有三种，即根据消费者需求划分；根据购买力状况划分；根据消费者购物习惯划分。划分的方法主要是按地理环境、人口环境、心理因素等方式细分。针对横店的案例，由于国内各地区的经济发展情况不尽相同，来自不同地区的消费者也有着不同的旅游目的、旅游意识和旅游习惯，因此就整个市场战略而言，横店影视城需要对市场进行细分，其结果是形成了"一城一策"的战略，即根据不同地区的消费者购买水平，旅游意识、习惯、品位等，提出针对性的旅游概念，即制定相应的配套产品项目，这种市场灵活性很高并且操作性也很强的"一城一策"战略，有效地扩展了横店影视城文化旅游的市场。

（二）价格策略

价格是指"消费者在一次交易中获取一件商品或服务的条件，这个条件一般指货币，但也经常包含其他因素，如消费者付出的时间、尊严以及其他物质损失等。[②]"

---

① 欧阳友权. 文化产业概论[M]. 长沙：湖南人民出版社，2007：84.
② 欧阳友权. 文化产业概论[M]. 长沙：湖南人民出版社，2007：89.

价格策略又包含利润导向型、销售导向型、维持现状型三类策略。

利润导向型价格策略的原则是获取某种利润目标，该类型又可根据利润目标的不同分为三种：最大利润策略、良好利润策略、目标投资回报率策略。其中，"制定一个可以导致总收入相对于总成本尽可能大的定价"[①]，就是最大利润策略内容。所谓"尽可能大的定价"并不是无限高的定价，一旦价钱过高就会使大部分消费者无法购买，一般来说，企业都会采取良好利润策略，也就是说要让利润水平略高于风险水平即可。会计学上，企业会以投资回报率来计算利润目标，公式为：投资回报率$= \dfrac{税后利润}{总资产}$，一般情况下回报率在10%~30%会比较好地满足企业的定价预期。

销售导向型定价策略则是用来满足一定的市场份额目标。所谓市场份额，是指企业产品销量占行业总销量的百分比。如要扩大市场份额，就需制定较低的定价，可这种做法很容易导致一种极端化的现象：企业舍弃利润最大化的追求而去追逐销售最大化，这是违背市场规律的。

维持现状性定价策略是致力于维持现有价格或是与竞争者的价格保持一致的定价策略。这种被动的定价方法常常被用来维持稳定的企业形象。

以横店影视城为例，其价格策略的实施主要从如下几个方面入手：一是维持与代理商之间稳定的合作关系，主要方式是依据对方盈利要求来设计价格毛利空间，并经常举行"返利大会"和一些活动作为奖励；在与合作旅行社维持关系方面，横店影视城对经济发展程度不同的省市地区制定不同的"保护低价"，这样不仅可以实现价格统一，还为合作旅行社创造了利润空间。门市价和售价基本都在百元左右，对于一般能有消费能力到此地游览的游客都是可以接受的，因此近年来横店影视城的游客数量是持续增长的。

---

① 欧阳友权. 文化产业概论[M]. 长沙：湖南人民出版社，2007：90.

除了根据外界环境改变自身价格和产品策略的举措外，早在 2009 年金融危机时，横店影视城还曾推出过"买联票送住宿""周六住宿价格下调和自驾车卡"等举措，也推出过"一日游团队""体验游""亲子游"等优惠活动，其目的是在金融危机的大环境下，用价格低廉的旅游产品项目满足消费者心理需求以求获得更多的利润。

（三）分销策略

分销是指文化商品自生产者经中间商业媒介达到消费者手中的整个市场营销流通结构。选择分销渠道需要考虑三方面要素，即产品因素；市场因素；企业管理水平、销售经验、国家政策法规等。

选择分销渠道需要考虑的问题有如下两点。

第一，"直接渠道"和"间接渠道"。"直接渠道是生产者不通过中间商，由自己将文化产品直接销售给消费者；间接渠道是生产者利用中间商进行产品销售。[1]"两种方式的适合条件如表 7-3 所示。

表 7-3　直接渠道与间接渠道的适用情况对比

因素类别	适合使用直接渠道	适合使用间接渠道
市场	集中、范围小	分散、范围广
产品	技术含量高、易变质、易破损、时尚品、定制品	技术含量低、不易变质和破损、标准品
企业自身	有市场营销技术和经验、财力雄厚	缺乏市场营销技术和经验、财力薄弱

第二，"长渠道"和"短渠道"。根据营销的中间环节多少划分渠道长短，中间环节以中间商为主。这两种渠道的适用情况对比如表 7-4 所示。

---

[1] 欧阳友权. 文化产业概论[M]. 长沙：湖南人民出版社，2007：92.

表 7-4　短渠道与长渠道的适用情况对比

因素类别	适合使用短渠道	适合使用长渠道
市场	零售数量相对集中、购买数量较大	零售市场分散、购买数量较少
产品	技术含量高、易变质、易破损、时尚品、定制品	非易腐易损、价格低廉、大众化
企业自身	有市场营销技术和经验、财力雄厚	缺乏市场营销技术和经验、财力薄弱

横店影视城的分销渠道主要由横店影视城旅游营销有限公司及各类旅行社构成。其中横店影视城旅游营销有限公司成立于 2002 年，目前在全国设立了 40 多个市场部；旅行社方面，与横店维持合作关系的旅行社在全国范围内遍布，目前已达到 3 000 多家。

近年来，网购和支付宝的发展又为横店提供了网络销售的便利条件，横店影视城官方网站上专门设立了"散客订票网"并推出相应的网票优惠策略以吸引游客购买。横店影视城吸引散客的方式还不仅于此，从 2008 年开始，横店就在开发各种商会、工会、汽车协会、会务公司、4S 店及车友俱乐部等散客渠道，结合相应的适合自驾游的产品项目（如"杭州出发，横店自驾两日游"等）和定价优惠来吸引这群消费者。上述这些散客的营销都是由横店影视城网络运营中心运行的。该中心于 2010 年成立，重点就是散客营销。除上述运用电子商务的销售方式外，该中心还与携程、艺龙等多家网站代理商合作，增设专业旅游网站，并在其上显著地增添自身的旅游产品，以此拓宽网络营销的销售渠道。

（四）促销策略

促销是指"营销人员以沟通的形式告知、说服和提醒潜在消费者某种文化商品的存在，以影响一种观念或引出反响，包括广告、公共关系、营销推广和个人营销等度方面内容；促销策略就是文化企业根据市场状况将上述这方面进行组合的策略"①。

促销策略主要会利用广告、公共关系、销售宣传、个人推销等方式，一般情况下都是用促销组合的方式，即实施将这四种方法结合的促销计划。

横店影视城每年都会在不同时节推出各色各样的体验游、休闲游、购物游产品，从而在不同的时间段、不同的经济情况下吸引不同需求的游客，由此吸引了大量的游客。横店影视城会在"元旦前夕在大智禅寺举办鸣钟祈福迎新年活动；春节期间开展红红火火过大年活动；元宵节期间举办灯会和闹元宵活动；端午节在广州街、香港街景区推出端午民俗游；夏天开展冰镇啤酒节、冰爽西瓜节、泼水狂欢节、秦宫凉茶节活动；秋天举办中秋系列活动；冬天在梦幻谷推出圣诞嬉雪活动等；横店影视城还试图实现与上海世博会无缝对接，以吸引上海世博会游客"②。

综上，文化产业园整合营销的策略要素如表 7-5 所示。

表 7-5 文化产业园整合营销策略要素

策略名称	策略要点	影响策略实施的要素
产品策略	产品项目、产品线、产品组合的开发、设计、管理、改进	产品组合的宽度，越宽风险越低
价格策略	利润导向型	最大利润策略、良好利润策略、目标投资回报率策略
	销售导向型	利润最大化和销售最大化之间矛盾的平衡
	维持现状型	用于维持企业形象
分销策略	直接渠道、间接渠道	产品因素；市场因素；企业管理水平、销售经验、国家政策法规等
	长渠道、短渠道	
促销策略	促销组合	广告、公共关系、销售宣传、个人推销等方式

---

① 欧阳友权. 文化产业概论[M]. 长沙：湖南人民出版社，2007：92.

② 胡晓明，殷亚丽. 文化产业案例[M]. 广州：中山大学出版社，2011：123-124.

第三节 产品市场布局

一、文化产品市场布局的基本内涵

（一）内涵

首先需要明确文化市场的概念，文化市场就是以某种文化产品或文化服务满足一定文化需要的活动。[①]文化产品的市场布局的作用是最大限度地满足消费者的需求、最为有效地分销企业商品、最为经济地控制营销成本。

市场布局的战略选择有三种：广泛布局、重点布局和分片布局；策略选择也有三种：区域集中策略、梯度推进策略和跳跃式策略。

（二）相关理论

商业布局，是指在特定区域内商业细胞规律性、科学性和合理性的人为组合模式及其运作体系。商业布局的形成和发展是商业经济发展到一定阶段的产物。

商圈理论，是指店铺以其所在地点为中心，沿着一定的方向和距离扩展，那些优先选择到该店来消费的顾客所分布的地区范围，换而言之就是店铺顾客所在的地理范围。影响商圈的基本因素包括：引客效应（向心力）、相对距离（辐射力）、外在竞争（离心力）、自然障碍（偏心度）（图7-5）。

---

① 欧阳友权. 文化产业概论[M]. 长沙：湖南人民出版社，2007：72.

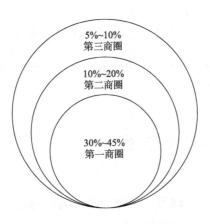

图 7-5　商圈吸引力的估算

这里的"店铺"指的是文化产业园或与产业园产品的销售相关的地点（店面）。商圈理论告诉我们，销售活动通常是受到一定地理环境限制的。在一定的地理界限内，有着相对稳定的商圈。商圈不会固定不变的，而是会受到园区或店面所经营商品的改变、交通环境的改变、销售地点的改变、经营规模的改变而发生改变的。例如，近年来动车组、高铁的运营，就大大缩短了一些地区之间的乘车距离，因此出现了"1 小时经济圈""3 小时经济圈"等概念，指的就是以每一目的地为圆心，以一定时间内可以驱车或乘车到达的距离为半径所划分的区域，该中心目的地的商圈就在这一片区域中，可以说便捷的交通为商圈范围的扩大提供了最主要的推动力。竞争情况也会导致商圈范围的改变。例如，原来的商圈内出现了竞争对手，那么消费者可能会被吸引走一部分，这时原有的商圈就缩小了。当然商圈并不一定是圆的，它可以是多角形、不规则的形状，这主要取决于商品、交通、地点、经营规模等多种因素的综合作用。在文化产业园层面，这种商圈理论多用于以文化旅游、艺术品交易、会展、文艺演出等文化行业为主营业务的产业园。

由于互联网、多媒体和电子商务的迅猛发展，许多文化产品的营销不会被限定在一定的商圈内，或者说，商品的销售不再受地理界限的控制，而是受到互联网技术的制约，电子商务越发达、物流越快捷的地区消费者越多，产品的销售量也就会越大。

二、产品市场布局的要素

根据市场布局的相关理论，影响产品市场布局要素主要是产品性质、区域性质、人口与购买力、购物便利性、交通条件、竞争状况、环境障碍、发展趋势（表7-6）。

表 7-6　产品市场布局要素

要素	具体内容
产品性质	产品的承载介质
人口	人口总量、密度、年龄、性别、教育程度、民族、语言、宗教、居住条件、职业状况等
购买力	主要指收入，但文化水平、教育背景、社会习俗、政治等因素也会影响购买力
购物便利性	与地理环境、交通条件、技术条件等密切相关
交通	航空、铁路、公路这三种交通方式，在公路方面还涉及路况、里程、路网分布、车况数量等指标
竞争对手状况	同行业内竞争对手数量、品牌实力等
区域性质和环境障碍	周边地理、文化、经济、政治环境，主要是制度障碍

（一）产品性质

文化产品可以是有形的实体，也可以是无形的服务，甚至还可以是一种理念，因此制定文化产品的市场布局策略，最先要考虑的就是自身产品的性质如何，承载介质为何。有些产品，如文化旅游产品、文艺演出的节目、会展的内容和服务、古玩艺术品等，就必须吸引消费者亲身前往园区消费，这时交通的便利性、购物环境的便利性、同一区域内竞争对手的数量和强弱等就都成为综合考虑的重要因素；但如果文化产品是动漫作品、影视作品等，那么互联网、数字媒体等技术层面的问题就成为市场布局时重点考虑的对象。

（二）人口与购买力

人口因素包括人口总量、密度、年龄、性别、教育程度、民族、语言、宗教、居住条件、职业状况等。

购买力主要指收入，但文化水平、教育背景、社会习俗、政治等因素也会影响购买力。根据恩格尔系数的公式，随着家庭和个人收入增加，收入中用于生活食品方面的支出比例将逐渐减少，可以计算出特定消费群体的购买力度。2004 年时，我国城镇居民的恩格尔系数为 30%~40%，那么根据恩格尔系数的标准，30%以下为最富裕，30%~40%为富裕，40%~50%为小康，50%~59%为温饱，59%以上属于贫困[①]，所以，2004 年时我国城镇文化消费水平较高，购买能力较强。

另外，目标市场的社会习俗、经济状况等对产品的布局也有很大影响。以迪士尼乐园为例，自 1992 年巴黎迪士尼乐园营业以来，持续了十年的巨额亏损状态。后来迪士尼在总结失败原因时发现，在这十年间恰好是欧洲经济衰退的十年；同时，法国人排外心理很严重，对美国的商业文化、快餐文化尤为反感，迪士尼是美国对外的典型品牌形象，当然会激起法国消费者的抵触情绪；另外，欧洲人的度假习惯也与迪士尼的游玩方式发生了矛盾，这些都是迪士尼没有周全考虑法国本地经济、社会习俗等要点就胡乱建设的教训。

相反，迪士尼在全球扩张中第一站东京，却是一个成功的例子。20 世纪 80 年代，日本经济腾飞，整个国家普遍收入高、生活富裕，而且不像法国，

---

① 欧阳友权. 文化产业概论[M]. 长沙：湖南人民出版社，2007：83.

日本国民还没有形成固定形式的度假习惯，在日本国民还在寻找更加新型的度假休闲方式时，迪士尼看准了时机在东京扎了根，先后建起的两座迪士尼乐园在全日本获得了意想不到的巨大收获，这使迪士尼集团获得了大量的经济效益和品牌效益。

（三）购物便利性

购物的便利性主要与地理环境、交通条件、技术条件等因素密切相关。便利与否时常是同等条件、同等质量或价格情况下，消费者首先会考虑到的问题。电子商务的出现和物流的发展在一定程度上把某些类别的文化产品的购买便利性平等地放在了互联网这一大平台上，这又迫使文化企业想尽办法在购物便利性方面做出更加差异化的营销方式。横店影视城不仅自己成立"散客订票网"，而且还与携程、艺龙等多家网站代理商合作，增设专业旅游网站，并在其上显著地增添自身的旅游产品，这种做法扩充了销售渠道，进而就为消费者提供了更多的购买入口，因此，消费者购物的便利性也就随之提高了。

（四）交通条件

便利的交通将为产业园所在地区的经济发展带来巨大商机，使之能够吸引大批消费者前来消费，也为产品向外运输提供了更加便捷和低成本的方法。例如，以交通发达闻名的长江三角洲地区周围就汇聚了很多知名的文化产业园，如常州国家动画产业基地，该基地选取常州的主要原因之一就是长江三角洲地区的交通发达，运输便利。常州有着十分优越的区位条件和便捷的水陆空交通系统，市区北临长江，南濒太湖，沪宁铁路、沪宁高速公路、

312 国道、京杭大运河等交通干道穿境而过。全市水网纵横交织，连江通海。长江常州港作为国际一类开放口岸，年货物吞吐量超过百万吨。具体衡量交通状况的指标包括航空、铁路、公路这三种交通方式，在公路方面还涉及路况、里程、路网分布、车况数量等指标。

（五）竞争状况

从商圈理论可知，在一定区域内竞争的激烈与否会直接影响商圈范围的大小变化。考察竞争对手的状况主要从同行业内竞争对手数量、品牌实力等入手。

（六）区域性质、环境障碍

产业园的选址需要考虑周边地理、文化、经济、政治环境是否存在各种障碍，出发点有很多，那么产品的市场布局就是考虑环境是否存在各种障碍的一个出发点。如自然条件恶劣、福利政策少、对文化企业征税较高等都是阻碍文化产业园建设、营销等方面的障碍。

第四节　文化产业园的品牌风险

一、品牌的概念

如果认为商业模式是企业"无形的手"，那么品牌就是企业"有形的手"。品牌是市场经济的产物。品牌是识别标志、精神象征、表征时尚，也是一个时代标志性的文化和价值理念，是产品或服务品质优异的核心体现。

品牌有鲜明的排他专有性，只能属于一个企业，而不能为多家企业同时共有。品牌具有无形可感属性，是一种口碑，它自身是没有物质实体作为承载的，表现品牌的载体通常是图形、标志、符号，而质量、性能和价格则是用来衡量品牌优劣的间接载体。品牌能带来巨大的经济效益，一个国际知名品牌的背后往往蕴藏着文化和实力。另外，品牌价值有多大、品牌是否能获得大的成功，这都是无法简单预期的，重点在于是否科学培育和经营品牌，这也是探索和掌握塑造品牌的各种要素对一个文化产业园在开发自身产品、在市场中寻求定位的重要性。

二、文化产业园的品牌价值

文化产业园的品牌是由园区开发运营商在进行园区的产品经营时，有计划、有目的地设计、策划和塑造，并由社会公众通过对其产品的品质、形象和价值认知而确定的商标。文化产业园品牌的实质是公众对产业园产品感性和理性认识的总和。

文化产业园品牌的特点主要体现在以下四个方面：第一，文化产业园的发展依赖土地、人才、资金等园区所在地的关键性资源，其中土地尤为重要；第二，园区的品牌展现了该文化产业园的文化价值观，鲜明的文化特色构成了园区品牌的内核；第三，园区品牌有强烈的创新特色，这包含政府体制创新、园区管理服务创新和企业科技创新；第四，产业园的产业集聚能力为园区品牌增添了专业特色，在地区的产业结构调整和产业升级中发挥着重要作用，因此产业园的品牌还具有鲜明的时代特点。

文化产业园的产业内核是"文化"，这就要求其产品具备鲜明的文化性；而营销文化产品，同质性的道路是不可能成功的，相反，文化产业园就是在生产和营销具有独特性和差异性的产品。因此，文化品牌在文化产业园的经营中发挥的作用就更加明显，更为重要。

首先，品牌体现文化产业园的核心竞争力和综合实力。大到一个国家，小到一个产业园、一个企业，品牌关系到它们的兴衰，代表着它们的形象，体现着它们的核心竞争力（图7-6）。

品牌信任度的增加会减少企业对价格的敏感性，也就会使企业愿意接受高于市场价位的产品，享受高质量的商务空间和高附加值的各项服务，从而增加园区开发商的利润空间	对于竞争对手，品牌的差异化竞争可以利用目标客户对园区品牌的忠诚以及由此产生的价格敏感性下降，避免与竞争对手在价格上展开伤害自身利益的竞争
对于开发商内部资产，园区的品牌是开发商的重要内部资产，品牌塑造的成功提升了园区开发商无形资产的经营成就	对于园区自身，品牌的成功塑造增强了园区和入驻企业的核心竞争力，形成了园区独特的竞争优势

图 7-6　品牌之于核心竞争力和综合实力的价值

其次，品牌反映文化产业园的形象。品牌可以是一个国家、一个民族文化形象的综合体现，如卢浮宫这一品牌，能够让人联想起法国的浪漫艺术特征；好莱坞这一国际品牌，首先就能让人想到"文化巨无霸"美国；索尼和丰田能够让人联想到精工细致而又价廉物美的日本轻工业，也就能让人想到这个勤恳劳作的民族。那么具体到一个文化产业园，品牌正是其在外形象的代言，如中关村、798和欢乐谷，这些既是产业园的名称，也是品牌形象，它们分别代表着这三个产业园的文化形象：高科技、现代艺术和休闲娱乐。

最后，文化品牌对文化产业园存在巨大的增值效应。品牌的附加值非常高，可以影响到产业园和企业的声誉，可以促进产品的营销。很多国际知名的品牌价值常常会高出其所在企业的年产值，有时甚至高出许多倍。

以迪士尼为例，比起其实体产业，如今的迪士尼代表一种精神，一种快乐的精神。目前，当前的这几代美国人伴随着迪士尼的卡通人物一同成长，迪士尼的形象和故事融入了美国文化、美国生活。人们在迪士尼的角色故事中体验无限的畅想、美好的自由，奇妙的探险、温馨的故事，并记住了一个个形态各异，性格各异的形象。这就是迪士尼的电影观众年龄跨度如此之大，迪士尼乐园不仅吸引儿童也同样吸引成年人的原因，因为所有人都渴望快乐，无论老人还是孩子，而迪士尼在受众的眼里就是在传播这种快乐。

目前，我国在塑造文化品牌的成果上还无法与国际大品牌媲美。但产品达到一定质量时，产品的性能和质量就不再对产品的价值起决定作用了，取而代之起主导作用的是产品的文化含量，也就是产品的品牌。

三、构成文化品牌的要素

为文化产业园塑造品牌是一个系统工程，产业园的内部应该建立一整套完善的品牌形象战略。那么，塑造产业园的品牌具体涉及哪些要素呢？按照塑造和维护品牌的流程为要素进行分类，具体分为两大类：品牌塑造和品牌维护。其中，品牌塑造中按流程分为两个子类要素：品牌策划、品牌定位；品牌维护则分三个子类要素：品牌控制、品牌传播、品牌保护。

（一）品牌塑造

品牌策划——品牌策划是众多要素中最为基础和最为重要的，作为品牌塑造流程的起始环节，它直接关系到后续工作的成败。对于现代企业经营，策划已成为其出奇制胜的法宝。在这一阶段，细致的市场调查分析结合大量涌现的创意，明确在未来市场中该企业、该园区所应采取的最佳战略和行动方案。在这一环节中，需要关注的要素是：策划需体现经营理念，要明确运作方案，要提出具体的发展策略。

品牌定位——品牌定位阶段是指文化产业园要为自身的产品、服务选定特定的消费群体，并制定特定的市场范围。这一阶段按流程分类，共有两个要素。一是市场细分，因为知识经济时代，消费者获取信息的方式多种多样，他们的知识结构在不断改变，接受信息的范围在不断扩大，因此他们对产品的选择范围也更广，口味自然也就变得独特和个性化。为了应对这样的局面，产业园就必须通过市场细分的方式，找出可能对其产品或服务感兴趣的消费者群体。二是要确定产品或服务的个性特色，由于已经找到了特定的消费群体，接下来的工作就是要针对这一群或这几群消费者制定符合其口味的，又独具特性化、差异化的产品，也就是完成品牌的定位。

以横店集团为例，在 2002 年，横店集团整合了横店地区的影视拍摄基地、景区旅游和住宿餐饮等业务，以此作为塑造横店品牌的基础。接下来，该集团针对国内电影拍摄团队苦于寻找规模宏大、资源丰富的影视拍摄基地这一特点，将自身品牌定位为"中国版好莱坞"。以借助"好莱坞"的品牌力量标榜自身的功能和价值。同时除了面对影视拍摄这一消费者群体外，横店集团还瞄准了文化旅游的市场，投资一些高科技的娱乐项目、娱乐表演，从而吸引大批游客前往。近年来横店集团的品牌优势日益明显，可见其品牌定位是比较成功的。

（二）品牌维护

品牌维护包含品牌控制、品牌传播和品牌保护三个内容。

首先，品牌控制。作为保证产品或服务的品牌生命力的关键要素，品牌控制是品牌塑造过程中十分重要的一环。产品或服务的品质代表着一个品牌的价值，其品质则由产品的成本、产品的附加成本和品牌的附加值三部分组成。

在品牌控制环节需要考虑三个层面的要素，即核心品质、形式品质和附加品质。其中，核心品质是该品牌的产品或服务之于消费者的实体利益；形式品质的目的主要是满足消费者的特殊心理需求，其包含的要素在一般产业里有产品包装、款式、标志、色彩、产品设计、形象传播等；附加品质则是指消费者可以享受到的各种附加服务或附加利益，在一般产业里，这主要指免费送货、免费保修、上门安装、热情服务、良好的购买环境等。

文化产业的产品形式更为多样，创意含量更加饱满，因此其品牌控制环节也更加多样化、差异化。以西安曲江新区为例，该产业园在文化品牌的品牌控制环节塑造了文化认同感，并满足了公众的回归感，"心时代"①理论正好可以解释这种品牌控制的方式。曲江新区在建设中注重与消费者拉近心理距离，在新区公共空间的建造中，力图与常规的现代城市空间特点划清界限，着力打造舒适的公共空间。因为前者的沉寂、冷漠、疏离感以及越来越少的私密空间并不能满足受众来园区休闲娱乐的目的。而曲江新区打造了为数众多的步行街，并在大雁塔景区、曲江池遗址等景点为公众免费提供了大量的公共活动空间，增强了互动性，并营造了公众的回归感。另外，在园区建设中，曲江新区挖掘了大唐文化的重要元素，在建筑风格、文艺演出节目等方面多角度体现"唐文化"，由此激发了公众对民族文化的荣耀感，用重现大唐风貌的方式给予大众心理满足感，获得文化认同，由此突出并强化了曲江新区"唐文化"的品牌效果。

---

① 文化学者曹世潮在其专著《心时代：一个情感化的世界及其经济图景》中提出的概念，认为人性、情感正在成为经济、社会和文化发展的资源，成为核心竞争力。

其次，品牌传播。品牌传播是文化产业园将之前精心设计的品牌策划、独具创意的品质特点向外界特定消费群体传达的过程。品牌传播的过程包含两个要素：建立产业园的形象识别系统及整合各种传播渠道、传播要素。其中，产业园的形象识别系统是最为重要的传播方式之一；而整合传播要素、传播渠道主要要求产业园传播的形象必须要与其园区实体形象一致。

仍以曲江新区为例，为了达到更好的品牌传播效果，园区成立了曲江文化产业集团，将传播学中"议程设置"理论用于品牌的宣传工作，常常主动向大众制造并传播良性的关注点、兴奋点，并组织各种主题宣传活动，利用各种媒体渠道将自身的"唐文化"特点推广出去，引领社会舆论热点等，以此传播自身的品牌。

北京的"798 艺术区"，近年来在向各种媒体宣传自身时，十分注意使用"登长城、吃烤鸭、逛 798"这样的评价。虽然这句话最初是来形容"798 艺术区"在外国游客心目中日益显著的地位，但此评价给"798 艺术区"带来的好处却远不仅此一点。既然逛"798"可以与"登长城"和"吃烤鸭"这两种来北京旅游的标志性、典型性活动相提并论，足以见得"798 艺术区"业已成为一项相当重要的文化旅游风尚。此评价使更多的消费者强烈感受到"798 艺术区"的文化价值和"798"的品牌力量，因此对去"798 艺术区"游览一事趋之若鹜。如此看来，"登长城、吃烤鸭、逛 798"这个"口号"也不失为一件综合运用各种传播要素进行品牌传播的典型案例。

最后，品牌保护。品牌保护是文化产业园综合运用各种制度、法律手段保护自身品牌利益的活动。这包含三个重要环节：建立品牌保护制度；提升品牌形象；熟悉各种品牌管理的法律法规。其中，品牌保护制度的建立主要是通过相关的机制约束自身行为，以此来确保产品的品质始终处于优秀的状态。品牌形象的提升是一个动态的过程，需要持续以创意作为推动力，不断满足消费者个性化的文化需求。最后，对于品牌管理的法律法规，在操作过程中一方面要使园区自身遵守相关法规和制度，另一方面要懂得通过正确的法律途径维护自身的利益。

综合上述要素，表7-7为文化产业园的品牌塑造的要素体系。

表7-7　文化产业园品牌塑造的要素体系

一级要素	二级要素	三级要素	四级要素（包含但不限于）
品牌塑造	品牌策划	体现企业经营理念	
		正确的运作方案	
		提出具体策略	
	品牌定位	细分市场	
		确定产品或服务的个性特色	
品牌维护	品质控制	核心品质	为消费者提供实体利益
		形象品质	产品包装、产品设计、形象传播、款式、标志、色彩等
		附加品质	免费送货、免费保修、上门安装、热情服务、良好的购买环境等
	品牌传播	建立企业形象识别系统	
		整合各种传播要素和渠道	
	品牌保护	建立品牌保护制度	
		提升品牌形象	
		熟悉各种品牌管理的法律法规	

四、园区的品牌建设内容和评价

（一）品牌建设的内容

文化产业园区品牌建设的目的是提升园区的价值和核心竞争力，其内容包含专业定位、品牌规划、价值观念、专业服务、品牌延伸和创新、品牌的评价改进。其中，专业定位指的是园区要体现专业特色，要发展符合政府及当地实际情况的产业和行业；品牌规划指的是要从战略的角度来策划和管理园区的品牌；价值观念指园区的品牌要体现园区独有的文化精神；专业服务指品牌要体现园区专业的管理和协调服务能力；品牌延伸和创新则指的是品牌在发展到一定的成熟阶段时，为避免其走向衰落，要保持能够继续扩展和创新的能力；最后，品牌的评价改进指的是借助园区的评价体系来评估和提升品牌的形象和价值。

（二）品牌建设的问题

其一，品牌策划缺乏战略高度。当前，我国文化产业园区的品牌呈现出：数量多、规模小、管理乱、质量差、营销弱等特点（张翔，2009）。其中，"数量多"指的是存在大量国家级、省级、各县市级，甚至各街道级的产业园区或创业基地。"规模小"指的是文化产业园规模较小，商务空间十分有限，产业集聚不成规模，集聚的氛围也很薄弱。"管理乱"指的是很多园区缺乏专业的管理运营商，现有的管理部门仅满足于收取房租和基本的管理物业费，因此提供的服务也十分有限。"质量差"指的是园区管理者普遍看重的是招租和入驻率，而对园区进入的企业所在行业、经营范围、企业质量等的筛选不足，造成园区缺乏整体的专业特色和品牌。"营销弱"指的是园区对品牌的整合营销方式很单调，不能全方位的将园区品牌推广出去。

其二，园区品牌同质化竞争严重。同质化竞争现象明显，缺乏独特的核心竞争优势。这种同质化的竞争趋势主要集中表现在对优惠政策的追逐、招商手段的相似、发展目标的大而全、目标客户追求国际知名企业等。这些缺乏差异性的竞争手段，造成了各个园区之间竞争大于合作的局面，致使招商成本增加。同时，一个地区不同园区的发展模式相似，从而无法体现出各自特点，其品牌的识别度和品牌优势也相应降低。

其三，品牌的延伸受管理体制的束缚。大部分产业园区属于政府主导型管理体制。这意味着，园区的资产、人员相对固定，很难自主流动；政府对其管理的方式也缺乏专业性和创新性，缺乏激励机制，行政色彩浓厚。同时，如果园区自主地跨出本地，向外延伸，也经常会因为缺乏相应政策扶持而造成失败。

（三）品牌建设的评价标准识别体系

文化产业园品牌的核心来源于产业园自身的文化精神，构成了其品牌的差异性。文化产业园在塑造品牌时所体现的文化性，与公司文化的建设机理极为相近，因此，如果评价其品牌的建设成功与否，不妨借鉴企业文化的评价标准，即企业识别系统（corporate identity system，CIS）。因而，依据CIS，园区品牌建设评价标准识别体系包含三个部分，即园区的理念识别、专业园区的行为识别、园区的视觉识别。

园区的理念识别：这一项识别的对象是园区发展的主导意志，具体包含从一个园区的开发到运营管理，其中涉及的价值观、方法论、园区精神、道德标准等是其评价的要素。这些要素将会深刻影响产业园的决策、制度、活动、管理、形象等方面，指引着园区的发展方向。

专业园区的行为识别：这一项识别的对象是产业园开发管理理念的实施准则和其动态表现。具体包含产业园的制度、规范、守则、对外关系等。这些要素协同构成了产业园的形象内涵，统一了园区内外的认知和感受。

园区的视觉识别：这一项识别的目的是判断园区是否能够在对外宣传和识别上获得短期、快速的效果。这类识别标志具有明显的差异性，是园区特有的识别标志。

五、案例分析——迪士尼的品牌理念

迪士尼拥有影视、主题公园、商业销售等多项业务，并且在各项领域都取得了成功，这从很大程度上归功于迪士尼独特的经验模式。迪士尼的经营理念就是创新，更重要的是迪士尼将创新变成了一种模式。

目前的迪士尼品牌是一块宝贵的"金字招牌"，品牌背后的价值不可估量，这与迪士尼的品牌战略是分不开的。同样，迪士尼乐园通过实施品牌经营策略获得了巨大的收益。

首先，迪士尼将自身的品牌定义为"快乐"，来迪士尼乐园体验的是快乐，看迪士尼作品，感受的是快乐。这不仅成功地塑造了人们对迪士尼产品的认知，更塑造了人们对迪士尼集团的认知。人们看到这个企业，也会想到快乐。而这，其实就是在营造一个非常亲民的企业形象。因此，迪士尼品牌成功的原因之一就是它将自身的产品形象和企业形象联系了起来，而且它们都表示"快乐"，也就是对迪士尼集团而言"快乐=财富"。

其次，迪士尼集团的加速扩张有赖于成功的品牌经营。迪士尼品牌的全球化扩张凭借两个载体：一是借助好莱坞影视剧的传播，将品牌镌刻在自身影视作品里，其影响范围之广，人所共知。二是以迪士尼乐园为实际存在的载体，扎根于东京、上海、香港、巴黎，将自身的品牌文化连同商业野心，一同传播到东亚、东南亚、欧洲等地，从而对更多类型的文化产生影响。

最后，由于迪士尼形象深深镌刻在广大消费者心中，又凭借"快乐"的品牌内涵打动人们，因此人们自然会对迪士尼品牌乃至其集团中其他类型的产品产生强烈的好感度和高度的信任感。这不仅包含了影视作品和主题乐园，也包含迪士尼下属的服装、文体用具等产品。使这些产品遍布全球，而这种多元化的经营手段，又会进一步加强迪士尼品牌的全球影响力。

第五节　文化产业园的核心竞争力风险

一、核心竞争力的构成条件

核心竞争力是一种当代竞争能力模式和战略管理理念，是企业在某一市场上获取持续竞争优势的源泉和基础，是现代企业生存发展的自主能力和造血能力，既是当代战略管理的主旋律也是企业经营管理最为关注的现实问题。

在文化产业核心竞争力的含义中包含了许多层次。文化产业的核心竞争力不是一般竞争力，而是文化产业赢得长期竞争优势所应具备的战略管理范式和综合素质，也可将文化产业核心竞争力理解为一个国家的文化产业在国际竞争中所应具备的关键能力与核心专长。文化产业的核心竞争力需要文化企业或文化产业经营性的组织表现出一系列核心特长或关键能力，并以市场占有率和品牌的公信度为标志。

构成文化产业核心竞争力的条件存在于两个层面——宏观和微观。宏观方面，文化产业核心竞争力是一个国家或民族的文化产业在国民经济和综合国力中的支撑作用，它由相互关联的三个部分组成：最上层是整个国家文化产业的国际竞争力，中间层是不同文化行业的行业竞争力，最下层是具体文化企业的单个竞争力。

本节主要从微观层面探讨树立文化产业园核心竞争力的过程中需要把握的各类条件。这主要包含外部条件和内部条件两大类。

外部条件主要由产业结构、生存环境、市场环境、市场主体、宏观整合文化资源、文化基础设施、信息化网络化建设等作为构成要素；内部条件则包含园区资源、行业关联、创生潜力、经济效益、园区实力、抗击风险的能力等。

（一）外部条件

1. 产业结构

作为文化产业核心竞争力的前提，文化产业结构的调整、升级和优化发挥着至关重要的作用。

产业结构所包含的要素主要有产业、人员、资本、技术、贸易等，在第三章中已经对其有过详细的论述。

2. 生存环境

文化产业园的生存环境主要包含产业发展的体制和机制保障，它们为文化产业园的核心竞争力的发展搭建了规则性的平台。同时这里也包含了各种体制上的创新，如管理体制创新、科学投融资体系的建立、现代企业制度的建立等。宏观的层面上还包含了文化体制改革和各项法律法规的完善等。

3. 市场环境

良好的文化市场为文化产业园的核心竞争力的培育提供了重要的外部支

持。良好的市场环境是文化产业园发展的催化剂，市场的良性循环对于文化产业园的可持续发展有着重要的支撑作用。

4. 市场主体

与市场环境一样，市场主体也是核心竞争力培育的重要前提条件之一。

5. 宏观整合文化资源

在"民族文化"和"文化区位"中都对文化资源的评价要素和整合方式等进行了深入的探讨，此处不加赘言。

6. 文化基础设施和信息化网络建设

文化活动的基础设施建设、通信网络的提供、舒适便捷的工作和生活环境、开放的文化交流环境等都是激发园区人才进行文化创意的有效手段。

（二）内部条件

1. 园区资源

主要包含园区产业发展所必需的人力、资本、技术、信息、装备、文化资源、体制机制、政策、人才等。

宋庄艺术集群之所以具有较强的核心竞争力，正是源于该园区拥有1 000多名从事文学、绘画、雕塑、音乐创作的自由职业者，拥有这一丰富的人才资源储备。

横店影视城之所以可以自称为"中国的好莱坞"，是因为其拥有丰厚的资源基础。自1996年为拍摄《鸦片战争》建造了第一个影视拍摄基地"广州街景区"，迄今为止，该地区已经建成"秦王宫""明清宫苑""清明上河图""明清民居博览城""屏岩洞府""大智禅寺""春秋·唐园"等多个大型影视拍摄基地，共拍摄了4 000余部影视作品。

西安曲江新区之所以能被称为"曲江模式"而供业界学习借鉴，是因为其丰富的文化资源锻造了园区的核心竞争力，包括大雁塔、大明宫遗址，而它们又都是唐朝故都的文化遗址，是"唐文化"形象的体现和历史文化的积淀。

中关村之所以以"中国硅谷"著称并具备持续不衰的竞争力，是因为该地区凝聚了IT界的大量优秀人才、尖端的科技信息以及"1+6系列先行先试政策"等重要的优势资源。

2. 行业关联

文化产业园需要将纵向贯穿的产业链与横向贯穿的产业集群相结合，通过对文化资源投入，对内容深入开发，进而达到反复产出，持续对相关产业提供市场附加值。

以宋庄为例，宋庄的相关产业、行业主要包括美术馆、艺术空间、画廊经营店、艺术公司、拍卖行、信息网络、图书出版，以及基础材料供应、服务等。由于宋庄艺术区近年来的发展，带动了其相关行业的快速成长。"据不完全统计，宋庄画廊的经营面积按每年数百平方米的速度在递增，截至2011年画廊总数达113家、大型美术馆14家，艺术家工作室4 500多家，文化相关制造企业50家、文化相关服务企业25家，集中展览、经营面积达10万多平方米，艺术工作区从原来的零散发展到现在近20个，餐饮、休憩、时尚空间 150 个，区内年均举办各类文化活动千余场次。①" 基础材料供应商和相关商业机构、医疗公共服务等行业的发展方面，1994 年的宋庄小堡村仅有 4 个小卖部，截至 2007 年，宋庄的基础材料和供应商已经达到 55 家之多，这 55 家分别散布于视频、印刷、木制品、铸造服装等行业。另外，餐饮、住宿及其他商业机构已经达到 120 家。而医疗及公共配套服务设施方面也发展较快，其中拥有 6 家社区卫生服务站，28 个村级医务室，16 村级便民点。这些数据体现了宋庄艺术区的成功发展，行业关联也正是文化产业园具备核心竞争力的重要标志。

3. 创生潜力

创生潜力包含了产品的研发能力、科技创新的能力、资源汇集的能力等要素，它们是文化产业园核心竞争力的成长性因素。

4. 经济效益

经济效益作为评价要素，是文化产业园投入产出比的动态反映，是表征产业园的核心竞争力强弱的硬指标。

5. 园区实力

园区实力也是评价要素，是文化产业园核心竞争力的综合体现和最终结果。其衡量指标主要包括利润增长率、资本增值的涨幅、文化附加值、经济增量增长情况等。

---

① 胡晓明，殷亚丽. 文化产业案例[M]. 广州：中山大学出版社，2011：150-152.

6. 抗击风险的能力

具体内容在其他章节中有所论述，此处不加赘言。

二、核心竞争力的定性分析方法

当前，定性分析企业核心竞争力的方法有两种：PEST 分析和 SWOT 矩阵分析。

PEST 分析（图 7-7）即企业宏观环境分析。其中，P（politics）代表政治，E（economics）代表经济，S（society）代表社会，T（technology）代表技术，PEST 适合用来分析产业园所处的背景。其中，政治因素指的是对组织经营活动具有实际与潜在影响的政治力量和有关的法律、法规等因素；经济因素指国家的经济制度、经济结构、产业布局、资源状况、经济发展水平和未来的经济走势；社会文化因素指组织所在社会中成员的民族特征、文化传统、价值观念、宗教信仰、教育水平及风俗习惯等因素；技术因素指引起革命性变化的发明，与企业生产有关的新技术、新工艺、新材料的出现和发展趋势以及应用前景（李鑫，2009）。

SWOT 矩阵分析（图 7-8）是当前企业最常用的，用来确定企业自身的竞争优势、竞争劣势、机会和威胁的定性分析方法，它将公司的战略与公司内部资源、外部环境有机地结合起来进行科学的定性分析。

S（strengths）是优势、W（weaknesses）是劣势、O（opportunities）是机会、T（threats）是威胁。按照企业竞争战略的完整概念，战略应是一个企业"能够做的"（即组织的强项和弱项）和"可能做的"（即环境的机会和威胁）之间的有机组合。

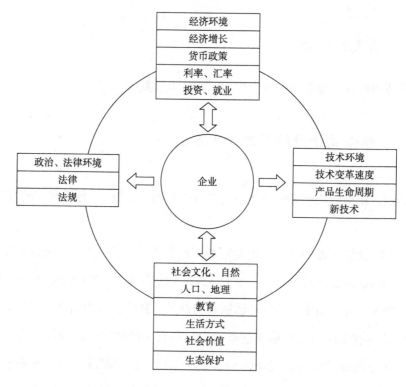

图 7-7　PEST 分析模型

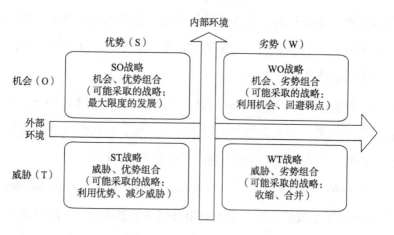

图 7-8　SWOT 矩阵分析模型

这两者都是从整体的战略竞争环境出发进行分析的，体现了鲜明的宏观性和战略性。

三、核心竞争力的定量评价方法

企业核心竞争力的构成十分复杂，人们对核心竞争力的认识和观点不尽相同，加之有关核心竞争力的理论尚处于探索中，并不完善，因此目前没有评价企业核心竞争力的公认的、最有效的手段。本节借鉴《企业核心竞争力的经济学分析》[①]，通过对核心竞争力结构机理的分析搭建评价核心竞争力的模型，分析方法为模糊数学法。

（一）指标体系设计

在核心竞争力概念引入我国后，国内学者对如何测定企业的核心竞争力曾作了一定的研究。但是大多数成果的分歧很大。本节借鉴《企业核心竞争力的经济学分析》中所归纳的企业核心竞争力的三个核心指标，衍生出本书的文化产业园核心竞争力指标体系，即产业园文化力、产业园学习力、产业园创新力。

1. 产业园文化力评价指标

产业园的文化力由物质层、制度层和精神层共同构成。

产业园的物质文化是园区群体价值观的物质载体，是产业园文化的表层部分。这一类文化包含的内容有园区环境、工艺装备和独具特色的产品。测评园

---

① 荆德刚. 企业核心竞争力的经济学分析[D]. 吉林大学博士学位论文，2005.

区的物质文化需要专家通过实地考察的方式来判断，如园区环境的设计安排是否合理、美观，能否给入驻企业提供良好的运营、学习、交流环境；工艺装备的评价标准是其能否有利于提高入驻企业及员工的生产效率、能否为员工提供足够的安全保障等。差异化产品指的是园区入驻企业生产的产品或服务的质量、外观、功能等方面是否具有独特的竞争力。

园区的制度文化处于园区文化的中间层，是对入驻企业、企业员工、园区组织行为具有规范性、约束性影响的内容。制度文化这一层，规定了入驻企业在日常的生产经营中必须遵守的行为规范。其中，组织方式指的是评价园区是否有良好的、有助于可持续发展的组织方式；管理方式是评价其是否民主、高效；入驻企业规范则指的是对入驻企业是否规范化管理和制约。

园区的精神文化处于园区文化力评价系统的核心位置，构成了园区的核心价值体系，它代表了园区受社会文化和意识形态影响而产生的各种行为规范、价值观念和群体意识。这包含了园区精神、核心价值观、发展目标和战略、道德和风气。其中，评价园区精神具体评价的是园区的公众形象是否亲民、积极向上；核心价值观指的是评价园区是否有核心价值观，入驻企业和管理者是否认可并执行；发展目标和战略是指园区是否有明确的发展愿景和使命；道德和风气则是要评价园区经营哲学是否符合社会主义价值观。

2. 产业园学习力评价指标

在整个园区核心竞争力评价指标的结构中，文化力是内核，创新力是最外层，而学习力则是连接两个层次的重要环节。这一环节包含了学习精神、学习机制和学习过程。

学习精神是园区全体入驻单位和园区管理单位的学习意识，是学习态度和学习动机的体现。它决定了学习力的方向，也从一定程度上决定了学习结果的质量。包含园区管理者学习精神、入驻企业学习精神。学习机制是指用科学合理的学习机制来保障产业园的学习精神顺利落到实处，学习机制的完善与否决定了园区的学习力的高低。包含学习机制的完善程度和学习机制的有效程度。学习过程主要考虑三方面内容，年培训人员占全员比、团队学习沟通的程度和引进技术与设备的学习效率。

3. 产业园创新力评价指标

园区的创新力包含了创新精神、创新机制、知识储备和创新过程四个部分。其中，创新精神包含管理者的创新精神和入驻企业的创新精神。创新机制包含创新机制的完善程度和创新机制的有效程度。知识储备包含了三个层面，即知识管理的技术支撑程度、信息搜集和整理能力、管理单位及入驻企业员工受教育的程度。创新过程包含了六个方面，即新产品开发周期、研发成果转化率、研发经费投入密度、研发人员投入密度、核心技术开发或使用的时间与此技术最先在世界上使用的时间差和专利（或著作权）授权量。其中，员工的受教育程度可以量化处理：员工平均受教育程度=（1×小学学历人数+2×初中学历人数+3×高中学历人数+4×大专学历人数+5×大学学历人数+7×硕士学位人数+9×博士学位人数+11×博士后人数）/员工总数。[①]

---

① 荆德刚. 企业核心竞争力的经济学分析[D]. 吉林大学博士学位论文，2005：93.

（二）评价模型构建

可以被用来评价产业园核心竞争力的定量分析模型并不是很多，由于指标数量大，性质复杂，有的可以量化，而有的则无法量化，因此并没有一个非常权威和统一的定量分析模型。当前可以被借鉴的模型包含：折线图模型及九方格模型（胡铭，2002）；层次分析法通过确定权重分析企业核心竞争力（杜纲，1999）；三维评价模型（时希杰和吴育华，2004）；数量经济学的方法（吴玉鸣和李建霞，2003；孔玉生，2004）；模糊综合评价模型（荆德刚，2005）。笔者认为采用荆德刚的模糊综合评价模型能够较好的统一可量化和不可量化指标。

1. 构建模型的思路

本模型的主准则层指标为产业园的文化力、学习力、创新力。用来描述这三个主准则指标的是它们各自包含的要素，即物质文化、制度文化、精神文化、学习精神、学习机制、学习过程、创新精神、创新机制、知识储备和创新过程。它们构成了次准则层指标。而刻画次准则层指标的子准则层指标体系则由前文所获得的 30 个指标构成，如图 7-9 所示。

本模型采用多级模糊综合评价法，先从 30 个指标获得相应的初始评价值，形成评价集；分别测评次准则层下指标的评价值，进而得到 10 个次准则层的指标值；再根据 10 个次准则层的指标值获得主准则层三个主要指标的高低，如此通过层层评价，最终客观描述产业园的核心竞争力是如何受到指标的影响（图 7-10）。

主准则层指标　　　　　次准则层指标　　　　　　子准则层指标体系

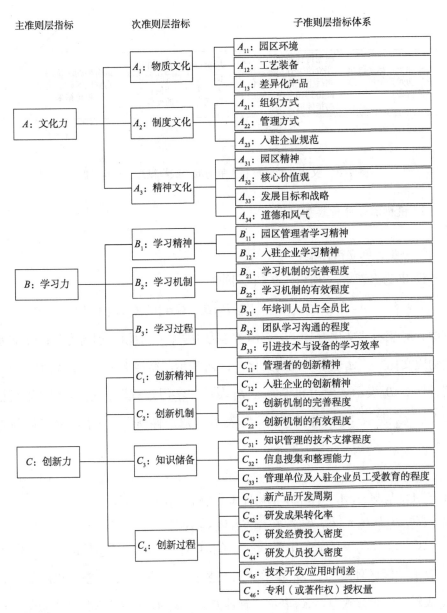

图 7-9　文化产业园核心竞争力评价模型的层次关系

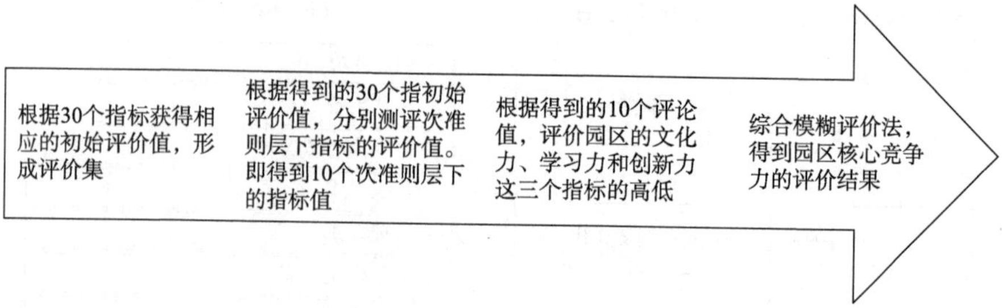

根据30个指标获得相应的初始评价值，形成评价集

根据得到的30个指初始评价值，分别测评次准则层下指标的评价值。即得到10个次准则层下的指标值

根据得到的10个评论值，评价园区的文化力、学习力和创新力这三个指标的高低

综合模糊评价法，得到园区核心竞争力的评价结果

图 7-10　文化产业园核心竞争力的多级模糊综合评价思路

2. 模糊综合评价模型

第一步，创立指标集。

设 W 为因素集，$W = \{A, B, C\}$，同时

$$A = \{A_1, A_2, A_3\}, B = \{B_1, B_2, B_3\}, C = \{C_1, C_2, C_3, C_4\}$$

其中，A 表示"文化力"，B 表示"学习力"，C 表示"创新力"；A_1 表示"物质文化"，A_2 表示"制度文化"，A_3 表示"精神文化"；B_1 表示"学习精神"，B_2 表示"学习机制"，B_3 表示"学习过程"；C_1 表示"创新精神"，C_2 表示"创新机制"，C_3 表示"知识储备"，C_4 表示"创新过程"。

进而设定：

$A_1 = \{A_{11}, A_{12}, A_{13}\}, A_2 = \{A_{21}, A_{22}, A_{23}\}, A_3 = \{A_{31}, A_{32}, A_{33}, A_{34}\}$；

$B_1 = \{B_{11}, B_{12}\}, B_2 = \{B_{21}, B_{22}\}, B_3 = \{B_{31}, B_{32}, B_{33}\}$；

$C_1 = \{C_{11}, C_{12}\}, C_2 = \{C_{21}, C_{22}\}, C_3 = \{C_{31}, C_{32}, C_{33}\}, C_4 = \{C_{41}, C_{42}, C_{43}, C_{44}, C_{45}, C_{46}\}$

A_{11} 表示"园区环境"，A_{12} 表示"工艺装备"，A_{13} 表示"差异化产品"；

A_{21} 表示"组织方式"，A_{22} 表示"管理方式"，A_{23} 表示"入驻企业规范"；

A_{31} 表示"园区精神"，A_{32} 表示"核心价值观"，A_{33} 表示"发展目标和战略"，A_{34} 表示"道德和风气"；B_{11} 表示"园区管理者学习精神"，B_{12} 表示

"入驻企业学习精神"；B_{21} 表示"学习机制的完善程度"，B_{22} 表示"学习机制的有效程度"；B_{31} 表示"年培训人员占全员比"，B_{32} 表示"团队学习沟通的程度"，B_{33} 表示"引进技术与设备的学习效率"；C_{11} 表示"管理者的创新精神"，C_{12} 表示"入驻企业的创新精神"；C_{21} 表示"创新机制的完善程度"，C_{22} 表示"创新机制的有效程度"；C_{31} 表示"知识管理的技术支撑程度"，C_{32} 表示"信息搜集和整理能力"，C_{33} 表示"管理单位及入驻企业员工受教育的程度"；C_{41} 表示"新产品开发周期"，C_{42} 表示"研发成果转化率"，C_{43} 表示"研发经费投入密度"，C_{44} 表示"研发人员投入密度"，C_{45} 表示"核心技术开发或使用的时间与此技术最先在世界上使用的时间差"，C_{46} 表示"专利（或著作权）授权量"。

评语集为 P，$P = \{U_1, U_2, U_3, U_4, U_5\}$，$U_1$ 表示高，U_2 表示较高，U_3 表示一般，U_4 表示较低，U_5 表示低。其中，U 值的判断是经过德尔菲法而获得的关于指标高低的可能性，因此存在一定的主观性。

第二步，综合评价各指标。

由于 30 个"子准则层指标"中有些可以获得具体数据，而有些则不能，因此对于那些无法量化的指标，需要通过德尔菲法（或随机调查法）得到 H_{ij} 隶属于第 x 个评语的程度 f_{ijx}，并构造初始判断矩阵 S_i。其中，H 代表可以量化的 27 个"子准则层指标"，x 代表评语 U 的数值。

$$S_1 = \begin{bmatrix} a_{111} & a_{112} & a_{113} & a_{114} & a_{115} \\ a_{121} & a_{122} & a_{123} & a_{124} & a_{125} \\ a_{131} & a_{132} & a_{133} & a_{134} & a_{135} \end{bmatrix}$$

$$S_2 = \begin{bmatrix} a_{211} & a_{212} & a_{213} & a_{214} & a_{215} \\ a_{221} & a_{222} & a_{223} & a_{224} & a_{225} \\ a_{231} & a_{232} & a_{233} & a_{234} & a_{235} \end{bmatrix}$$

$$S_3 = \begin{bmatrix} a_{311} & a_{312} & a_{313} & a_{314} & a_{315} \\ a_{321} & a_{322} & a_{323} & a_{324} & a_{325} \\ a_{331} & a_{332} & a_{333} & a_{334} & a_{335} \\ a_{341} & a_{342} & a_{343} & a_{344} & a_{345} \end{bmatrix}$$

$$S_4 = \begin{bmatrix} b_{111} & b_{112} & b_{113} & b_{114} & b_{115} \\ b_{121} & b_{122} & b_{123} & b_{124} & b_{125} \end{bmatrix}$$

$$S_5 = \begin{bmatrix} b_{211} & b_{212} & b_{213} & b_{214} & b_{215} \\ b_{221} & b_{222} & b_{223} & b_{224} & b_{225} \end{bmatrix}$$

$$S_6 = \begin{bmatrix} b_{311} & b_{312} & b_{313} & b_{314} & b_{315} \\ b_{321} & b_{322} & b_{323} & b_{324} & b_{325} \\ b_{331} & b_{332} & b_{333} & b_{334} & b_{335} \end{bmatrix}$$

$$S_7 = \begin{bmatrix} c_{111} & c_{112} & c_{113} & c_{114} & c_{115} \\ c_{121} & c_{122} & c_{123} & c_{124} & c_{125} \end{bmatrix}$$

$$S_8 = \begin{bmatrix} c_{211} & c_{212} & c_{213} & c_{214} & c_{215} \\ c_{221} & c_{222} & c_{223} & c_{224} & c_{225} \end{bmatrix}$$

$$S_9 = \begin{bmatrix} c_{311} & c_{312} & c_{313} & c_{314} & c_{315} \\ c_{321} & c_{322} & c_{323} & c_{324} & c_{325} \\ c_{331} & c_{332} & c_{333} & c_{334} & c_{335} \end{bmatrix}$$

$$S_{10} = \begin{bmatrix} c_{411} & c_{412} & c_{413} & c_{414} & c_{415} \\ c_{421} & c_{422} & c_{423} & c_{424} & c_{425} \\ c_{431} & c_{432} & c_{433} & c_{434} & c_{435} \\ c_{441} & c_{442} & c_{443} & c_{444} & c_{445} \\ c_{451} & c_{452} & c_{453} & c_{454} & c_{455} \\ c_{461} & c_{462} & c_{463} & c_{464} & c_{465} \end{bmatrix}$$

第三步，确定指标的影响权重。

因为不同的指标对其上一级指标的影响程度不尽相同，所以为了准确描述最终成果，还需要确定各个指标对上级指标的影响权重。因此，要确定"子准则层"中 30 个指标对于"次准则层"中 10 个指标的权重，而"子准则层"对"主准则层"的权重分值则可以采用层次分析法或随机调查法来确定。

首先，以 D 为"子准则层"的所有 30 个指标对"次准则层"的 10 个指标的统一代码，则可以得到 10 组权重数据

$$D_i\,(i=1,2,3,4,5,6,7,8,9,10)$$

其中，$D_1=[D_{11},D_{12},D_{13}]$ 表示产业园"物质文化"中 3 个指标对其影响权重；$D_2=[D_{21},D_{22},D_{23}]$ 表示产业园"制度文化"的 3 个评价指标对其影响权重；$D_3=[D_{31},D_{32},D_{33},D_{34}]$ 表示产业园"精神文化"的 4 个指标对其影响权重；$D_4=[D_{41},D_{42}]$ 表示"学习精神"的 2 个指标对其影响权重；$D_5=[D_{51},D_{52}]$ 表示"学习机制"的 2 个指标对其影响权重；$D_6=[D_{61},D_{62},D_{63}]$ 表示"学习过程"的 3 个指标对其影响权重；$D_7=[D_{71},D_{72}]$ 表示"创新精神"的 2 个指标对其影响权重；$D_8=[D_{81},D_{82}]$ 表示"创新机制"的 2 个指标对其影响权重；$D_9=[D_{91},D_{92},D_{93}]$ 表示"知识储备"的 3 个指标对其影响权重；$D_{10}=[D_{101},D_{102},D_{103},D_{104},D_{105},D_{106}]$ 表示"创新过程"的 6 个指标对其影响权重。

其次，确定"子准则层"对"主准则层"的权重：

$$E_i\,(i=1,2,3)$$

其中，$E_1=[E_{11},E_{12},E_{13}]$ 表示产业园"文化力"的权重集；$E_2=[E_{21},E_{22},E_{23}]$ 表示产业园"学习力"的权重集；$E_3=[E_{31},E_{32},E_{33}]$ 表示产业园"创新力"的权重集。

最后，确定"主准则层"3 个指标对文化产业园核心竞争力的权重，设定：

$$Q_i\,(i=1,2,3)$$

第四步，确定算子。

根据广义模糊运算定义，可以选用的算子有 4 种，即 $Z(\bullet,\vee)$、$Z(\vee,\wedge)$、$Z(\vee,\oplus)$、$Z(\bullet,\oplus)$，其中，前三个算子主要考察突出因子，对次要因素则是不考虑或者次要考虑，$Z(\bullet,\oplus)$ 则是对所有因素依靠权重来评价的方法。由于产业园核心竞争力需要考虑所有 30 个指标，因此选择加权平均算子 $Z(\bullet,\oplus)$ 的

算法。其中，"·"表示普通实数乘法，$x \oplus y = \min\{1, x+y\}$。

第五步，初级评价。

根据前文所提到的"文化产业园核心竞争力的多级模糊综合评价思路"，首先针对 30 个具体的"子准则层指标"来评价其"次准则层"的 10 个指标，也就是初级模糊综合评价阶段。

设初级评判向量为 $\boldsymbol{M}_i$，于是

$$\boldsymbol{M}_i = D_i \circ \boldsymbol{S}_i = \{m_{i1}, m_{i2}, m_{i3}, m_{i4}, m_{i5}\} \tag{7-5}$$

其中，$i = 1, 2, 3, 4, 5, 6, 7, 8, 9, 10$，依次分别代表 10 个"次准则层指标"，即"物质文化"、"制度文化"、"精神文化"、"学习精神"、"学习机制"、"学习过程"、"创新精神"、"创新机制"、"知识储备"和"创新过程"。

将 $Z(\bullet, \oplus)$ 用于式（7-5）得到"次准则层" 10 个指标分别的 5 个评价值，如物质文化指标的评价值 $\boldsymbol{M}_1$ 通过计算得到：

$$\boldsymbol{M}_1 = \{m_{11}, m_{12}, m_{13}\}$$

其中，$m_{11} = D_{11} \bullet a_{111} \oplus D_{12} \bullet a_{121}, \ m_{12} = D_{11} \bullet a_{112} \oplus D_{12} \bullet a_{122}, \ m_{13} = D_{11} \bullet a_{113} \oplus D_{12} \bullet a_{123}$

其他 9 个指标的综合评价也按此方式算得。将 10 个评价值按照其要素的类别分为 3 组，即 $\boldsymbol{M}_a$、$\boldsymbol{M}_b$、$\boldsymbol{M}_c$，即文化力、学习力、创新力的各自"次准则层指标"的评价值，用 $\boldsymbol{M}_x(x = a, b, c)$ 表示，如下：

$$\boldsymbol{M}_a = \begin{bmatrix} \boldsymbol{M}_1 \\ \boldsymbol{M}_2 \\ \boldsymbol{M}_3 \end{bmatrix} = \begin{bmatrix} m_{11} & m_{12} & m_{13} & m_{14} & m_{15} \\ m_{21} & m_{22} & m_{23} & m_{24} & m_{25} \\ m_{31} & m_{32} & m_{33} & m_{34} & m_{35} \end{bmatrix}$$

$$\boldsymbol{M}_b = \begin{bmatrix} \boldsymbol{M}_4 \\ \boldsymbol{M}_5 \\ \boldsymbol{M}_6 \end{bmatrix} = \begin{bmatrix} m_{41} & m_{42} & m_{43} & m_{44} & m_{45} \\ m_{51} & m_{52} & m_{53} & m_{54} & m_{55} \\ m_{61} & m_{62} & m_{63} & m_{64} & m_{65} \end{bmatrix}$$

$$M_c = \begin{bmatrix} M_7 \\ M_8 \\ M_9 \\ M_{10} \end{bmatrix} = \begin{bmatrix} m_{71} & m_{72} & m_{73} & m_{74} & m_{75} \\ m_{81} & m_{82} & m_{83} & m_{84} & m_{85} \\ m_{91} & m_{92} & m_{93} & m_{94} & m_{95} \\ m_{101} & m_{102} & m_{103} & m_{104} & m_{105} \end{bmatrix}$$

第六步，二级评价。

在这一步里，需要根据得到的 10 个"次准则层指标"的评价值 M_i 评估"主准则层"三个指标的评价值。这一步骤与上一步基本相同。这一步里，权重参数为 $E_i(i=1,2,3)$，判断矩阵为 M_e，因此二级评判矩阵为

$$N_i = E_i \circ M_e = \{n_{i1}, n_{i2}, n_{i3}, n_{i4}, n_{i5}\} \tag{7-6}$$

其中，$i=1,2,3$，依次代表"文化力"、"学习力"和"创新力"。

将 $Z(\bullet, \oplus)$ 用于式（7-6）得到"主准则层"的评价指标分别的 5 个评价值。由此得到二级模糊评价的评价矩阵：

$$N_i = \begin{bmatrix} N_1 \\ N_2 \\ N_3 \end{bmatrix} = \begin{bmatrix} n_{11} & n_{12} & n_{13} & n_{14} & n_{15} \\ n_{21} & n_{22} & n_{23} & n_{24} & n_{25} \\ n_{31} & n_{32} & n_{33} & n_{34} & n_{35} \end{bmatrix}$$

第七步，三级评价。

这一步的评价原理与上两步相同，只是 E_i 换成 $Q_i(i=1,2,3)$，判断矩阵则是 N_i。因此，三级评判向量为

$$L = Q_i \circ N_i = \{l_1, l_2, l_3, l_4, l_5\} \tag{7-7}$$

将 $Z(\bullet, \oplus)$ 用于式（7-7）得到文化产业园核心竞争力的5个评价值。其中，

$$l_1 = Q_1 \bullet n_{11} \oplus Q_2 \bullet n_{21} \oplus Q_3 \bullet n_{31}$$

$$l_2 = Q_1 \bullet n_{12} \oplus Q_2 \bullet n_{22} \oplus Q_3 \bullet n_{32}$$

$$l_3 = Q_1 \bullet n_{13} \oplus Q_2 \bullet n_{23} \oplus Q_3 \bullet n_{33}$$

$$l_4 = Q_1 \bullet n_{14} \oplus Q_2 \bullet n_{24} \oplus Q_3 \bullet n_{34}$$

$$l_5 = Q_1 \bullet n_{15} \oplus Q_2 \bullet n_{25} \oplus Q_3 \bullet n_{35}$$

接着，将 $L=(l_1,l_2,l_3,l_4,l_5)$ 归一化，依据模糊数学中最大隶属原则，l 值最大的就表示园区核心竞争力水平在该档次的可能性最大。例如，最终结果 l_1 的值最大为 0.7，根据最初的评语集设定，其中第一个评语为高，因此，表示该园区的核心竞争力有 70% 的可能性是处于高水平上的。如果 l_4 的值最大为 0.8，则表示该园区核心竞争力有 80% 的可能性是处于较低的水平上的。以此类推。由此方法就可以判断一个文化产业园核心竞争力最有可能处于什么样的发展水平。

◎ 本章小结

本章主要研究文化产业园的竞争风险。在风险大类上就包含了商业模式风险、整合营销风险、产品市场布局、文化产业园品牌风险、文化产业园核心竞争力风险。

在商业模式风险中，首先归纳了商业模式的内涵和演进，接着指出了商业模式的核心原则和影响商业模式的重要因素，这些都是为园区制定合理商业模式以及在商业层面进行风险管理的重要指导元素。最后介绍了评价商业模式的数学方法——熵权评价法和模糊评价法。由于商业模式相对于本书其他需要使用类似数学方法运算的内容而言，运算过程更为复杂，涉及的元素也更为多样，因此在这一节中，进行了模拟分析，通过对模拟数据的复杂运算，最终得出风险评价的结果。

在整合营销风险管理中，主要归纳了整合营销的内涵，并梳理了整合营销策略的重要元素。在这一节中，内容属于策略研究，研究方法为结合经典案例梳理策略要素，因此这一部分研究方法为定性研究，元素无法量化，因此暂无法用数学模型的方式做出评价或决策。

在产品市场布局这一节中，首先归纳了市场布局的基本内涵和理论，其次梳理了影响产品市场布局的六类要素。这一部分也属于定性的策略研究。

在第四节品牌风险中，围绕"品牌的建设和评价"这一核心思路，归纳了品牌的概念，文化产业园的品牌价值，构成文化品牌的要素，建设品牌的内容、问题和评价标准识别体系，最后由于其只能进行定性研究的特点，本节以迪士尼乐园为案例进行了分析。

核心竞争力风险是一个内涵庞大的内容，也与品牌建设密切相关。在这一节中，本书首先分析了核心竞争力的构成条件，进而分别梳理了定性分析核心竞争力和定量分析核心竞争力的方法。其中，定性分析模型是 PEST 分析模型和 SWOT 矩阵分析模型。而在定量评价方法中构建了如何设计评价核心竞争力的指标体系，并建立了相关评价模型——模糊综合评价模型。

第八章　管　理　风　险

　　文化产业是"从事文化产品生产和提供文化服务的经营性行业；文化产业管理是管理者为了向广大文化产品消费者提供高质量的产品与服务，运用各种管理职能，对文化产业的人、财、物、部门、地区等所进行的计划、组织、指挥、协调和控制的活动"[①]。

　　文化产业的管理具备一定的特殊性，文化产业的管理工作需要从宏观和微观共同进行。因为文化产业由社会经济中多个部门或多种行业组合而成，这使文化产业具备了边缘性、交叉性、综合性的特征，这也决定了文化产业从内部到外部各个环节都存在着分工和协作关系。例如，这种关系不仅会在文化产业的内部各个业务部门和各个区域、各个企业之间；也会存在于文化产业与外部各种社会生产之间。因此，这些复杂的分工协作关系十分需要从宏观到微观，进行层层深入的细致管理。

　　本章主要研究管理风险中的园区管理和人才管理。其中园区管理包括管理体系与职能、项目评估要素等内容。

[①] 欧阳友权. 文化产业概论[M]. 长沙：湖南人民出版社，2007：159.

第一节 园 区 管 理

一、管理体系与职能

（一）文化产业管理体系构成

我国文化产品的生产具有区别于其他国家和地区的特殊性，"首先，我国生产文化产品是为了满足人们日益增长的精神文化需求；其次，文化产业的产品的生产价值主要为精神文化力；再次，维持和扩大精神文化产品生产的决定因素，是激发精神文化产品创造者的创新精神；最后，文化产品虽然不能为人们满足物质需求，但是文化产品具备意识形态属性，产品中的精神内容会深刻地影响人们的思想、观念、道德观等"①。

根据我国的文化产业的特殊性，其管理体系也会相应地体现出中国特色。目前，我国的文化产业管理体系是"由体现传统的政治、行政管理方法为主导的，兼有法律行为与方法、经济行为与方法等多种管理模式混合的综合管理体系"②。现有的文化产业管理体系主要由行政管理体系、法制行为管理体系和经济行为管理体系构成。

第一，文化产业的行政管理体系采用的是我国长期以来对文化的管理方法，是由文化行政部门统一管理的，这种管理方法的职能是：保证党和国家的路线、方针、政策能够得到具体执行；体现中国传统体制精神；强调文化

---

① 欧阳友权. 文化产业概论[M]. 长沙：湖南人民出版社，2007：161.
② 欧阳友权. 文化产业概论[M]. 长沙：湖南人民出版社，2007：161.

产业对人们意识形态的正确影响，使文化产品生产的精神品格与中央保持高度一致①。

第二，文化产业的法制行为管理体系是"文化管理机构按照法律法规管理文化产业的一种不断健全与完善的管理方法；具体按照国家权力机关和国家行政部门制定并颁布实施的、具有管理规范性的法规、条例、决定、规章、细则等进行文化市场管理"①。

第三，文化产业的经济行为管理体系。因为文化产业具备特殊意识形态作用，完全的商品化、市场化和企业化对文化产业并不适用，因此这种管理体系需要严格的划分文化事业和文化产业之间的关系。目前，这种管理体系受到政府部门和各界的重视，该体系特别适用于文化产品生产的投融资领域，并对其进行投融资管理。这种市场化的管理体系也是当前文化体制改革过程中的重点趋势。这种管理体系被大力倡导的局面也提醒人们，当前的文化产品管理，既不能只强调文化产品的商业性，而单纯追求商业利润，也不能只强调其意识形态的作用，从而将其从社会生产中割裂出来，而是应当采取梳理和倡导的工作，并在管理体制的层面上进一步创新。

灵活发挥文化产业园的园区管委会的职能，在行政和经济两方面平衡处理产业园的发展问题，是当前众多文化产业园在实践中摸索的重要课题，而这些产业园也已经开发出了一些值得借鉴的管理方式。以中央电视台无锡影视基地为例，该基地采取的"集团+基地"的"共生式管理模式"值得借鉴。中央电视台无锡影视基地是成立较早的一批文化产业园，该基地属于国有制事业单位，1996 年经中国证券监督管理委员会的批准，无锡影视基地与中央电视台下属的四家单位共同筹建了"无锡中视影视基地股

---

① 胡晓明，殷亚丽. 文化产业案例[M]. 广州：中山大学出版社，2011：150-152.

份有限公司"。1997 年，无锡中视影视基地股份有限公司在上海上市，其中中央电视台控股 67%，自此无锡影视基地形成了股份制上市公司的经营模式。作为受集团管理部门委托的常务机构，影视基地负责经营旅游业务，管理的范围包括负责掌管央视在基地的资产，负责沟通协调央视与当地政府各部门和企事业单位之间的关系，负责开发旅游产品项目等。凭借上市公司的融资能力和卓有成效的市场化运营手段，无锡影视基地规避风险的能力获得了显著的加强，在众股东单位的相互支持下，影视基地的旅游产品开发也实现了成功的多元化发展。"集团+基地"这种所有权和经营权分离，但旅游资源的保护和开发权又不完全分离的经营管理模式保证了基地的设立和管理符合现代企业管理的基本规律，并且保证了基地影视资源开发和整合的自主性。

（二）文化产业管理的职能分类

文化产业的管理职能主要是对文化产业相关的策划、生产、营销、宣传等活动进行计划、决策、组织、协调、指挥、控制等。在计划方面，负责部署和安排产业未来发展的战略目标，制订未来行动的基本准则和目标；在决策方面，负责经济发展、经济目标和实现目标的手段等进行最优选择；在组织方面，负责确定管理体制、建立组织机构、制定规章条例及选择相应人员行使职权等；在协调、指挥、控制等方面，则是负责借助指令和命令等，对人员进行分工安排，从而实现计划目标。

二、项目评估

（一）项目评估的内涵和原则

1. 内涵

文化产业园的生产和运营是由多个产业项目构成的，在产业园对项目做出投资决策之前需要对该项目的策划进行深入而充分的分析、研究、探讨、评价，这个过程就是项目的可行性评估（又称项目可行性分析）。在评估过程中需要对策划案的各个方面做出细致调查和周密研究，评估将从经济、财务、技术、法律、组织、社会、环境等多方面综合论证项目的可行性，并比较不同的方案措施，指导最终通过评估，发布可行性报告。项目的可行性评估人员通常由一组专家担任，专家会结合各自专业背景和实践经验对项目策划做出讨论、分析、测评和认定。

2. 原则

项目可行性评估需要遵循六个原则：客观、科学、公正原则；综合评价、比较择优原则；项目之间的可比性原则；定量分析与定性分析相结合原则；技术分析和经济分析相结合原则；微观效益分析与宏观效益分析相结合原则。

（二）项目评估的要素

按照文化产业项目评估流程分类，可将项目可行性评估分为项目机会评价、项目初步可行性评价和项目详细可行性评价三个阶段。其中，项目机会评价是整个评估工作的初始阶段，这个阶段的任务是鉴定投资机会、寻求有投资潜力的项目，这里的投资潜力就是指选定的项目会有发展空间，能够给企业带来盈利。项目机会评价有时是在项目的策划过程中就完成了的。项目机会评价主要包含了三个方面的内容：其一，地区评价，主要需考察的要素是地区经济结构、经济发展状况、教育文化程度、地理位置、自然特征、民族特性、人文习俗和消费特色；其二，行业评价，主要需考察的要素是行业特征、企业或合作投资者在行业中的地位和作用及行业增长状况等；其三，资源评价，主要需考察的要素是拥有有效资源量和资源价值利用度等。

项目初步可行性评价作为中间性环节，其工作的基础建立在机会评价的成果之上。该阶段的评价内容是：投资项目的前景；进一步调查研究的必要性；投资机会是否有前途；

项目概念是否正确；进行市场调查、专业咨询设计等功能研究的必要性；是否有充分资料足以说明该项目创意可行；某一具体投资者有无足够吸引力。项目详细可行性评价是在决策前的最后一个步骤，内容包含分析与项目有关的文化资源、工程、技术、经济等条件和情况；比较论证各种可能的建设方案和技术方案；预测和评价项目建成后的经济效益、社会效益、环境效益等（表 8-1）。

表 8-1　文化产业项目可行性评估过程内容及要素

流程	任务分类	评价要素
项目机会评价	地区评价	地理位置
		自然特征
		民族特性
		人文习俗
		地区经济结构
		经济发展状况
		教育文化程度
		消费特色

续表

流程	任务分类	评价要素
项目机会评价	行业评价	行业特征
		企业或合作投资者在行业中的地位和作用
		行业增长状况
	资源评价	拥有有效资源量
		资源价值利用度
项目初步可行性评价		投资项目的前景
		进一步调查研究的必要性
		投资机会是否有前途
		项目概念是否正确
		进行市场调查、专业咨询设计等功能研究的必要性
		是否有充分资料足以说明该项目创意可行
		某一具体投资者有无足够吸引力
项目详细可行性评价		分析与项目有关的文化资源、工程、技术、经济等条件和情况
		比较论证各种可能的建设方案和技术方案
		预测和评价项目建成后的经济效益、社会效益、环境效益

在了解项目可行性评估流程的基础上，还需要把握其具体评估内容的分类，项目可行性评估的内容有六点，分别是项目策划可行性评价、项目技术可行性评价、项目财务可行性评价、项目社会环境可行性评价、项目组织机构可行性评价、项目不确定性评价（表8-2）。

表8-2　项目可行性评估内容及要素

名称	评价内容（评价任务）	评价要素
项目策划可行性评价	实施策划创意，对项目内容、方式、效益、风险等深入研究、分析，完善项目策划方案及项目可行性评估报告	项目的内容、需求、价格、当地文化修养水平、市场竞争决定下的市场机会、文化资源状况、自然环境、项目场地、投资公司美誉度、人力资源状况，其他对项目的规模和方式产生影响的因素
项目技术可行性评价	对项目主题、目标、效果进行策划，评价该内容能够实现目标	安全技术、展示技术、配套设施建设技术等
项目财务可行性评价	评估项目对投资公司的财务贡献	项目的支出组成与数额、项目的收入构成与数额、项目的资本结构、投资公司承担项目的财务能力和融资能力、项目的投资回报率等

续表

名称	评价内容（评价任务）	评价要素
项目社会环境可行性评价	评估项目所产生的社会影响	项目的实施过程是否利于公司形象宣传、是否利于维护投资公司与政府有关部门、合作单位的关系，项目与法律、环境保护、社会公共关系的适应与协调等
项目组织机构可行性评价	评估投资公司的组织结构对项目成败的影响	项目的组织结构、合作单位、政府委托变更的可能性等
项目不确定性评价	评价项目经受风险的不确定性	盈亏平衡评价、敏感性评价、风险评价、计算机模拟评价及其他

值得注意的是，在项目策划可行性评价中，文化资源的评价问题对文化产业的项目尤其重要。文化产业园所在区域的文化资源往往具有不可再生性，这些文化资源优势是文化产业园发展赖以生存的根源，因此在这个评价阶段体现出较强的专业性质，相关的评估人员必须要有扎实的专业背景。项目技术可行性评价的进行也依赖于充分的市场调查所打下的基础。

第二节 人才管理

一、文化产业园的人才需求分类

（一）人才需求标准

文化产业园的建立需要考虑到各种层面的经济、政治、文化要素，但是这些要素不能独立、零散地存在于产业园中，而是需要一种将之串联起来成为有机整体并能够正常运行的力量，这就是人。然而对于文化产业园来说，一般意义上的劳动力是不能够担当起园区建设、运营、生产、销售、服务等一系列工作的。因为，文化产业本身就是知识密集型产业。文化产业的核心要素就是智力资源。因此，在文化产业园中，作为智力资源的劳动力，被称为"人才"。

此处的"人才"是一个复合型的概念，意味着必须包含多种职业技能和专业知识。因为，"文化产业"是一个经济范畴的概念。"文化"是文化产品或服务的内核，它代表着产品或服务应当具有较深的文化艺术内涵；"产业"代表着前者"文化"必须涉足经济范畴，由于产业化的运作和市场化的经营，带有"文化"内核的产品或服务必须通过"产业"这样的经济领域的衡量才能实现自身的价值。如果不能够符合"产业"所代表的经济要求，不符合市场规律，不被市场所认可和接纳，那么其"文化"内核的产品或服务就是失败的。

那么这就对其策划、设计、生产、管理、市场等一系列流程的各环节的人才提出了非常高的要求：一方面他们必须要懂得艺术、理解艺术，能够熟练运用文学艺术的理念去表达和创造；另一方面，他们必须了解市场规律，懂得市场需求的方向，了解什么样的艺术品、文化服务是当前市场乐于接受的，可以获得大量经济利益，甚至可以发挥市场消费导向作用的。同时，这些从事不同环节的人才还需要具备跨环节、跨行业沟通的能力，具备行业创新的能力。

因此，文化产业园的建设中所需求的大量智力资源、大量优秀人才，必须同时是"创新性复合型经营人才"。那么，这种"创新性复合型经营人才"应该具备包含但不限于如下能力：较高的文化修养；较强的创新能力；企业战略规划能力；投资和风险管理能力；营销能力；财务管理能力；内容策划和设计能力；国际化经营管理能力；技术市场转化能力；文化产业经营素质；媒体产业经营能力；懂得金融知识；懂得法律知识；等等。

当然，几乎不可能找到大量的能够将上述标准都汇集于一身的复合型人才。因此，具体到产业园的运作层面，还需要从人才分类的角度去把握智力资源的需求方向，以此来有计划的、战略性的储备人才资源。

（二）人才资源分类

综合考虑文化产业园的产业链以及空间布局等方面对人才的需求，将文化产业园所需求的"创新性复合型经营人才"从总体上划分三大类：创意类、经营管理类和服务类。

1. 创意类人才

这里的"创意类人才"并不仅限创意，而是应该以创意为主，兼备其他类专业知识的复合型人才。创意人才是文化产业核心要素中的核心组成部分。这一类人才正是文化产业创造财富、促进经济增长的根本源泉。一个文化产业园的竞争力正是来源于创意类人才把源源不断的知识和创新转化为商品。创意类人才主要包含：科学家、高级知识分子、艺术家、艺术工作者、文学家、设计师、建筑师、编辑、各界文化人士、咨询公司的研究人员、影响社会舆论导向的人士等。那么对上述多种人才可以做一个更为细致的划分：创作型人才和研究开发型人才。

创作型人才。创作型人才可分为三类，即创意生产者、创意策划者、创意成果经营管理者。根据文化产业园的建设实质和生产环节的要求，将生产者与策划、设计者同归为"创作型人才"一类，此类人才主要由艺术家、艺术工作者、文学家、文化人士、传媒工作者、民间艺术家、策划人等组成。

研究开发型。这一类人才主要从事基础研究、应用研究和试验发展三类活动。主要由科学家、专业学者、设计师、工程师、建筑师等组成。

2. 经营管理类人才

这类人才属于具有创造性的专门职业人员，主要来自营销、管理、金融、法律、社会公关等行业，大致岗位包括园区管理者、项目经理、制片人、各部门经理、中介人、法律顾问、销售人员、公关人员等。这类人才要有扎实的专业知识，要懂得艺术、善于创意、了解创意产品并能通过自身的工作实现其价值，要善于与人沟通，了解国际市场营销并掌握外语。

如果说，创意类人才是文化产业园各类人才中的核心要素，那么经营管理类人才就是支撑起产业园的骨架，也是核心要素的信息和创意通往外界的不可取代的沟通桥梁。

3. 服务类人才

服务类人才是大多数文化产业学者在研究人才需求方面最容易忽略的一类群体。本节所指的服务类人才主要面向两类人群提供服务，一个是前面所提到的创意类人才和经营管理类人才；另一个是面向消费者。文化产业园吸引创意类人才和经营管理类人才的要点之一就是为这些人才提供便利的生活和工作条件，那么服务类人才正是符合这类要求的必备群体。

这里所指的服务，通常不是含有创意或高科技的服务，而是基础性服务，但却是文化产业园不可缺少的组成部分。由第三章产业园的空间布局中可以看到，一个完整的文化产业园，需要大量公共福利事业，需要为园区服务的政府部门，需要交通运输业，需要邮电业，需要餐饮业，需要医疗、教育、文化，需要处理垃圾、三废的部门，需要农产品供应，等等。而这些岗位都要求大量优秀的服务类人才。因此，服务类人才是园区人才构成体系中必不可缺的三大环节之一。

综上所述，文化产业园的人才需求体系由表8-3中各要素组成。

表8-3　文化产业园人才需求体系

一级门类	二级门类	职业分类	岗位分类
创意类	创作型	艺术家	画家、表演艺术家、雕塑家等
		艺术工作者	编剧、导演、演员、动画制作等
		文学家	小说家、诗人等
		文化人士	评论家、自由撰稿人、具有一定文化影响力的专家学者等
		传媒工作者	记者、专栏作者、编辑等
		民间艺术家	民间雕塑家、民间手工艺者等
		策划人	节目策划人、项目策划人、广告策划人等
	研究开发型	科学家	
		专业学者	
		设计师	
		工程师	网络游戏研发等
		建筑师	
经营管理类		营销	销售人员、公关人员等
		管理	园区管理者、项目经理、制片人、各部门经理、中介人等
		金融	
		法律	法律顾问等
		社会公关	媒体策划、市场推广等
服务类			公共福利、交通运输、邮电、电力等资源、餐饮、教育、医疗、垃圾处理、三废处理、农业等

二、文化产业人才战略

实施人才战略是发展文化产业的重要举措，因为它关系到了培育、使用、储备文化产业的核心要素——人才资源，只有人才资源不断的供应和更新才能够实现文化产业的可持续性发展。

发展人才战略的目的是为文化产业提供丰富的人才资源，而发展人才战略要解决的问题主要应该包括文化产业从业人员总数少、人才结构失衡、人才分布不均、人才孵化期较长等问题。从实施人才战略的宏观层面看，应从以下两点出发。

首先，作为当前文化产业人才的主要来源——高校，要坚持与业界的配合，培养高素质的复合型人才。这主要包含以下几点：①鼓励相关院校在扎实的教育资源基础上建设与文化产业各行业对口的以及专门针对文化产业的相关专业。以动画教育为例，由于企业对动画人才的大批量需求，近年来各院校产生了一哄而上，纷纷筹建动画专业的现象，"我国的动画教育机构激增，但这些教育机构良莠不齐，师资分布不均衡、资源配置不合理，毕业生的工作能力名不副实，直接导致就业市场的混乱和无序竞争，造成人力资源的浪费"[①]。可见，相应产业的需求是一方面，是否具备扎实的专业基础，是否有教育相关高端人士的能力，是否正确看待所在开设专业的需求特点和现状，是否具备充足的师资，是否有充分的教学资源，教育方式是否能培养出符合产业要求的、具备较高工作能力的毕业生，也是高校开办相应专业前必须考虑的关键问题。②对于开办了相应文化产业专业的各院校及研究机构，还需要长期保持与企业、政府的合作，及时了解当前的产业现状、产业特点，并在实践中培养人才，而不是培育"温室里的花朵"或"书呆子"。③高校或研究机构培养人才的途径不仅应该面向国内，更应该带领学生走出国门，积极与文化产业发达的各国家、各地区进行专业交流，培育学生的国际交流能力和丰富学生的国际视野。④高校或研究机构应通过联合办学、短期培训、举办论坛等方式主动与业界沟通，从而实现"产学研"的互动。进而提高产

---

① 肖永亮. 中国动画教育现状分析[J]. 北京联合大学学报（人文社会科学版），2011，9（3）：71-77.

业内从业人员的专业水平，这是目前解决部分行业对欠缺经验的毕业生孵化慢的问题最行之有效的方法之一。

其次，国家和地方政府要加大对相关人才资本的投入力度。从战略的角度出发，这是保证人才队伍建设可持续性的关键要素。当前，我国文化产业的人才资源现状存在以下特点：较大的人才数量与低素质人口比重过大并存；人力资源丰富与人力资本短缺并存；人才稀缺与人才浪费并存[①]。这样具有矛盾性但又具有典型现实性的问题是制约我国文化产业发展的主要问题。要解决它们，就必须从政策出发，明确强化对文化产业人才的资本投入，一方面以政策鼓励的方式留住人才；另一方面以资本支撑的方式发展人才。同时，可以构建一批尖端的创意人才队伍，从创作和研发两个角度培育和发展人才，力图使之具备在国际上同行业内领先的专业水平和创意能力，从而带动我国文化产业向高端迈进的步伐。

最后，建立这种人才使用和鼓励机制，使我国文化产业人才的储备充满活力。要从文化单位的管理体制上入手，改变以往"论资排辈""平均主义"的不科学的管理手段，创造公平的竞争环境，从而发掘人才、培育人才、发展人才、留住人才。

那么，具体到从一个文化产业园发展的角度，需要进行的人才战略则从如下几方面出发。

首先，要充分与高校和科研机构合作，发现人才、培育人才。一方面，应该与相关院校及科研院所建立长期的战略伙伴关系，可由培养单位输送学生到园区、到企业实习，在协助院校培育人才的过程中发现自身需要的人才，从自身需求的角度，按自己的方式专向培育这些实习生，使之能够在毕

---

① 欧阳友权. 文化产业概论[M]. 长沙：湖南人民出版社，2007：52-54.

业后为己所用。从而省去了对毕业生进行岗前培训的过程，加速了人才从新手到成熟的孵化过程。另一方面，在与院校及科研机构的专业交流中，用专业知识强化和提高园区内部从业人员的技术水平和专业能力，从而提升园区自身的人才资源结构。

其次，强化园区自身的竞争环境和人才激励、晋升机制，为人才提供更全面、更公平的发展空间。以竞争上岗、择优录取等方式选取和激励从业人员的竞争意识，使之有意地积极提升自身知识结构、专业技能，丰富人才自身的知识广度。多为园区内部从业人员的专业经验提供磨炼的平台，从而在园区内部打造一支具有高水平、高层次，并具备充分活力的复合型人才队伍。

再次，为吸引尖端人才，需从人才的生活环境改善和提高入手。具体在生活方面，应以高福利、高待遇为吸引人才的主要方式，如户口待遇、住房补贴等，同时还在完善园区服务设施，从而在教育、医疗、饮食等多方面为人才打造适合居住和发展的良好的生活环境。

最后，要经常保持园区"新鲜血液"的注入。对于一个企业而言，如果要保持长期的发展，必须经常引进新的人才，即注入"新鲜血液"。对于文化产业园的可持续发展也是如此，甚至更为重要。因为在一个地区、一个创意团队内部，经常性的更换"血液"，经常引入新的观念，是保持创新活力的重要方式之一。园区必须认识到，使用人才并不等于一定要拥有人才，因此，如何采取灵活的人才引进和管理方式，对园区人才采取签约制度和绩效分配制度等都是保持园区创新活力的可行之策。

三、人才流动的风险后果评价指标

文化产业园的人才战略属于静态的策略研究，而文化产业园的发展不是静态的，其人才是流动的、动态的。因此，需要有针对人才动态流动的特性，选择相应的风险管理方法或思路。研究人才这一动态的特征，最主要、最直接的切入点，莫过于研究人才流动的风险后果。

文化产业人才的流动，是社会人力资源的配置过程。人才在不同的企业之间流转、在不同园区之间流转、跨区域或跨国家流转，都是十分正常合理的。但是，如果集中在一个时间段、一个区域内过度的流动，那么就预示着将要出现风险。例如，园区或园内企业引进了太多并不符合发展需要的人才，或者园区内部员工频繁性的调动，核心创意人员或核心管理人员集体流失等，可能会造成园区和入驻企业的知识外溢、核心技术外泄、人工成本增加、生产成本增加、生产效率降低、人才情绪不稳定等不良后果，从而影响了文化产业园的发展。

（一）人才流动风险管理研究综述

国内外学者对人才流动的研究成果可以概括为四个方向，包括人才流动风险的动因和影响因素分析、人才流动模型研究、人才流动风险后果分析、企业人才流动风险评估和风险控制研究。

其一，人才流动风险的动因和影响因素分析。这一部分研究成果发现，造成人才实际性流动的原因和影响因素为三大类：个人因素、组织因素、社会因素。

其二，人才流动模型研究。人才的流动有一定的规律可循，这方面的研究依据是"马奇-西蒙模型"、"莫布雷中介链模型"和"普莱斯模型"。

其三，人才流动风险后果分析。人才的流动，会为企业带来风险，这种风险包括三种：人才流出风险、人才流入风险和人才内部流动风险。其中，人才流出的风险所产生的后果非常明显，人才重置使得成本增加，相应的也会增加人才的培训费用；岗位空缺还可能使生产效率降低；核心人才外流也会造成商业机密面临泄漏的危机局面；企业声誉也会随着人才的大量流失而受损。"人才流入风险"则包括入职人员不匹配所带来的风险，人才过度集中而造成的人才资源浪费等。"人才内部流动风险"后果则是影响生产效率，造成员工情绪不稳定，企业生产能力受损等。

其四，企业人才流动风险评估和风险控制。企业人才流动给企业带来了各种风险，并需进行人才流动风险管理，在这一部分综述中，研究人员把财务、金融、保险等领域的风险管理技术运用到人才风险管理中，并针对人才流动的特殊性制定不同的人才流动风险应对决策[①]。

综上可知，关于这一部分的研究方法，研究人才流动风险问题时可以通过模糊综合评价法和层次分析法来实现；预测人才流动问题可以使用马尔可夫链模型；如果需要计量人才流动的风险损失，则可以通过贝叶斯公式、信息熵算法、神经网络模型的使用来实现，同时还能够针对该问题提出控制措施。

（二）人才流动的风险管理步骤

人才流动的风险管理逻辑为四步，第一，获取数据；第二，处理数据；第三，根据模型和指标分析影响人才流动的主要因素，为风险决策提供依据；第四：采取风险控制方法。人才流动风险的量化分析方法是问卷调查结合结构方程模型，其主要步骤如下：问卷设计—问卷测试（信度分析和效度分析）—问卷发放和回收—样本分析和问卷测度（样本基本分析、信度分析

---

① 肖乌妹. 企业创新型人才流动风险管理研究[D]. 华侨大学硕士学位论文，2013：25.

和效度分析、测量模型分析）—问卷分析（单因素方差分析、结构方程模型分析）—获得结论。

（三）人才流动影响因素

影响人才流动的因素主要有十种，分别是："人口统计变量"、"个人与组织匹配水平"、"薪酬满意度"、"工作环境"、"工作本身因素"、"职业成长空间"、"组织承诺"、"就业机会"、"家庭因素"和"流动成本和其他因素"（肖鸟妹，2013）。

其中，"人口统计变量"是年龄、性别、学历、婚姻状况等个人因素；"个人与组织匹配水平"表示人才与组织一致性的程度，主要表现在个人价值观、职业发展目标、个人能力和个人兴趣；"薪酬满意度"是主观指标，表示对工资福利、薪酬制度、发放方式的感受；"工作环境"包含硬环境和软环境两部分，硬环境是指工作场所的环境，软环境指人际关系；"工作本身因素"也是主观指标，人才感受到的工作自主性、单调性、工作负荷；"职业成长空间"是人才在企业中获得提升、晋升的前景，也包括企业的发展前景；"家庭因素"是当工作与家庭发生冲突时，工作与人才家庭的相关因素；"就业机会"包含两方面，一是外部真实的劳动力市场需求，二是人才所能感知到的工作机会；"组织承诺"是人才对于组织的行动，如忠诚度、愿意留在组织工作、愿意维护组织形象的程度；"流动成本"指人才转换工作时会发生的显性和隐性成本（肖鸟妹，2013）。

（四）人才流动的风险后果评价指标体系

肖鸟妹在《企业创新型人才流动风险管理研究》中，依据真实性和系统性原则构建了评价企业创新型人才流动的指标体系。人才流动给企业带来的风险有六类，分别是"成本增加风险"、"企业运营风险"、"人才集体跳槽风险"、"无形资产流失风险"、"人才资源浪费风险"和其他未能归类的风险。（肖乌妹，2013）由此得到了"人才流动的风险后果评价指标体系"（表8-4）。

表8-4　人才流动的风险后果评价指标体系

一级指标	二级指标
成本增加风险	招聘成本增加、培训成本增加
企业运营风险	计划中断、岗位空缺、员工情绪低落、培养竞争对手、团队创新能力下降、经营效率下降等风险
人才集体跳槽风险	提高员工流动意识、人才集体流出等风险
无形资产流失风险	核心技术流失、商业机密泄露、客户流失、市场流失、知识财富流失、企业信誉下降等风险
人才资源浪费风险	不合理等人才流入企业、人才过度集中等风险
其他风险	工作氛围受破坏、企业信誉被诋毁、信息安全受威胁等风险

资料来源：肖乌妹. 企业创新型人才流动风险管理研究[D]. 华侨大学硕士学位论文，2013：55

◎ 本章小结

这一章主要讨论管理风险，这包括园区的管理和人才的管理。

其中，在园区管理一节中，一部分内容已经在第三章园区风险的管理主体内容中有所探讨，因此这一章只简要介绍了管理体系的构成、职能分类等内容，也介绍了园区在进行项目管理评估时需要注意的问题。这一部分属于定性研究的内容。

在人才管理一节中，首先介绍文化产业园的人才需求标准和类型，进而介绍相关的人才战略。而人才风险的主要来源在于人才流动，因此本节重点讨论了人才流动的风险后果评价。

在人才流动这一部分，首先，对人才流动的研究基础和研究方法做了系统的梳理；其次，归纳了人才流动的风险管理步骤；再次，介绍了人才流动影响因素及模型，也就是最终量化时依据的研究模型；最后，构建人才流动的风险后果评价指标体系。在这部分中，可以采用量化研究的方式，数据来源于问卷调查，数学方法依靠单因素方差分析、结构方程模型分析。

第九章 结 论

第一节 研 究 逻 辑

本书的研究基础是文化产业园的风险管理体系。该体系以文化产业园风险内容的关联性为基础，结合各类要素，并依据文化产业园的独特性而最终形成，即文化产业园风险管理体系由宏观环境风险、布局风险、运营风险、竞争风险和管理风险五部分共同组成，各部分之间通过其内部各层次要素的有机关联组成完整的风险管理体系；文化产业园的风险决策和评估，需要全方位考量上述五部分风险要素及各层的子要素，从而获得科学、全面的结果（李飒，2014a）。

具体在研究逻辑方面，本书自绪论展开，在构筑丰富的支撑理论体系并明确管理主体的基础之上，依据文化产业园风险管理体系的逻辑框架展开研究，依照顺序，分别探讨宏观环境风险、布局风险、运营风险、竞争风险和管理风险五个大类的风险及其各自的子类风险。

第二节　内容总结

在第一章"绪论"中，主要进行两方面内容的论述。在第一节中介绍了本书的研究背景、研究内容、拟突破的重点和难点、研究的意义。在第二节中明确了本书的研究方法、研究框架及思路。总体而言，第一章目的是明确主要的基础性问题，为研究思路奠定基调。

第二章是研究基础，全面梳理了文化产业园风险管理研究所依据的理论体系。管理文化产业园，需要建立从宏观到中观，再到微观的庞大的理论体系，也需要以十分广泛的理论作为支撑。其中，研究相关问题所依据的理论大致包含了产业集聚理论、产业经济学理论、创意经济学理论、企业战略风险理论、风险管理理论；而研究文化产业园风险管理所要依据的逻辑架构则由笔者的前期研究成果"文化产业园的风险管理体系"组成（李飒，2012）。

第三章"文化产业园风险管理的主体"重点讨论了园区管理主体的分类和功能。即政府、企业、高校和科研院所、行业协会。其中，政府和企业为产业园风险管理的主要实施者，在不同阶段，政府的介入程度不同，因此在不同情境下，两者分别扮演着重要的管理者角色。同时也分析了政府这一管理主体，在不同时期对文化产业园的不同参与程度。

以上述研究作为基础，对"文化产业园的风险管理体系"中五大风险类型分别进行了详细的分析，并寻找适合解决其风险评估、风险决策的方式。

一、宏观环境风险

宏观环境风险是宏观经济层面的风险，由政策风险、经济风险和资源风险三个大的子类构成。

首先，政策风险的内容包括多国文化政策比较、国家文化体制改革、我国文化产业发展规划等。此类风险的特点是受国家、地区政策影响，是不可控因素。因此，对于这一类风险的管理，文化产业园能做的十分有限，更多的则是充分学习政策，充分利用政策所带来的机遇。

其次，经济风险的内容包括了区域综合实力、区域经济结构、文化产业对外贸易。此类风险的特点是受国家、地区经济发展情况影响，受国家文化产业整体形势和政策影响，对园区而言是不可控因素。因此对于园区来说，一方面要充分跟踪了解国家、地区经济发展的特点和方向，另一方面也要谨慎选择经济发展情况适合自身行业特点的地区建设产业园，这与区域选址的问题有些交叉，将选址问题统一归到资源风险部分讨论。

最后，资源风险的内容包括了文化资源和区位资源。其中，文化资源内容受民族、国家、地区的资源存量、特点、开发原则等影响，这些元素不可控，同时属于定性研究范畴。而区位资源的内涵则包括了定性和定量两种属性的要素，是可控因素，可以通过灰色聚类的方法综合评定，实现科学选址。

二、布局风险

布局风险是中观经济层面的风险，由空间布局风险、基础设施布局风险和产业布局风险三个子类构成。

空间布局风险的研究以定性分析为主，其方法是在充分了解空间布局的要素基础上进行案例分析，因此主要讨论了空间布局的规律、功能性板块构成、物理性圈层构成，并通过实际案例来分析说明。

基础设施布局风险也以定性研究为主，融资模式是重点问题。支持文化产业园基础设施的建设模式有 PPP 和 BOT 这两种，PPP 模式克服了 BOT 模式中两个最关键的缺点：项目前期工作周期过长、投资方和贷款人风险过大，但该模式自身也存在一些缺陷。总体而言，PPP 模式优于 BOT 模式。

产业布局风险则可以通过定量与定性相结合的方法进行分析和管理。此部分梳理了六类影响产业布局的要素，同时可以使用层次分析法来进行风险决策。

三、运营风险

文化产业园的运营风险属于中观经济层面的问题，可以概括性的分为三大类：产业集群构建风险、产业链风险、产业组织风险。

在产业集群构建风险部分，首先，对产业集群理论的发展做了简要的梳理，列举了具有代表性意义的一些理论，以此作为本部分研究的理论支撑；其次，分析了集群的形成类型、集聚的构成要素、影响产业集群风险的成因。这一类风险要素既包含定量元素，也包含了定性元素，有的可以量化处理，有的要素则不能够进行量化，这是一个十分复杂的要素体系，因此，当前最适合分析产业集群风险的评价模型是"基于熵权的模糊综合评价模型"。

在产业链风险部分，本书主要讨论了产业链构成、产业链运营、产业链风险类型、产业链的风险传播管理。由于产业链跨越的层次和范围比较广泛，涉及的风险类别也较为复杂，但依据本书的研究重点，选取了"产业链的风险传播"作为研究文化产业园产业链风险的切入点。该传播模式类似复杂网络的作用原理。由于该复杂网络的内容过于宏观，涉及的范围已经超出了产业园的管理范畴，而且超出产业园管理主体的风险监控能力范围，因此本书选择研究在复杂网络的逻辑下，产业链上节点企业应对风险时的管理办法。因此，产业链的风险主要关注在应用对策方面的研究，而非提出评价模型。

在产业组织风险部分，当前常用分析产业组织风险的方式为 SCP 范式，描述了其研究框架，并详细列举了研究方法，也指出了该方法的局限性。这一部分的研究方法仍然是依据 SCP 范式的逻辑，采用定性结合定量的方法。

四、竞争风险

竞争风险属于微观经济层面的问题，包含了十分丰富的内容，可以概括性的分为商业模式风险、整合营销风险、产品市场布局风险、品牌风险、核心竞争力风险。

在商业模式风险部分，主要归纳了商业模式的核心原则和影响商业模式的重要因素，这些都是为园区制定合理商业模式以及在商业层面进行风险管理的重要指导元素，而当前评价商业模式的数学方法则是熵权评价法和模糊评价法。由于商业模式相对于本书其他需要使用类似数学方法运算的内容而言，运算过程更为复杂，涉及的元素也更为多样，因此在这一章中本书进行了模拟分析演示，通过对模拟数据的复杂运算，最终得出风险评价的结果。

在对整合营销风险的研究中，主要结论是整合营销策略的重要元素。该内容属于策略研究，研究方法为结合经典案例梳理策略要素。因此这一部分研究方法为定性研究，元素无法量化，因此暂无法用数学模型的方式做出评价或决策。

产品市场布局风险的研究属于定性的策略研究，首先介绍了市场布局的基本内涵和理论，其次梳理了影响产品市场布局的六类策略性的要素。

在品牌风险部分，围绕"品牌的建设和评价"这一核心思路，分析归纳了品牌的概念，文化产业园的品牌价值，构成文化品牌的要素，建设品牌的内容、问题和评价标准识别体系，最后由于其只能进行定性研究，笔者使用案例进行了分析演示。

核心竞争力风险是一个内涵庞大的内容，也与品牌风险密切相关。此章一部分的研究结论是核心竞争力的构成条件和分析方法。其分析方法既包含定性分析法也包含定量分析法。其中，定性分析模型是 PEST 分析模型和SWOT 矩阵分析模型；而在定量评价方法中构建了如何设计评价核心竞争力的指标体系，并建立了相关评价模型——模糊综合评价模型。

五、管理风险

管理风险主要包括园区管理风险和人才管理风险。

在园区管理风险中，由于一部分内容已经在第三章园区风险的管理主体中有所探讨，因此这一章只简要介绍了管理体系的构成、职能分类等内容，也介绍了园区在进行项目管理评估时需要注意的问题。这一部分属于定性研究的内容。

在人才管理风险部分，先归纳了文化产业园的人才需求标准和类型，进而分析了如何发展人才战略。人才风险的主要来源在于人才流动，因此本部分重点进行人才流动的风险后果评价。在人才流动这一部分，首先，对人才流动的研究基础和研究方法做了系统的梳理；其次，归纳了人才流动的风险管理步骤；再次，介绍了人才流动影响因素及模型，也就是最终量化时依据的研究模型；最后，构建人才流动的风险后果评价指标体系。在这部分中，可以采用量化研究的方式，数据来源于问卷调查，数学方法依靠单因素方差分析、结构方程模型分析。

第三节　文化产业园风险管理的评价模型

由上述总结的内容可以梳理出文化产业园风险管理的实用性评价模型，该模型依据文化产业园风险管理体系的架构，归纳出针对不同类型的风险所应采取的研究切入点、研究重点、研究方法、指标体系和数学模型（图 9-1）。

本书研究的基础《文化产业园风险管理》和《文化产业园风险管理体系研究》曾使用层次分析法作为对文化产业园风险管理体系五大风险及其各自子类风险的评估模型。经过研究发现，单纯使用层次分析法和熵权法去判断要素优先性这种方式欠妥，因为每一个大类的风险都是同等重要的，无法单纯地去排列其前后顺序。同时，用层次分析法做整体分析，在结果精确性方面也欠妥。因此，应该针对不同的风险类型所体现出来的特点，采用具有针对性的研究方式，如图 9-1 所示。最终的风险评估形式应该是符合"文化产业园风险管理的实用性评价模型"逻辑架构的，即针对该模型中体现出来的每一类风险大类和子类都有相应的风险评估结果。

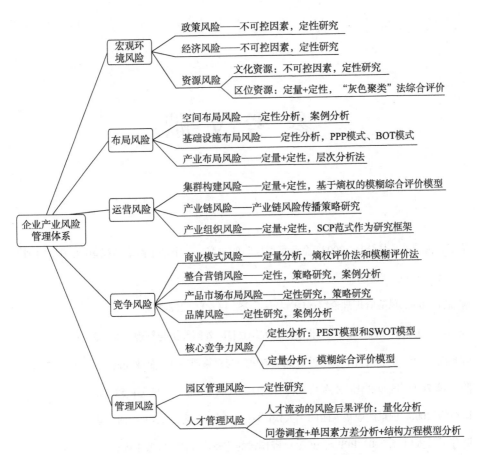

图 9-1 文化产业园风险管理的实用性评价模型

参 考 文 献

蔡宁，杨闩柱，吴结兵. 2003. 企业集群风险的研究：一个基于网络的视角[J]. 中国工业经济，（4）：59-64.

陈嘉智. 2008. 风险管理理论综述[J]. 特区经济，（6）：278-279.

陈剑锋，唐振鹏. 2002. 国外产业集群研究综述[J]. 外国经济与管理，24（8）：22-27.

陈金波. 2005. 企业集群发展中的近交衰退风险与对策研究[J]. 企业经济，（4）：47-49.

陈少峰. 2006. 区域文化产业品牌如何打造[J]. 人民论坛，（10A）：52-53.

陈少峰. 2008. 创意产业集聚园的十大误区[J]. 中国高新区，（3）：18.

陈伟强，张恒全. 2003. PPP 与 BOT 融资模式的比较研究[J]. 价值工程，（2）：4-6.

成玉. 1992. 试论区域经济结构[J]. 开发研究，（4）：19-21.

戴眉眉. 2012. 产业链复杂网络演化模型及风险传播模型研究[D]. 南京航空航天大学硕士学位论文.

丁云龙，李玉刚. 2001. 从技术创新角度看产业结构升级模式[J]. 哈尔滨工业大学学报（社会科学版），3（1）：78-81.

杜纲. 1999. 企业核心能力诊断分析模型[J]. 数量经济技术经济研究，（8）：62-64.

杜龙政，汪延明，李石. 2010. 产业链治理架构及其基本模式研究[J]. 中国工业经济，（3）：108-117.

范玉刚. 2011. 对文化产业园发展的战略思考[J]. 长春市委党校学报，（6）：4-10.

范周，储钰琦. 2011. 试论以"文化自觉"意识推动文化产业发展[J]. 福建论坛（人文社会
　　科学版），（4）：43-47.

高森远. 2009. 简论民族文化的内涵与创新[J]. 贵州民族学院学报（哲学社会科学版），
　　（2）：98-101.

龚虹波，许继琴. 2004. 国内外产业集聚政策研究综述[J]. 生产力研究，（10）：184-187.

龚艳冰，丁德臣，何建敏，等. 2008. 企业战略风险管理理论、模型及应用综述[J]. 科学学
　　与科学技术管理，29（9）：142-147.

郭迎春. 2011. 基于系统分析的实用型供应链风险管理框架[J]. 科技管理研究，31（13）：
　　183-186.

郭远远，陈世香. 2018. 改革开放 40 年来文化建设定位的历史演变与未来展望——基于历
　　年国务院政策文本的分析[J]. 中南大学学报（社会科学版），24（1）：127-135.

韩景丰，丁建时. 2006. 基于系统分析的供应链风险识别与控制[J]. 铁道运输与经济，
　　28（10）：61-64.

胡铭. 2002. 企业核心竞争力及其评估分析模型[J]. 哈尔滨商业大学学报（社会科学版），
　　（1）：34-37.

侯龙强. 2012. 基于物联网的物流园区信息平台设计及商业模式评价研究[D]. 辽宁科技大学
　　硕士学位论文.

胡惠林. 2006. 关于区域文化产业战略与空间布局[J]. 山东社会科学，（2）：5-14.

胡树华，牟仁艳，汤俊. 2006. 区域城市综合实力评价体系及应用[J]. 工业技术经济，
　　25（8）：39-41.

胡晓明，殷亚丽. 2011. 文化产业案例[M]. 广州：中山大学出版社.

花建. 2005. 文化产业竞争力的内涵、结构和战略重点[J]. 北京大学学报（哲学社会科学
　　版），42（2）：9-16.

黄会林. 2010. 守住民族文化本性，创造不可替代的"第三极文化"[J]. 山西大学学报（哲学社会科学版），33（6）：54-56.

黄立伟，贺正楚. 2006. 基于熵权分析的大型公共工程项目决策[J]. 企业技术开发，25（3）：61-63.

黄曼慧. 2002. 产业集聚研究综述[J]. 生产力研究，（6）：286-287.

黄梦醒，潘泉，齐洁，等. 2006. 供应链管理研究现状及展望[J]. 矿山机械，（6）：11-16.

蒋玉兰. 2008. 项目风险管理发展综述[J]. 才智，（19）：258-259.

荆德刚. 2005. 企业核心竞争力的经济学分析[D]. 吉林大学博士学位论文.

荆志瑞. 2007. 卷烟品牌风险管理研究[J]. 价值工程，26（11）：133-135.

孔玉生. 2004. 科技人力资源参与企业受益分配的研究[D]. 南京理工大学硕士学位论文.

蒯大申. 2004. 当前文化体制改革的目标及面临的挑战[J]. 中国文化产业评论，（1）：19-29.

兰玉. 2008. 创意经济理论初探[J]. 合作经济与科技，（8）：33-34.

李贺军. 2012. 连锁零售企业营销模式创新研究[J]. 中国市场，（26）：12-13.

李华敏，王花毅. 2010. 我国文化产业的关联性研究[J]. 西部商学评论，（1）：128-141.

李曼. 2007. 略论商业模式创新及其评价指标体系之构建[J]. 现代财经（天津财经大学学报），27（2）：55-59.

李孟刚，蒋志敏. 2009. 产业经济学理论发展综述[J]. 中国流通经济，23（4）：30-32.

李庆本，吴慧勇. 2008. 欧盟各国文化产业政策咨询报告[M]. 郑州：大象出版社.

李飒. 2014a. 文化产业园的产业布局风险管理研究[J]. 管理现代化，（6）：102-104.

李飒. 2014b. 文化产业园的人才资源战略[J]. 未来与发展，（11）：75-81.

李飒. 2014c. 文化产业园风险管理体系研究[J]. 管理现代化，（1）：111-113.

李飒. 2015. 文化产业园旅游资源的开发与利用——以北京为例[J]. 未来与发展，（3）：42-45.

李万峰. 2010. 产业集聚区：科学发展观的科学体现——北京市文化创意、产业集聚发展研究[M]. 北京：中国文联出版社.

李文龙，刘亚东，谭家华. 2004. 基于模糊数学理论的我国战略石油储备方式决策[J]. 上海交通大学学报，38（11）：1892-1896.

李向民，王晨，成乔明. 2006. 文化产业管理概论[M]. 太原：书海出版社，山西人民出版社.

李小建. 1997. 新产业区与经济活动全球化的地理研究[J]. 地理科学进展，16（3）：16-23.

李小建，李二玲. 2002. 产业集聚发生机制的比较研究[J]. 中州学刊，（4）：5-8.

李鑫. 2009. 基于核心竞争力的"王老吉"品牌战略管理研究[D]. 上海师范大学硕士学位论文.

李宗桂. 2004. 文化自觉与文化发展[J]. 中山大学学报（社会科学版），44（6）：161-165.

梁思成，陈占祥，等. 2005. 梁陈方案与北京[M]. 沈阳：辽宁教育出版社.

梁小萌. 2000. 规模经济和产业集聚及区域协调：入世后我国产业竞争优势的培育[J]. 改革与战略，（5）：12-16.

刘芳. 2012. 对文化自觉和文化自信的战略考量[J]. 思想理论教育，（1）：8-13.

刘贵富. 2010. 产业链与供应链、产业集群的区别与联系[J]. 学术交流，（12）：78-80.

刘磊，任煜. 2007. 国内外产业集聚理论研究[J]. 西南农业大学学报（社会科学版），5（5）：29-33.

刘斯敖，吴莉云. 2006. 产业集群风险的研究视角、类型与防范[J]. 企业经济，（11）：49-51.

刘志迎. 2010. 现代产业经济学教程[M]. 北京：科学出版社.

鲁长安，薛小平. 2015. 我国民族文化安全研究综述[J]. 黑龙江省社会主义学院学报，（2）：53-38.

牛丽贤，张寿庭. 2010. 产业组织理论研究综述[J]. 技术经济与管理研究，（6）：136-139.

欧阳友权. 2007. 文化产业概论[M]. 长沙：湖南人民出版社.

仇保兴. 1999. 发展小企业集群要避免的陷阱——过度竞争所致的"柠檬市场"[J]. 北京大

学学报（哲学社会科学版），36（1）：25-29.

申玉铭，方创琳. 1996. 区域 PRED 协调发展的有关理论问题[J]. 地域研究与开发，（4）：19-22.

石培哲. 1999. 产业集聚形成原因探析[J]. 机械管理开发，（4）：18-19.

时希杰，吴育华. 2004. 企业核心竞争力三维评价模型与实证研究[J]. 中国管理科学，（3）：102-106.

宋雨屏，王忠伟. 2012. 基于层次分析法的农产品物流园区选址研究[J]. 物流工程与管理，（3）：90-92.

索罗斯比 D. 2003. 文化经济学[M]. 张维伦，等译. 台北：典藏艺术家庭股份有限公司.

汪碧瀛，李国平. 2006. 区域产业综合体布局研究——以西安市曲江新区为例[J]. 唐都学刊，22（4）：60-63.

王兵兰. 2012. 物流公共信息平台商业模式评价研究[D]. 郑州大学硕士学位论文.

王东. 2011. 国外风险管理理论研究综述[J]. 金融发展研究，（2）：23-27.

王琳. 2006. 文化的全球化及文化产业的全球竞争策略[J]. 天津大学学报（社会科学版），8（2）：127-131.

王胜华，王子梦. 2014. 产业组织实证方法评述[J]. 时代金融（中旬），（6）：161，163.

王伟年，张平宇. 2006. 城市文化产业园区建设的区位因素分析[J]. 人文地理，21（1）：110-115.

魏后凯. 2004. 我国产业集聚的特点、存在问题及对策[J]. 经济学动态，（9）：58-61.

魏守华，赵雅沁. 2002. 企业集群的竞争优势探究[J]. 财经问题研究，（5）：51-56.

温晓红. 2011. 北京文化创意产业国际化发展研究——北京文化创意产业国际化发展的战略思考[M]. 北京：中国商务出版社.

吴嘉. 2007. 层次分析法在城市轨道交通线网规划评价中的应用[J]. 甘肃科技，23（3）：141-142.

吴晓波，耿帅. 2003. 区域集群自稳性风险成因分析[J]. 经济地理，23（6）：726-730.

吴玉鸣，李建霞. 2003. 企业核心竞争力评估指标体系构建及评估模型[J]. 南阳师范学院学报（自然科学版），（3）：59-63.

肖乌妹. 2013. 企业创新型人才流动风险管理研究[D]. 华侨大学硕士学位论文.

肖永亮. 2008. 创意产业发展需要原动力[J]. 今日财富，（9）：28-31.

肖永亮. 2011. 中国动画教育现状分析[J]. 北京联合大学学报（人文社会科学版），9（3）：71-77.

肖永亮，姜振宇. 2010. 创意城市和创意指数研究[J]. 同济大学学报（社会科学版），32（3）：49-57.

徐凤丽. 2009. 关于产业集聚的区位理论综述[J]. 大众商务（下半月），（9）：14.

徐中孟，李季. 2012. 世界文化创意产业园研究[M]. 台北：秀威资讯科技股份有限公司.

杨磊，郑仲玉，陈文钊. 2010. 基于系统分析方法的供应链风险管理[J]. 物流技术，29（1）：96-98.

易超艳. 2014. BOT 模式投资建设的基础设施项目评价研究[D]. 西南交通大学硕士学位论文.

易明，杨树旺，王文成. 2006. 产业集群风险成因分析：基于技术变迁的视角[J]. 中国地质大学学报（社会科学版），6（2）：66-70.

尹宏. 2007a. 论创意产业与产业结构优化的互动关系——基于科技创新视角的思考[J]. 云南社会科学，（3）：63-65.

尹宏. 2007b. 论创意经济与城市可持续发展能力[J]. 经济纵横，（3）：32-34.

尹松平. 2010. 现代西方产业集聚理论探析[J]. 中南林业科技大学学报（社会科学版），4（3）：88-91.

张彩霞，梁婉君. 2006. 区域 PERD 协调发展的综合评价指标体系研究[J]. 经济与管理，20（4）：18-21.

张俊光，徐振超. 2012. 基于贝叶斯风险决策理论的研发项目风险评估方法[J]. 工业技术经济，（12）：66-70.

张敏江，张文博，于保阳. 2012. 基于层次分析法的沥青路面冷再生技术后评价指标权重分析[J]. 沈阳建筑大学学报（自然科学版），28（4）：634-639.

张翔. 2009. 基于核心竞争力视角的专业园区品牌研究[D]. 苏州大学硕士学位论文.

张燕. 2003. 西方区域经济理论综述[J]. 当代财经，（12）：86-88.

张元智. 2001. 产业集聚、竞争优势与西部开发[J]. 西安电子科技大学学报（社会科学版），11（1）：5-10.

张长立. 2004. 产业集聚理论探究综述[J]. 现代管理科学，（12）：32-34.

张志强. 1994. 区域可持续发展的理论与方法[J]. 中国人口·资源与环境，4（3）：19-25.

赵继敏，刘卫东. 2009. 文化创意产业的地理学研究进展[J]. 地理科学进展，28（4）：503-510.

赵延东，肖为群. 2010. 风险的多学科研究视角[J]. 中国科技论坛，（6）：107-111.

赵卓，孙燕东. 2004. 产业集群竞争优势分析及政策建议[J]. 经济问题，（10）：22-24.

周松兰，刘栋. 2005. 产业关联度分析模型及其理论综述[J]. 商业研究，（5）：107-111.

朱瑞博. 2004. 模块化抗产业集群内生性风险的机理分析[J]. 中国工业经济，（5）：54-60.

左正强，姚敏. 2010. 我国产业集聚理论研究综述[J]. 重庆三峡学院学报，26（4）：52-55.

Braunscheidel M J, Suresh N C. 2009. The organizational antecedents of a firm's supply chain agility for risk mitigation and response[J]. Journal of Operations Management, 27（2）：119-140.

El-Sayegh S M. 2008. Risk assessment and allocation in the UAE construction industry[J]. International Journal of Project Management, 26（4）：431-438.

Fritz O M, Mahringer H, Valderrama M T. 1998. A risk-oriented analysis of regional clusters[C]// Steiner M. Clusters and Regional Specialisation. London：Pion Limited.

Gheisarnejad M. 2018. An effective hybrid harmony search and cuckoo optimization algorithm based fuzzy PID controller for load frequency[J]. Applied Soft Computing, 65: 121-138.

Norsworthy J K, Ward S M, Shaw D R. 2012. Reducing the risks of herbicide resistance: best management practices and recommendations[J]. Weed Science, 60（1）: 31-62.

Richard O C, Barnett T, Dwyer S, et al. 2004. Cultural diversity in management, firm performance, and the moderating role of entrepreneurial orientation dimensions[J]. The Academy of Management Journal, 47（2）: 255-266.

Rosenbusch N, Brinckmann J, Bausch A. 2011. Is innovation always beneficial? A meta-analysis of the relationship between innovation and performance in SMEs[J]. Journal of Business Venturing, 26（4）: 441-457.

Rotaru K, Wilkim C, Ceglowski A. 2014. Analysis of SCOR's approach to supply chain risk management[J]. International Journal of Operations and Production Management, 34（10）: 1246-1268.

Tichy G. 1997. Are today's Clusters the Problem Areas of Tomorrow? [Z]. In Competence Clusters Ed. M Steiner（Leyam,Graz）.

后　记

本书写作经历了重重磨难，几易其稿。从 2013 年到 2016 年，期间做了多次假设，但在实验的过程中都遭遇了滑铁卢，这也使我的定稿时间一拖再拖。最初，2010 年，在北京师范大学的文化产业研究院里，我与导师肖永亮教授针对本课题的设想，是计划开发出一个数学公式，一个简洁的却能解释这一庞大系统复杂运作原理的公式。还记得当时师徒二人为此设想有多么的兴奋不已。导师鼓励我要大胆假设，小心求证。而在这漫长的求证路上，无数次碰壁证明，使用一个简洁的数学公式来管理文化产业园的风险是无法实现的。但是，在实用性方面，我确实走出了决定性的一步，制定出了一个丰满的、有实用价值的研究模型，在这模型中饱含着针对各类风险量身定制的研究切入点、研究方法、数学模型。

在漫长而曲折的研究道路上，感谢"国家社会科学基金"帮助我从稚嫩的青年教师变成自信的青年学者；感谢天津市艺术研究所给予我的耐心指导；感谢中共天津市委宣传部和天津市文化广播影视局在本书的写作期间带我了解天津市的文化产业，并提供翔实的研究素材，以及对我的专业能力给予的充分信任和肯定；感谢所在单位天津工业大学对我科研工作的帮助，使我能够顺利实现研究目标，帮助我找到了揭开谜团的钥匙；感谢母校北京师范大学，它在科研能力、科研态度上塑造了我，使我有能力完成如此重任；感谢这一路为我指明方向的王琳教授、张金玉教授、陈曼娜教授和魏亚平教授。最后，感谢我的导师肖永亮教授，是他用高瞻远瞩的科研视野带我走进如此瑰丽绚烂的跨学科研究世界。

李　飒